本书得到国家社会科学基金一般项目（22BJY044）、山东省社会科学规划研究一般项目（17CJJJ12）、聊城大学学术著作出版基金、聊城大学博士科研启动基金资助，特此致谢！

聊城大学商学院
青年学者文库

新型城镇化
扩大居民消费需求研究

桂河清 ◎ 著

中国财经出版传媒集团

经济科学出版社
Economic Science Press

·北 京·

图书在版编目（CIP）数据

新型城镇化扩大居民消费需求研究／桂河清著．
北京：经济科学出版社，2024.8. -- （聊城大学商学
院青年学者文库）. -- ISBN 978 - 7 - 5218 - 6166 - 2

Ⅰ. F126.1

中国国家版本馆 CIP 数据核字第 202484TW32 号

责任编辑：凌　敏
责任校对：隗立娜
责任印制：张佳裕

新型城镇化扩大居民消费需求研究

桂河清　著

经济科学出版社出版、发行　新华书店经销
社址：北京市海淀区阜成路甲 28 号　邮编：100142
教材分社电话：010 - 88191343　发行部电话：010 - 88191522
网址：www. esp. com. cn
电子邮箱：lingmin@ esp. com. cn
天猫网店：经济科学出版社旗舰店
网址：http: // jjkxcbs. tmall. com
北京季蜂印刷有限公司印装
710 × 1000　16 开　17.5 印张　300000 字
2024 年 8 月第 1 版　2024 年 8 月第 1 次印刷
ISBN 978 - 7 - 5218 - 6166 - 2　定价：68.00 元
（图书出现印装问题，本社负责调换。电话：010 - 88191545）
（版权所有　侵权必究　打击盗版　举报热线：010 - 88191661
QQ：2242791300　营销中心电话：010 - 88191537
电子邮箱：dbts@ esp. com. cn）

前　　言

自改革开放以来，主要依靠出口和投资拉动的中国经济，取得了巨大的成功——在过去的四十多年里，中国经济经历了创纪录的增长。在全球各国的经济增长过程中，无论是经济增长的速度，还是经济增长的时间跨度，中国的经济增长都可以称为奇迹。然而，随着中国经济总量的扩大以及国内外政治经济环境的变化，我国长期依靠出口和投资拉动经济增长的发展模式难以为继，亟须转变为内需导向的经济发展方式。因此，如何有效地扩大我国居民的消费需求是各级政府及学界在今后很长一段时间内必须面对和解决的主要难题之一。自党的十八大以来，党和政府把新型城镇化建设作为破解这个难题的重要途径之一，新型城镇化作为扩大我国居民消费需求的最大潜力也被置于国家发展战略层面的重要地位。然而，新型城镇化究竟如何促进以及在多大程度上促进居民消费需求增长？它的作用机理是什么？相关问题亟须理论与实践支撑。

本书在分析我国传统城镇化实践及其对居民消费需求影响的基础上，首先，研究了我国新型城镇化的模式与路径选择。其中，新型城镇化的路径包括加速农业转移人口市民化、加强城镇工业化和城市现代化、加快新农村建设、推进县城城镇化等。其次，从理论上分析了新型城镇化扩大我国居民消费需求的机理，包括新型城镇化建设能够提高我国居民的收入并扩大其消费需求，通过人口结构变化扩大居民消费需求，通过降低预防性储蓄扩大居民消费需求，通过放松流动性约束扩大居民消费需求，通过增加有效投资扩大居民消费需求等，并建立数理模型研究了新型城镇化对扩大我国居民消费需求的影响。再次，分别从宏观与微观视角实证研究了新型城镇化对提升我国城镇居民与农村居民消费水平的影响。最后，分别从宏观与微观视角实证研究了新型城镇化对优化我国城镇居民与农村居民消费结构的影响。

　　本书的主要创新体现在以下几点：一是研究方法创新。主要采用了比较与反事实（counterfactual）研究方法。我国新型城镇化的本质是以人为本，即人的城镇化，让广大人民群众平等分享改革发展的成果。通过比较传统城镇化与新型城镇化的异同，得出新型城镇化更加能够扩大居民消费需求。此外，传统城镇化阶段，大量农民工市民在就业、住房、医疗、教育等方面无法与当地市民享受同等待遇，从而抑制了他们的消费需求。新型城镇化阶段，农民工市民与其就业地城市户籍人口的区别逐步弱化，因而能够有效释放他们的消费潜力。二是理论上的创新。包括从"以人为本"的视角研究我国传统城镇化存在的不足，提出我国新型城镇化建设采用均衡城镇化模式的观点，以及构建数理模型研究新型城镇化对居民消费需求的影响等。三是研究视角创新。采用了多学科研究视角，包括城市经济学、空间经济学、消费经济学以及人口学等。

　　本书也存在研究不足，主要表现在以下两个方面：首先，新型城镇化路径选择研究不够深入。2012 年我国将新型城镇化上升为国家战略，迄今为止时间较短，可参考的研究并不多。其次，由于我国的新型城镇化尚在进行中，故无法采用直接方法进行实证研究。本书实证研究新型城镇化对城镇居民消费水平的影响是通过间接方式得到的。因此，实证研究的结论与真实情况可能会存在一定的偏差。

杭河清

2024 年 5 月

目　　录

第1章 导 论

1.1 研究背景

自改革开放以来，主要依靠出口和投资拉动的中国经济，取得了巨大的成功——在过去的 45 年里（1978～2023 年），中国经济经历了创纪录的增长，成功地使超过 5 亿国民脱离了贫困，于 2010 年超越日本而成为世界第二大经济体；2020 年国内生产总值（GDP）首次突破 100 万亿元；2021 年 7 月 1 日庆祝中国共产党成立 100 周年大会上，习近平总书记宣告中国已全面建成小康社会，在中国上下五千年发展进程中首次解决了绝对贫困问题；2022 年中国经济总量进一步增长到 121.02 万亿元，是 1978 年的 328.98 倍；2023 年国民经济和社会发展统计公报发布的数据显示，经初步核算，当年的国内生产总值达到 126.06 亿元，比上年增长 5.2%。① 在全球各国的经济增长过程中，无论是经济增长的速度，还是经济增长的时间跨度中国的经济增长都可以称为奇迹。

中美两国经济总量对比能从另一视角说明中国改革开放后取得的经济发展成就。来自世界银行的统计数据表明，1978 年中国的国内生产总值仅为美国的 9.29%。1995 年以前，中国仅有两个年份的国内生产总值超过美国的 10%，分别是 1979 年为美国的 10.04%，1980 年为美国的 10.72%。1996 年中国的经济总量再次超过美国的 10%。此后，这一比例一直呈现上升趋势，2007 年首次超过 20%，达到 24.53%；2008 年进一步超过 30%，达到 31.11%；2010 年和 2012 年则分别达到 40.45%、52.49%，中国的经济总量于 2012 年首次超过美国的一半。2015 年中国的经济总量为美国的 60.76%；

---

① 如未特别说明，本章引用数据均来自历年《中国统计年鉴》。

2022 年进一步上升为 70.61%。

以上分析表明，无论是与美国的横向比较，还是与中国自身的纵向比较，均可得出改革开放后中国经济发展取得举世瞩目成就的结论。然而，中国的经济增长并非一帆风顺。考察中国 1978～2023 年的 GDP 增长率数据可以看出，虽然自 1978 年以来，中国经济总体上呈现快速增长的趋势，但从过去 45 年的年均 GDP 增长率所构成的时间序列来看，中国的经济增长大体上可以分为如下四个阶段：1991 年之前，中国的年均 GDP 增长率呈现了较大的波动；1992～2007 年，即自从邓小平南方谈话、中国加快对外开放以来，中国经济的增长速度基本维持在较高的水平，年均 GDP 增长率平均高达 10.69%；然而，自 2008 年以来，中国的年均 GDP 增长率呈现逐年下降的趋势，2018 年仅为 6.4%；2019 年之后，受到新冠疫情的严重冲击，中国的年均 GDP 增长率再次呈现较大的波动，2019～2023 年的增长率分别为 6.0%、2.2%、8.4%、3.0% 和 5.2%。因此，随着中国经济总量的扩大以及国际政治经济环境的变化，中国长期依靠出口和投资拉动经济增长的发展模式难以为继，亟须转变经济发展方式，夯实中国经济内生增长动力。

出口方面，自 2002 年以来，中国的外贸依存度一直维持在 30% 以上的高位，2006 年甚至达到了 64.24% 的历史最高值，远远高于美国、印度和日本等大多数发达国家和发展中大国 14%～20% 的平均水平。① 中国宏观经济的外贸依存度过高将导致经济增长容易受到外部环境变化的剧烈冲击。以 2008 年为例，在全球金融危机阴影的笼罩下，金融危机对中国出口的影响逐月增加，从当年 11 月开始中国的对外出口额首次出现了负增长，11 月当月中国的出口额为 1149.9 亿美元，环比下降 2.2%。中国外贸单月进出口总额也于 2008 年 12 月首次出现了负增长，12 月当月中国进出口总额 1833.3 亿美元，环比下降 11.1%。其中出口 1111.6 亿美元，环比下降 2.8%；进口 721.8 亿美元，环比下降 21.3%。与 2007 年相比，尽管中国 2008 年的出口额略有增加，但增长速度显著放缓。此外，由于金融危机的影响，2008 年中国遭遇了大量贸易壁垒，贸易摩擦加剧；中国当年的 GDP 增长率仅为 9.6%，远低于 2007 年的 14.2%，为自 2003 年以来的最低增长速度。随着全球金融

---

① 历年《国际统计年鉴》。

危机的影响进一步加剧,2009 年中国的出口额环比大幅度下降 16.01%,GDP 增长率在 2008 年的基础上又下降了 0.4 个百分点。2010 年,随着全球经济的缓慢复苏,中国的出口额又逐月稳步回升,当年的 GDP 增长率也重新上升到了 10.4%。然而,在 2011 年,尽管中国的出口额由于欧美市场的复苏以及新兴市场的强劲需求而出现了 20.25% 的高速增长,当年的 GDP 增长率却环比下降了 1.1 个百分点。2012 ~ 2014 年,随着外部需求的下降,中国的出口额分别仅增长 7.89%、6.01% 和 4.92%;GDP 增长率则分别仅为7.7%、7.7% 和 7.4%。2015 年中国的出口额出现了 1.73% 的负增长,GDP增长率则进一步下降为 6.9%——此经济增长速度低于 2015 年初制定的 7%的增长目标,为近 25 年来的最低经济增长速度。2015 年中国的外贸依存度自 1994 年以来首次低于 40%,为 35.64%。此后几年,中国的外贸依存度小幅波动但始终高于 30%,2022 年为 34.54%。

从货物和服务净出口对经济增长的贡献率来看,2008 年仅为 2.7%,而2005 ~ 2007 年分别为 10.1%、14.3% 和 7.8%,2009 ~ 2011 年则分别为 - 42.8%、- 10.8% 和 - 6.8%。2012 ~ 2018 年,货物和服务净出口对经济增长的贡献率波动幅度较大,例如,2015 年为 8.4%,2016 年则为 - 11.7%。2019 ~2022 年,受国外市场需求增长影响,货物和服务净出口对经济增长的贡献率大幅增加,分别达到 12.6%、25.3%、21.9% 和 17.1%。因此,近些年的经济增长实践表明,由于外部环境的变化,出口对经济增长的拉动作用极易受到影响,且随着经济总量的增加,中国很难再依靠强劲的出口而重现 1992 ~2007 年稳定的高速经济增长了。

投资方面,自 1978 年以来,中国的资本形成率始终高于 30%,但 2003 年之前仅有两个年份超过 40%,分别是 1993 年的 43.4% 和 1994 年的 40.2%。2004 年之后则几乎所有年份的资本形成率均高于 40%,唯一的例外为 2006年的 39.9%,也接近于 40%;资本形成率近 20 年维持在 40% 以上的高位,2011 年则高达 47%。中国近些年来的高资本形成率不仅远远高于美国(小于20%)及经合组织国家(小于 25%)的长期平均水平,也明显高于日本、韩国、新加坡等国家经济高速增长时期的资本形成率。长期的高资本形成率对中国经济快速发展起到了至关重要的推动作用,但也暴露出明显的问题。首先,高投资导致中国资本效率低下。根据相关部门测算,中国的投资乘数一直维持在较低水平，有进一步提高的巨大潜力（王小鲁，2001）。其次，长期的高资本形成率导致中国众多行业都曾出现过重复建设以及产能过剩的现象，造成了巨大的浪费。例如，钢铁、水泥、电解铝等行业都曾存在严重产能过剩，导致相关行业的企业产品销售困难、利润下滑甚至亏损。最后，中国的投资一部分是以自然资源的巨大消耗和低效利用以及环境破坏为代价的。例如，自改革开放以来，外商直接投资（FDI）对中国的经济增长作出了重要贡献；然而，已有研究表明，外商直接投资也给中国带来了环境污染（王碧芳，2013）。中国已宣布力争 2030 年前实现碳达峰、2060 年前实现碳中和。因此，由于资源、环境以及人力资本等生产要素的制约，中国传统的以大量生产要素投入为基本特征的粗放型经济增长方式难以为继。

在推动经济增长的出口、投资和消费"三驾马车"中，与外贸依存度及资本形成率过高形成鲜明对比的是，中国的最终消费率长期处于较低水平。图 1-1 列示了中国 1978～2022 年的最终消费率、居民最终消费率和政府最终消费率。从图中可以看出，中国的政府最终消费率自改革开放以来基本维持在 12%～16% 这一相对稳定的区间，而最终消费率与居民最终消费率两条曲线近乎平行，从而表明最终消费率的不断下降主要是由居民最终消费率的持续走低造成的。

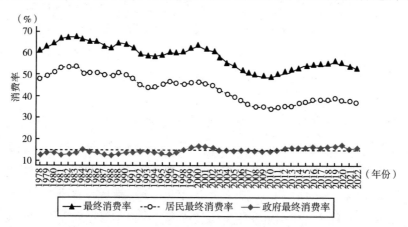

图 1-1 1978～2022 年中国的最终消费率、居民最终消费率和政府最终消费率

注：居民最终消费率＝支出法 GDP 中居民最终消费/支出法 GDP，政府最终消费率＝支出法 GDP 中政府最终消费/支出法 GDP。

资料来源：笔者根据历年《中国统计年鉴》整理。

从居民最终消费率的发展变化趋势来看，自1983年以来，它一直呈现波动下降趋势；1994~2000年，它又呈现小幅波动上升趋势；2001~2011年，则快速下降，由45.5%下降为34.9%，10年间共下降了8.6个百分点；2012年后，中国的居民最终消费率相对稳定，介于35.39%~39.24%之间小幅波动。尤其值得注意的是，中国的居民最终消费率自1990年起始终低于50%，自2005年以来，则一直低于40%。

从国家间横向比较来看，中国的居民消费率在世界范围内的排名也处于较低水平。以2021年为例，中国当年的居民消费率仅为42.95%。来自《国际统计年鉴（2022）》的数据表明，同年英国为61.5%、法国为52.4%、意大利为57.8%、澳大利亚为51.6%、德国为49.4%，美国2020年则为67.2%。中国的居民消费率显著低于西方发达国家，也明显低于其他金砖国家、同为亚洲的日本与韩国，以及新兴经济体国家，如2021年印度的居民消费率为59.3%、印度尼西亚为55.6%、巴西为61%、阿根廷为61.8%、土耳其为55.4%、南非为60.6%、俄罗斯为49.9%、韩国为46.3%，日本2020年则为53.8%。

基于中国长期依靠投资和出口拉动经济增长存在的弊端，以及中国的居民最终消费率长期处于较低水平，中国居民消费拉动经济增长具有较大的潜力。因此，国家适时提出了以扩大居民消费需求为导向的经济增长方式。从欧美日等发达国家经济增长的长期发展轨迹来看，只有居民消费需求导向的经济增长方式才是中国经济长期健康发展的持久动力。因此，如何有效地扩大中国居民的消费需求以转变经济发展方式，是各级政府及学界在今后很长一段时间内必须面对和解决的主要难题之一。自党的十八大以来，党和政府把新型城镇化建设作为破解这个难题的重要途径，并于2014年发布了《国家新型城镇化规划（2014－2020年）》这一纲领性的文件，标志着新型城镇化建设作为扩大中国居民消费需求的最大潜力，而被置于国家层面发展战略的重要地位。在《国家新型城镇化规划（2014－2020年）》顺利完成后，国家2021年又进一步发布了《国家新型城镇化规划（2021－2035年）》，凸显了新型城镇化建设在未来中国经济社会发展中的重要地位。

自《国家新型城镇化规划（2014－2020年）》发布后，在党和国家的一系列重要文件中都提出，要大力推进新型城镇化建设。以政府工作报告为例，

2014 年以来，每年的政府工作报告均将推进以人为核心的新型城镇化建设作为当年政府工作的重要内容。2014 年政府工作报告提出，要"推进以人为核心的新型城镇化"，强调"城镇化是现代化的必由之路，是破除城乡二元结构的重要依托"。2015 年政府工作报告提出，推进新型城镇化取得新突破。城镇化是解决城乡差距的根本途径，也是最大的内需所在。要坚持以人为核心，以解决"三个 1 亿人"问题为着力点，发挥好城镇化对现代化的支撑作用。2016 年政府工作报告提出，要深入推进以人为核心的新型城镇化，实现 1 亿左右农业转移人口和其他常住人口在城镇落户，完成约 1 亿人居住的棚户区和城中村改造，引导约 1 亿人在中西部地区就近城镇化。2017 年政府工作报告提出，要"加快推进新型城镇化"，以及"扎实推进新型城镇化"。2018 年政府工作报告提出，要"坚持实施区域协调发展和新型城镇化战略"，以及"提高新型城镇化质量"。2019 年政府工作报告提出，要"深入推进新型城镇化"，以及"新型城镇化要处处体现以人为核心，提高柔性化治理、精细化服务水平，让城市更加宜居，更具包容和人文关怀"。2020 年政府工作报告再次提出，要"深入推进新型城镇化"。2021 年政府工作报告提出，要"全面推进乡村振兴，完善新型城镇化战略"。2022 年政府工作报告提出，要"坚定实施扩大内需战略，推进区域协调发展和新型城镇化"，以及"提升新型城镇化质量"。2023 年政府工作报告提出，要"扩大国内有效需求，推进区域协调发展和新型城镇化"，以及"持续推进以人为核心的新型城镇化"。2024 年政府工作报告提出，要"积极推进新型城镇化"，以及"把推进新型城镇化和乡村全面振兴有机结合起来"。除了政府工作报告，中央经济工作会议、《国民经济和社会发展第十四个五年规划和 2035 年远景目标纲要》等也多次强调要深入推进以人为核心的新型城镇化战略。

从我国城镇化发展的历史轨迹来看，尽管我国的城镇化率自改革开放以来有了较大幅度的提高，由 1978 年的 17.92% 提高到了 2014 年的 54.77%，再提高到 2022 年的 65.22%，但无论是与我国经济发展水平相当的国家，还是与世界各主要发达国家相比，我国的城镇化发展仍然具有相当大的潜力。正如 2024 年政府工作报告所强调的，"我国城镇化还有很大发展提升空间"。然而，新型城镇化作为党中央扩大内需和转变经济发展方式的引擎和战略着力点，什么是新型城镇化？它究竟如何促进以及在多大程度上促进居民消费增长？它扩大居民消费需求是否存在区域差异？它的作用机理是什么？所有这些都是本书需要解决的主要问题。

1.2　研究意义

在当前国内国际环境下，对新型城镇化扩大我国居民消费需求的研究具有重要的理论和现实意义。

1.2.1　理论意义

（1）有利于丰富和发展城镇化理论。目前，我国是世界上人口最多的国家，并且已经成为世界第二大经济体。在经济总量如此巨大、人口如此众多的国家进行新型城镇化建设是世界首例。此外，由于大多数欧美发达国家在半个世纪以前就完成了城市化进程，因此，国外学者近些年对城市化的研究相对缺乏。从我国客观现实出发，研究我国新型城镇化建设的路径选择，不仅对我国的新型城镇化建设具有重要的理论指导意义，对已有的城市化理论也是一个有益的拓展和补充。

（2）有利于丰富和发展居民消费需求理论。与同等经济发展水平国家相比，我国的居民消费率一直偏低。自1998年国际金融危机爆发以来，我国各级政府都把扩大居民消费需求作为稳增长的一项重要措施加以贯彻执行，但收效一直不太理想：在此期间，我国的居民消费率不仅没有上升，反而由1998年的45.51%下降至2014年的36.71%。此后一直到2022年均维持在38%左右。为了把我国居民巨大的潜在消费需求转变为现实消费需求，自2012年以来，政府把新型城镇化建设作为扩大居民消费需求的重要途径。新型城镇化的概念首先由我国学者提出，把新型城镇化作为启动居民消费的引擎和战略着力点首次在我国实践。因此，深入研究新型城镇化建设促进居民消费需求扩大的机理、途径和措施，有利于丰富和发展已有的居民消费需求理论。

（3）有利于丰富和发展经济增长理论。我国已经成功地进入中等收入国家行列，并且具有良好条件跨越中等收入陷阱而成为高收入国家。为了实现这一目标，我国必须建立新的经济增长方式，应更加注重协调发展，更多依靠提高生产率和创新能力，更加公平地分配经济增长的成果，更加强调环境的可持续性。新型城镇化建设将发挥重要的作用：如果管理得当，城市地区可以提供有效的要素市场，并通过释放集聚效应继续推动经济转型和生产率提高，促进创新和新观念的涌现，通过不断增长的中等收入群体扩大内需，为服务业发展提供空间，节约能源、土地和自然资源。因此，新型城镇化建设将通过扩大居民消费需求为我国的经济增长提供强大而持久的动力。

1.2.2　现实意义

（1）有利于我国新型城镇化建设。新型城镇化建设是我国政府在稳增长、扩内需、调结构的背景下所面临的一项艰巨任务。在此之前，世界各国没有哪一个国家曾经历过像我国这样规模的城镇化建设，因此，我国的新型城镇化建设在规模和程度上具有开创性。此外，考虑到我国的国情，即使欧美日等发达国家成功的城市化经验可以为我国所用，但我国的新型城镇化建设在新的国内外环境下也具有自己的中国特色。结合我国经济社会发展所面临的新情况、新问题研究我国新型城镇化建设的路径，将可以为我国的新型城镇化建设提供有益的参考。

（2）为扩大我国居民消费需求提供有益参考。居民消费需求不足是困扰我国经济长期健康发展的一大难题。我国的居民消费率自 1990 年低于 50% 以来，一直维持在较低水平。尤其是自 2004 年以来，尽管政府实施了大量政策措施以便扩大居民消费需求，然而我国的居民消费率却持续走低，2010 年的居民消费率降低到 34.33% 这一历史最低点，此后略有回升，2014 年达到了 36.71%，2022 年也仅为 37.01%。我国的居民消费率不仅远远低于美国、英国、日本等成熟的发达经济体，也低于泰国、马来西亚和新加坡等东南亚新兴经济体，与印度、南非、俄罗斯和巴西等其他金砖国家相比，我国的居民消费率也处于较低水平。为了使我国经济能够持续健康发展，扩大居民消费需求是一项长期举措。本书在新型城镇化建设的背景下，研究如何扩大我国的居民消费，因此能够为扩大我国居民消费需求提供有益参考。

（3）为我国的经济发展方式转变提供智力支持。自改革开放以来，我国依靠投资和出口拉动经济增长的发展模式在很长一段时间内曾经非常有效。1980～1999年的20年间，我国的GDP年均增长率高达9.8%；2000～2007年的8年间，我国的GDP年均增长率更高达10.5%。然而，自2008年以来，我国的经济增速便开始放缓，2012年和2013年的GDP年均增长率仅为7.7%；2015年仅为7.04%。此后直到2022年，经济增速一直低于7%。很显然，当前的国内外环境已经改变。国内劳动力成本上升，发达经济体经济疲软、需求萎缩，使得我国不能再长期依靠出口拉动经济增长；同样，国内众多行业产能过剩、资本利用效率低下，使得我国不能再长时间寄希望于投资加强对经济增长的拉动作用。因此，我国正在寻求更加平衡的经济发展模式，包括从外需向内需、从出口到消费的转变。新型城镇化建设被认为是实现这一转变的有效途径。因此，本书的研究能够为我国的经济发展方式转变提供智力支持。

（4）为促进我国农村发展以及消除城乡二元结构提供智力支持。自2004年以来，截至2024年，中央一号文件已经连续21年关注"三农"问题。尽管如此，与城镇相比，我国广大农村地区的发展仍然相对滞后。在全面建成小康社会后，如何加快农村地区的发展、促进城乡一体化格局的形成是我国面临的一个重要课题。我国的城乡二元结构主要表现在城市与农村不同的户籍制度、资源配置方式以及由此衍生的各种问题。本书从我国新型城镇化建设的路径选择这一视角，提出了加速农业转移人口市民化以及加强新农村建设的观点，以便从根源上消除阻碍我国农村发展的不利因素。因此，本书的研究能够促进农村发展、农民增收和农业的现代化，缩小城乡经济社会差距及促进城乡消费公平。

（5）为缓解我国社会主要矛盾提供智力支持。我国的社会主义建设已经进入新时代，社会主要矛盾已转变为人民日益增长的美好生活需要和不平衡不充分的发展之间的矛盾。我国的不平衡不充分发展表现为多个维度，如不同行业之间、不同区域之间、城乡之间等。本书研究了新型城镇化对城镇居民、农村居民、东部区域、中部区域以及西部区域扩大居民消费需求的异质性影响。研究发现，新型城镇化对不同区域扩大居民消费需求的效应存在显著差异，据此可以采取相应措施，缩小不同区域的居民消费差距。

1.3 研究内容

本书首先分析我国自 1949 年以来传统城镇化的历程及其对居民消费需求的影响；其次在现状分析的基础上研究新型城镇化的路径选择及其扩大居民消费需求的理论机制；再次实证研究新型城镇化提升城乡居民消费水平及优化城乡居民消费结构的效应；最后对本书的结论进行总结以及提出有针对性的政策含义。

本书共分为 7 章。具体内容安排如下：

第 1 章，导论。本章提出了本书的研究背景及研究意义，概括了主要研究内容，对涉及的核心概念进行了界定，阐述了研究方法及研究目标，并总结了研究创新点。

第 2 章，文献综述。本章回顾、总结了国内外研究人员在三个方面的主要研究成果。

首先，对国内外城市化理论及实践研究的主要成果进行了梳理。其中，国外部分重点关注了有关学者的理论研究，内容包括诺瑟姆（Northam）对城市化发展规律的总结、最优城市发展规模理论，以及城市化基础理论中的结构理论、非均衡增长理论和区位理论。国内部分重点关注了有关学者基于中国城市化的实践而进行的实践研究，内容包括中国城市化的特征研究、动力机制研究、城市化空间研究、乡村城市化研究以及区域城市化研究。

其次，对国内外消费理论及实践研究的主要成果进行了梳理。国外部分包括两个方面：马克思消费理论及西方经典消费理论。其中西方经典消费理论重点关注了经济学家对居民消费需求理论的研究成果，包括绝对收入假说、跨时选择消费理论、相对收入假说、生命周期假说、持久收入假说、随机游走假说、流动性约束假说、预防性储蓄假说、λ 假说以及即时愉快吸引力理论等。国内部分也包括两个方面：我国市场经济条件下的消费理论与实践研究，以及国内学者关于我国居民消费需求影响的实践研究。其中后者从十个方面总结了研究人员的研究成果，具体包括收入对居民消费需求的影响、财富对居民消费需求的影响、社会保障对居民消费需求的影响、社会文化对居民消费需求的影响、宏观经济政策对居民消费需求的影响、利率对居民消费需求的影响、人口因素对居民消费需求的影响、金融市场发展对居民消费需求的影响、预期对居民消费需求的影响以及上述各种因素的综合及其他因素对居民消费需求的影响。

最后，对国内外城市化扩大居民消费需求的主要成果进行了梳理。由于欧美发达国家大多在第二次世界大战之前就进入了城市化中后期，之后的城市化发展相对比较缓慢，所以国外学者很少涉及城市化与居民消费需求之间关系的研究，只有少量研究成果零星分布于各学术期刊之中。与欧美发达国家不同，我国的城市化起步较晚，并且城市化高速发展时期正好与我国居民生活的大幅改善重叠，此外，国家近一二十年以来非常重视城市化的发展，因此，国内学者对城市化与居民消费需求之间关系的研究无论从理论还是实践角度都更为优越和迫切，相关研究成果远比国外研究丰富。鉴于此，本部分文献回顾重点关注国内学者的研究成果，内容包括城镇化与全国城乡居民消费需求之间关系的研究，城镇化与农村居民消费需求之间关系的研究，城镇化与城镇居民消费需求之间关系的研究，城镇化过程中特定群体、特定地域居民消费需求的研究以及其他相关研究等。

第3章，我国传统城镇化实践分析及其对居民消费需求的影响。本章首先回顾了1949年以来传统城镇化的历程并对其进行阶段性分析，即根据城镇化率的发展变化趋势将我国传统城镇化划分为五个阶段；其次对我国传统城镇化取得的成就及典型模式进行分析；再次在"以人为本"视角下，对我国传统城镇化存在的问题进行研究；最后对我国传统城镇化对居民消费的正负面影响进行研究。

第4章，我国新型城镇化建设及其扩大居民消费需求理论研究。本章首先在传统城镇化历程分析的基础上，研究了我国新型城镇化的模式选择。其次基于新型城镇化的发展模式，研究了新型城镇化的建设路径。再次以新型城镇化建设路径为基础，理论研究新型城镇化为什么会扩大居民消费需求，主要包括两个方面的内容。（1）以消费函数理论为基础，研究新型城镇化扩大居民消费需求的理论机制。该部分内容包括新型城镇化建设能够提高我国居民的收入并扩大其消费需求、新型城镇化建设通过人口结构变化扩大居民消费需求、新型城镇化建设通过降低预防性储蓄扩大居民消费需求，以及新型城镇化建设通过放松流动性约束扩大居民消费需求。（2）从新型城镇化扩大有效投资的视角研究新型城镇化扩大居民消费需求的理论机制。具体内容包括新型城镇化增加有效投资、促进经济发展并扩大居民消费需求；新型城镇化增加有效投资、改善消费环境并扩大居民消费需求；新型城镇化扩大有效投资、增加产品与服务供给并扩大居民消费需求等。最后构建了新型城镇化扩大居民消费需求的理论模型。在代表性主体经济建模环境下，通过构建理论模型，得出新型城镇化建设可以通过扩大厂商的产出而扩大我国居民的消费需求。

第5章，新型城镇化提升居民消费水平实证研究。本章分别从城镇居民与农村居民两个方面实证研究新型城镇化提升居民消费水平的效应。具体内容包括采用大样本微观数据从农民工市民化的视角实证研究新型城镇化提升城镇居民消费水平的效应；采用宏观面板数据从传统城镇化与新型城镇化对比的视角实证研究新型城镇化提升城镇居民消费水平的效应；采用大样本微观数据从新型城镇化促进农村居民外出务工的视角实证研究新型城镇化提升农村居民消费水平的效应；采用宏观面板数据从传统城镇化与新型城镇化对比的视角实证研究新型城镇化提升农村居民消费水平的效应。宏观数据与微观数据相结合，能够全面得出新型城镇化对我国城乡居民消费需求的影响。

第6章，新型城镇化优化居民消费结构实证研究。扩大居民消费需求可以从两个角度进行研究：一是消费数量的增加；二是消费质量的提升。本章实证研究新型城镇化对我国居民消费需求质量的提升，即消费结构的优化。具体包括如下内容：首先分析了我国城乡居民消费结构的发展变化趋势；其次简要介绍当前流行的研究居民消费结构的三个理论模型——线性支出系统模型、扩展线性支出系统模型以及几乎完美需求系统模型，以便构建本章实证研究的理论基础；再次对几乎完美需求系统模型进行了扩展；最后采用扩展的几乎完美需求系统模型以及面板数据模型对新型城镇化优化我国城镇和农村居民的消费结构分别进行实证研究。

第7章，研究结论及政策启示。本章首先对各章的研究结论进行总结，接着在此基础上提出了相应的政策启示。

1.4　若干概念界定

本书的核心概念包括城市化、城镇化、传统城镇化和新型城镇化。为了表述的方便并避免歧义，有必要对它们的含义进行严格的界定。

1.4.1　城市化与城镇化

"城市化"（urbanization）一词由西班牙工程师塞达于 1867 年首次使用，它是"urban"一词的衍生词。英语单词"urban"在《牛津高阶英语词典》（Oxford Advanced Learner's Dictionary，OALD）中的含义是"of, situated in or living in a city or town"，在《柯林斯英语学习词典》（Collins COBUILD Learner's Dictionary）中的含义是"belonging to, or relating to, a town or city"。由此得出，在英语中，urban 既包括了人口众多的城市（city），也包括人口比城市少的城镇（town）。因此，urbanization 的含义指的是人口向城市和城镇聚集的过程，以及此过程中所发生的经济和社会等各个方面的变化。我国学者在翻译国外相关文献时，早期更多地将 urbanization 翻译成城市化。然而，由于我国很多镇的人口规模与国外的城镇（town）相当，之后便有学者将 urbanization 翻译成城镇化，即城镇化中的"城"指的是"城市"，"镇"指的是"城镇"。于是 urbanization 一词的翻译便出现了"城市化"与"城镇化"共存的局面；但对于国内大多数学者来说，通常把"城市化"与"城镇化"看成是同一个意思。为了避免混淆，近些年来，尤其是自从 2001 年我国政府公布的第十个五年规划纲要中使用了"城镇化"这一表述以来，我国学界便将"城镇化"作为"urbanization"一词的标准翻译。因此，本书提及的"城镇化"和"城市化"是同义词，并尽量使用"城镇化"这一表述。然而，为了保持研究人员原始的陈述（尤其是在本书第 2 章"文献综述"部分），本书将遵循原作者的表述方法。

1.4.2　新型城镇化与传统城镇化

新型城镇化与传统城镇化是两个相对的概念。"新型城镇化"这一概念的提出始于 2002 年党的十六大报告（单卓然，黄亚平，2013）。然而，"新型城镇化"被公众熟知并成为学术界研究热点却是在 2012 年之后。在 2012 年党的十八大报告中，首次提出"坚持走中国特色新型工业化、信息化、城镇化、农业现代化道路"。此后，2012 年中央经济工作会议指出，要把生态文明理念和原则全面融入城镇化全过程，走集约、智能、绿色、低碳的新型城镇化道路。

与传统城镇化相比，新型城镇化具有新的特点和内涵，具体表现在以下几个方面：

（1）新型城镇化与传统城镇化的核心内容不同。传统城镇化强调的是农村剩余劳动力向城镇的空间转移及城镇规模的扩张，土地城镇化领先于人口城镇化；然而，新型城镇化则更为强调人口的城镇化，即逐步推进在城镇就业的农村剩余劳动力市民化。与传统城镇化相比，新型城镇化的内容更加注重以人为本，以人为核心。

（2）新型城镇化与传统城镇化的发展方式及其动力不同。传统城镇化的发展方式以生产要素（人力资本、原材料、能源等）的高投入及低效运用为基础，可持续发展能力差。新型城镇化强调集约化、生态化、智能化的可持续发展方式，注重生态文明理念和原则的培育和落实。发展动力方面，传统城镇化过度依赖城市工业化，主要靠工业园区和开发区的建设推动城镇化；新型城镇化则强调工业化、信息化、城镇化、农业现代化四化同步，在大力实施城镇工业化的同时，努力构建信息化社会和智慧城市，促进第三产业的发展，并且强调依托现代科学技术和管理方式改造农业，提升农业的现代化水平。因此，新型城镇化的发展动力来源更为广泛。

（3）新型城镇化与传统城镇化的资源配置模式不同。我国珠三角、长三角和京津冀三大城市群在城镇化过程中，国家优先发展战略对它们的快速城镇化起到了至关重要的作用。以珠三角为例，如果没有改革开放初期及邓小平 1992 年南方谈话的政策支持，珠三角的城镇化水平也不会走在全国前列；事实上，改革开放之初，珠三角的城镇化水平与全国其他地区大体相当。因此，传统型城镇化过程中，政府在资源配置中发挥了巨大的作用。然而，2013 年中央城镇化工作会议强调，新型城镇化建设要坚持市场在资源配置中的决定性作用。与传统城镇化相比，新型城镇化更强调市场在配置资源中的决定性作用，政府则更为突出其组织、协调和监督等各项管理职能。

1.5　研究方法

本书的研究方法包括文献研究法、理论分析法和实证研究法。

（1）文献研究法。通过阅读大量与本书研究主题相关的国内外文献，全面、正确地了解所要研究的问题。研究涉及的文献包含三个方面，分别是城市化或城镇化研究、居民消费理论与实践研究以及城镇化与居民消费之间关系的研究。通过对这三个方面文献的全面梳理，深入掌握与本书密切相关领域国内外的研究现状、研究前沿及研究空白，为本书研究指明研究方向。

（2）理论分析法。首先，基于已有研究成果，特别是国内外学者关于消费需求理论的研究成果，本书通过理论分析，得出新型城镇化能够促进居民收入增加、改变家庭人口结构、放松居民流动性约束以及降低预防性储蓄等方式促进居民消费需求扩大。其次，在新型城镇化条件下，通过构建理论模型，研究了人口城镇化对居民消费需求的影响。理论分析表明，人口城镇化能够提高居民的收入进而促进家庭消费。此外，理论分析还表明，人口城镇化通过生产要素的聚集效应和关联效应能够降低厂商的生产成本，提高整个社会的产出水平并扩大居民消费需求。

（3）实证研究法。基于上述理论分析，本书对新型城镇化扩大我国居民消费需求进行了两个方面的实证研究。首先，实证研究了新型城镇化对我国城乡居民消费水平的影响。采用的研究方法是微观计量以及面板数据回归。其次，实证研究了新型城镇化对我国城乡居民消费结构的影响。采用的研究方法是扩展的线性几乎完美需求系统（LA／AIDS）方法以及面板数据回归。

1.6　研究的主要创新

通过梳理国内外文献发现，本书的主要创新体现在以下四个方面：

（1）研究方法创新。我国新型城镇化的本质是以人为本，即人的城镇化，让广大人民群众平等分享改革发展的成果。自提出推进新型城镇化建设以来已有十余年，各城市在贯彻落实国家政策方面取得明显成效。然而，我国当前部分地区并没有很好地做到广大人民群众平等分享改革发展成果这一点，尤其是广大农民工市民，尽管他们被统计为城市市民（在就业地居住达半年或半年以上），然而，他们在一些城市中不能公平地享有部分社会公共福利。严格意义上讲，我国当前所进行的新型城镇化并不完全属于学术意义上新型城镇化的概念，因此，无法直接对新型城镇化扩大我国居民的消费需求进行研究。尽管如此，本书还是通过如下方法解决了此问题：在当前的城镇化背景下，假如能够证明阻碍人口城镇化的因素会抑制我国居民的消费需求，那么在新型城镇化背景下，弱化甚至消除这些阻碍人口城镇化的因素，我国居民的消费需求就必然扩大。本书的研究方法属于逆向研究。

（2）理论研究创新。本书的理论研究创新主要体现在以下四个方面：首先，从"以人为本"的视角研究了我国传统城镇化存在的不足。其次，在空间经济学已有研究的基础上，结合城市经济学的区位理论，对新型城镇化过程中的人口流动及资源聚集对厂商产出的影响，进而对居民消费需求的影响进行了理论推导。研究结果表明，在新型城镇化背景下，随着"三个1亿人"问题的逐步解决，人口和资源的聚集效应将凸显，这将有力地推动我国经济的发展，促进居民收入增加，进而扩大居民消费需求。再次，提出了均衡城镇化新模式的概念并对其内涵进行了论述。在归纳、总结我国传统城镇化历程的基础上，基于《国家新型城镇化规划（2014－2020年）》提出的新型城镇化目标，提出了我国的新型城镇化应该采用均衡城镇化新模式的观点。对于其内涵，本书提出，我国的新型城镇化是一个包含城市、城镇和农村三个维度的概念。"均衡"指的是，这三个维度应该处于一种动态的平衡状态之中，这样才能最大程度地发挥新型城镇化扩大居民消费需求的作用。最后，由于新型城镇化的概念在我国首次提出，研究人员对新型城镇化的研究起步较晚，因此，国内已有研究较少涉及新型城镇化对居民消费需求影响的理论研究；国外研究方面，由于大多数发达国家在半个世纪以前就已经实现了城市化，因此国外学者对城镇化与居民消费需求之间的理论研究也较少。本书以消费函数理论为基础，系统地研究了新型城镇化扩大我国居民消费需求的理论机制。

（3）实证研究方面，尽管国内近些年来已有一些研究传统城镇化与居民消费需求之间关系的文献，根据国家统计局的统计口径，我国的城镇化率指的是城镇常住居民（拥有城市户口以及在城市连续居住超过 6 个月的流动人口）占全国总人口的比例，然而，已有研究要么很少区分户籍人口城镇化率及农民工市民化率对我国居民消费需求的不同影响，要么关注农民工总体（包括外出农民工和本地农民工）对我国城乡居民消费需求的影响，即已有研究很少关注新型城镇化背景下，城镇化的核心——人的城镇化，尤其是农村转移人口市民化对我国居民消费需求的影响。国外研究方面，由于世界上没有任何一个国家具有中国如此庞大的流动人口，因此，国外流动人口对于社会、经济的影响远不及中国，国外学者对城镇化过程中的人口由农村向城市流动对居民消费需求影响的实证研究较少涉及。此外，与国外相比，中国的流动人口有其自身的特点（例如，具有城乡二元特征），因此，国外的研究成果对我国的借鉴意义有限。本书将我国的城市化率分解为真实城镇化率（户籍人口城镇化率）和农民工市民化率两个方面，对新型城镇化过程中降低直至消除农民工市民，即让农民工市民真正成为城市市民，对我国居民消费需求的影响进行了实证研究。此外，已有实证研究大多只关注城镇化对我国城乡居民消费水平的影响，对居民消费结构变化的研究还比较欠缺，因此，基于新型城镇化的背景而对城乡居民消费结构变化的研究也是本书的一个创新。

（4）跨学科、多视角综合研究。本书研究主题涉及城市经济学、空间经济学、消费经济学以及人口学等学科，因此，采取了跨学科、多视角综合研究的研究方法，突破了各学科的知识边界，将它们有机地联系起来。

第 2 章　文献综述

2.1　国内外城市化理论及实践研究综述

2.1.1　国外城市化理论研究综述

国外研究人员对城市化的研究涉及众多内容，主要包括城市化的概念及其度量，即城市化的内涵及评价标准研究，城市化的发展阶段研究，城市化的模式及其选择研究，城市化的发展规律研究，城市化及其与工业化的关系及过度城市化研究，城市化的作用研究，城市化的动力机制研究，城市化的基础理论研究，城市化与城市贫困研究，城市化与经济发展互动研究，城市化与居民就业研究，以及城市化对环境、资源、气候的影响研究等。由于城市化涉及众多领域和学科，除了经济学家之外，社会学、生物学、医学、人口学等领域的学者也参与城市化的研究之中。在一篇研究中要将国外与城市化有关的所有主题均加以总结，既不可能，也没有必要。因此，根据本书的研究侧重点，本小节仅将国外研究人员对城市化发展规律的认识以及城市化基础理论的主要研究进行简要回顾。

2.1.1.1　对城市化发展规律的认识

城市化是人类社会发展的客观趋势，有其内在的发展规律，美国城市地理学家诺瑟姆于 20 世纪 70 年代最早发现了这一广泛认同并被大量经验研究所证实的规律。此外，城市化过程中，大量农村人口向城市聚集，进而产生了生产要素的聚集和扩大效应；与此同时，城市规模扩大也带来了诸如交通拥挤等负面影响。那么，城市规模究竟多大才经济呢？对此，国外学者也进行了大量研究，总结出最优城市发展规模理论。

（1）诺瑟姆对城市化发展规律的经验总结。综观世界各主要发达国家的城市化历程可以发现，尽管它们城市化的起步有早有晚，发展速度有快有慢，当前城市化的水平有高有低，但诺瑟姆的经验研究发现，它们城市化发展的历史轨迹都呈现出一条"S"型上升曲线，如图 2 - 1 所示。

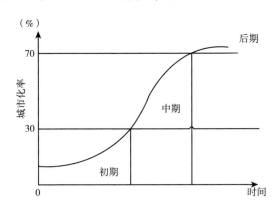

图 2 - 1　城市化发展规律

图 2 - 1 所示的"S"型曲线表明，城市化发展进程可以划分为城市化初期、城市化中期和城市化后期三个阶段。城市化初期阶段所表现的主要特征是，它不仅水平低而且增长速度较慢。该阶段的城市化率通常都低于 30%，工业和农业的发展水平均比较低，因此，工业部门能够吸纳的劳动力以及农业部门可以释放的劳动力均很有限，进而导致城市化发展缓慢。城市化中期阶段的显著特征是，城市化的水平与初期相比明显提高，发展速度明显加快。在这个阶段，城市人口占全国总人口的比例位于 30% ~ 70%，工业化水平以及农业发展水平均较高，因此，农业部门能够释放大量剩余劳动力，而快速发展的工业部门则能够为大量农村剩余劳动力提供就业机会，大量人口开始涌入城市并导致城市化进程显著加快。在城市化后期阶段，由于农业生产必须能够提供足以维持整个国家居民生活水平的规模，并且农业人口比例已经不大，因此农业部门可以释放的劳动力有限。在工业部门生产效率不断提高、就业人口持续下降的推动下，劳动力主要从工业部门流向服务业部门，服务业部门成为扩大就业的主力，城市化发展的方向是提升质量。

（2）最优城市发展规模理论。城市化发展过程中最优城市规模的确定一直是国外学者关注的主要内容之一。阿隆索（Alonso，1964）基于城市规模扩张过程中的成本效益分析，提出了一个城市总成本－收益模型。他认为，城市规模扩张将导致其边际收益和边际成本同时增加，但前者的增幅低于后者，因此，边际成本曲线和边际收益曲线最终会交于一点，该点即为城市最优规模。安东尼和罗伯特（Anthony & Robert，1976）以及哈维（Harvey，1975）等研究人员对阿隆索的模型进行了改进。他们的研究得出，城市的实际规模与其理论最优规模并不一致，前者是由城市的平均收益和平均成本决定的；而后者则是由城市的边际成本和边际收益决定的。城市平均成本、平均收益、边际成本和边际收益四条曲线的分布如图2-2所示。

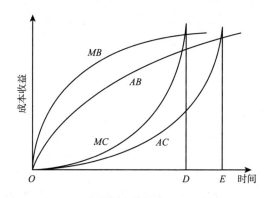

图2-2　阿隆索城市总成本－收益模型

由图2-2可知，平均收益曲线 AB 和边际收益曲线 MB 分别位于平均成本曲线 AC 和边际成本曲线 MC 之上，因此，城市的实际规模自发地大于其最优规模。究其原因，主要是因为城市的最优规模，即边际收益等于边际成本的城市规模，并不是单个城市市民的最优选择。当城市达到最优规模时，对于新迁入城市的居民来说，他能够获得比农村更高的收入和更好的服务，他所承担的成本是平均成本并不是边际成本，边际成本是由新迁入城市的居民和城市已有居民共同承担的，因此，此时新迁入城市的居民，其享受到的城市平均收益高于城市平均成本。只有当城市平均收益等于平均成本时，城市才会停止新居民的迁入，城市达到实际规模。美国城市经济学家奥沙利文（O'Sullivan，1986）进一步发展了安东尼和罗伯特以及哈维等学者的研究成果。他的研究发现，城市规模能够稳定在实际规模大于最优规模的点上，而实际规模小于最优规模是不稳定的。

如图 2-3 所示，当城市规模处于 S 点时，此时由于城市规模太小而带来的负面影响将驱动城市自我强化式迁徙的出现，使得城市规模不能扩大。当城市规模达到 M 点时，根据安东尼和罗伯特以及哈维的研究，城市规模将进一步扩大到 L 点，城市规模达到稳定状态。处于 M 点的大城市与处于 S 点的小城市相比，其吸纳就业人口的能力更强，因此发展更为迅速。这与现实中观察到的大城市超先发展是一致的。

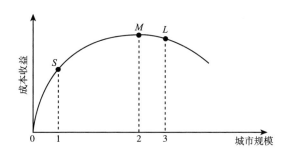

图 2-3 城市规模-成本收益

以上研究人员基于成本收益分析研究了城市最优规模的问题。但对于城市规模具体为多少最优，研究人员却得出不同的结论。克拉克（Clark，1985）的研究得出，城市最优规模，其人口应维持在 20 万人上下；然而，邓肯（Duncan，2003）的研究则表明，城市最优规模的人口为 50 万~100 万人。还有些研究人员则认为，成本收益法分析单个城市的最优规模，忽视了城市间的内在联系。例如，卡佩诺和卡玛尼（Capello & Camgni，2000）认为，城市的效率不应该是以人口规模度量的静态过程，而是以城市网络为基础的动态过程；已有研究通常忽视了城市之间的合作，即网络外部效应。

2.1.1.2 对城市化基础理论的研究

城市化基础理论是国外学者城市化研究的核心内容。经过近一个世纪的努力，他们得出了众多有影响力的研究成果。其中最具代表性和影响力的有结构理论、非均衡增长理论和区位理论等。

（1）结构理论。主要包括刘易斯-拉尼斯-费景汉二元经济模型、乔根森模型以及托达罗城乡劳动力迁移模型。

1954 年，刘易斯（Lewis）构建了一个包含现代与传统两部门的经济发展模型。其中传统部门存在大量剩余劳动力，因此，现代部门能够以不变的工资从传统部门获得充足的劳动力，以促进现代部门经济的发展，并形成二元经济结构。直到现代部门将传统部门所有剩余劳动力吸纳完毕，二元经济结构被消除。现代部门发展过程中的人口聚集，也就是城市形成的过程。1961 年，拉尼斯和费景汉（Ranis & Fei）两人进一步发展了刘易斯模型。他们认为，传统部门的作用除了为现代部门提供足够多的劳动力之外，它们的经济活动还会相互影响，从而形成理论基础更为稳固的刘易斯 - 拉尼斯 - 费景汉二元经济模型。

同样在 1961 年，乔根森（Jorgenson）基于与刘易斯完全不同的假设提出了另一个二元经济模型。他认为，农业部门并没有无限的剩余劳动力，农业人口向工业部门流动的充要条件是农产品过剩。由于农业人口对工业品消费的渴望，于是他们从农业部门流向了工业部门。

由于刘易斯模型具有非常严格的假设条件（例如，传统部门拥有足够多的剩余劳动力，并且现代部门能够以不变的工资吸纳他们，现代部门不存在失业等），因此，托达罗（Todaro，1969）基于传统部门和现代部门都存在失业这一现实，提出了托达罗城乡劳动力迁移模型。他认为，传统部门劳动力是否向现代部门流动取决于两个因素：一是他们在现代部门找到就业岗位的概率；二是传统部门与现代部门间的工资差距。由于在很多发展中国家城乡收入差距普遍存在并且很悬殊，因此，农村劳动力向城市流动很普遍。

（2）非均衡增长理论。非均衡增长理论包括佩鲁的增长极理论、弗里德曼的中心 - 边缘理论、缪尔达尔的地理上的二元经济结构理论以及赫希曼的非均衡增长理论。

增长极理论（growth pole theory）最早由法国经济学家佩鲁（Perroux，1955）于 20 世纪 50 年代提出。他认为，区域内的经济增长是一个不平衡的动态过程，而不是均匀分布的持续增长。经济增长首先出现在具备现代大工业特征的主导部门或具有创新能力企业的聚集区，因而，佩鲁把它们称为增长极。增长极的产生促进了人口聚集，进而产生了城市化趋向。到了 20 世纪 60 年代，弗里德曼（Friedmann，1963）基于佩鲁的增长极理论提出了中心 - 边缘理论，对其进行了扩展。该理论将增长极理论中增长极的概念与产业发展及人口流动的空间发展相融合。弗里德曼认为，一方面，增长极通过吸引周边地区的资本、劳动力等资源不断强化自身的地位，从而形成中心区；另一方面，中心区通过产业关联、信息传播等手段与其周边地区产生密切的联系，带动周边地区的经济发展，并对其进行支配与控制，从而形成了中心－外围的经济结构。

1957 年，缪尔达尔（Myrdal）提出了地理上的二元经济结构（geographical dual economy）理论，又称循环累积论。缪尔达尔认为，在经济发展初期，各地区劳动力、技术以及资金等生产要素的回报率大致相同。然而，由于某些外部因素（例如，制度）的作用使得某一地区的要素回报率高于其他地区时，那么生产要素就会从其他地区向该地区流动，并产生循环累积效应，导致该地区的经济发展越来越领先于其他地区，促进地理上的二元经济结构的产生。1958 年，赫希曼（Hirschman）基于资源及企业家的稀缺性这一视角，得出平衡增长战略是不可行的，并基于此提出了非均衡增长（unbalanced growth）理论。该理论认为，由于资源的稀缺性，在经济发展过程中将会把有限的资源用于最有生产潜力的行业中，优先促进这些行业的发展以便带动整个国家或地区的经济发展。因此，经济发展过程中必然有些地区领先于其他地区，而前者通常位于城市之中。

（3）区位理论。产业的空间分布是城市经济学的主要研究内容之一，有着悠久的研究历史，其早期最有影响力的研究是德国经济学家冯·杜能（Von Thunen，1826）对土地利用问题的研究。冯·杜能将城市假设为由周围乡村包围的孤立经济体，其产品供应由农民提供。农民在向城市提供农产品时，必须在地租和产品运费之间进行权衡。由于地租是以城市中心为圆心而呈同心圆分布的——越靠近市中心，地租越贵，因此，产业分布的结果必然也是以城市中心为圆心而呈同心圆分布。1909 年，德国经济学家韦伯（Weber）在《工业区位论》一书中研究了产业迁徙和工业布局的问题，开拓了工业区位论研究的先河。随后，德国经济学家沃尔特·克里斯托勒（Walter Christaller）以及奥古斯特·勒施（August Losch）研究了城市区位的问题。

1960 年，沃尔特·伊萨德（Walter Isars）对冯·杜能、韦伯、克里斯托勒、勒施等的研究成果进行了总结，将区位问题（包括农业区位论、工业区位论和城市区位论）综合为一个企业在流通成本和生产成本之间进行权衡取舍的替代问题，因而把区位问题整合为一个易于分析的理论框架。

尽管上述经济学家对区位理论进行了系统研究，得出很多有益结论，但经济活动的空间区位研究始终没有成为经济学主流，其主要原因是空间区位问题在理论建模上存在极大障碍。然而，自从迪克西特与斯蒂格利茨（Dixit & Stiglitz）于 1977 年创建了 D - S 垄断竞争模型之后，该障碍随之消除。随后，以保罗·克鲁格曼（Paul Krugman）为代表的新经济理论学家对区位问题进行了更细致的研究。例如，克鲁格曼于 1991 年发表了《规模经济与经济地理》一文，对城市的出现进行了深入的研究，与之形成对比的是，非均衡增长理论假定城市的出现是外生的。

2.1.2 国内城市化理论及实践研究综述

与国外学者相比，国内学者对城市化的研究要晚很多——自从 1979 年吴友仁发表《关于中国社会主义城市化问题》一文之后，城市化问题研究才在中国得到快速发展（顾朝林，吴莉娅，2008）。此后，国内学者立足于中国实践，对中国的城市化进行了多方面的研究，主要包含以下几个方面：

2.1.2.1 中国城市化模式研究

中国的城市化应该选用何种模式？国内学者对此并没有形成统一的意见。支持优先发展大城市、小城市、中等城市、城市群和多元发展的学者均有。例如，邹农俭（1990）认为，基于中国城市化的动力明显不足这一客观现实，利用中国人口资源丰富的优势，在城镇体系的基础部位积蓄力量，从而形成一股向上运动的推力，增加推动城市化的动力来源，这样，有利于完善的城镇等级体系的建立。因此中国的城市化模式应该采用小城市模式。李迎生（1988）认为，根据城市化发展的一般规律和中国现阶段的基本国情，在中国城市化的现阶段，必须选择以大城市为主体的城市化模式。江观伙、洪爱华（2001）基于中国大城市高度集中拥挤和小城镇极度分散，而中等城市发展却严重不足的客观现实，提出中国的城市化应重点发展中等城市的观点。然而，周一行（1992）综合分析了大城市、小城市和中等城市模式的优缺点之后，提出中国的城市化应采用多元发展模式。除了上述研究，中国城市化模式的代表性研究还有陈明星、龚颖华、隋昱文（2016），范虹珏、沈费伟、刘祖云（2017），李强、陈振华、张莹（2017），夏柱智、贺雪峰（2017），季辰晔（2021），以及管兵（2022）等。

2.1.2.2 中国城市化特征研究

研究人员普遍认为，中国城市化的特征主要表现在以下几个方面：第一，中国城市化的总体特征表现为滞后城市化。根据城市化与工业化的关系可以把城市化划分为四种类型：同步城市化、过度城市化、滞后城市化和逆城市化。与同等经济发展水平国家相比，中国的城市化率明显偏低，因此，中国城市化的总体特征为滞后城市化得到了国内学术界的广泛认同。第二，中国的城市化表现为典型的二元结构特征。这主要表现在城乡二元结构和城市内部常住户籍人口和非常住户籍人口之间的二元结构两个方面。第三，中国的城市化是典型的不完全城市化（顾朝林，2012）。与工业化程度相比，总体来讲中国的城市化严重滞后，但从全国不同的区域来看，各地区的城市化水平差距悬殊。北京、上海、珠三角等地区已经高度城市化，然而贵州、西藏等地区的城市化水平还很低，因此，中国不完全城市化的特征明显。第四，中国城市化的速度较快。自20世纪90年代以来，中国的城市化率平均每年增加近1个百分点。然而，中国目前城市化速度是快了还是慢了，学术界存在不同观点。有学者基于中国资源和环境的承载能力这一视角，认为中国的城市化速度太快，原因是中国众多城市相继出现环境污染、水资源短缺、房价高涨、交通拥挤等城市病（温铁军，2010）。另外，中国仍然有接近一半的人口从事农业生产，与高城市化水平国家相比，具有明显的差距，因此，中国城市化速度偏慢（新玉言，2013）。除了上述研究，相关研究还包括汪来喜、郭力（2018），李培林（2022），喻乐、李志刚、刘达（2023），以及李刘艳、邓金钱（2024）等。

2.1.2.3 中国城市化动力机制研究

城市化的动力机制指的是推动城市化发展的各种力量。国内学者认为，中国城市化的动力机制包括以下几个方面：第一，就业结构转换及人口迁移。"民工潮"使长期形成的二元结构体制出现危机，加速了中国的城市化进程。城市化最低经济门槛作用机制对于进城的农村人口顺利城市化起着至关重要的作用，这一机制的中心规律是就业支柱产业工资与城市物价的均衡。就业结构变化滞后是中国城市化推进的主要障碍性因素（顾朝林，吴莉娅，

2008）。第二，工业化和信息化的推动。吴建峰、周伟林（2011）通过分析1978～2008年中国工业、建筑业及农业就业人口比重的变化，得出工业化的快速发展是中国城市化进程的重要推动力。薛伟贤、吴祎（2014）的研究结果表明，信息化因素是中国城市化动力系统重要的负熵要素，可使该系统总熵值减小为负值，形成新的有序的城市化动力系统耗散结构。第三，对外开放、新国际劳动分工与经济全球化也是中国城市化的重要推动力量。第四，经济体制改革和政府推动（王兴周，2024）。第五，金融发展。陈志刚、吴腾、桂立（2015）提出，金融发展是中国城市化的重要驱动力。

2.1.2.4 中国城市化空间研究

城市化空间研究涉及城市的地域分布、城市地域结构优化、城市扩散趋势、城市用地结构变迁等。具体来讲，顾朝林、吴莉娅（2008）将中国城市化空间研究概括为城市-区域关系、城市形态、城市空间结构（包括城市物质、社会和经济空间结构三个方面）、城市边缘区研究、半城市化研究、郊区化研究、城市群研究、都市圈和都市连绵区研究，以及城镇体系研究（包括城镇体系理论研究、城镇体系实证研究和城镇体系规划实践三个方面）九个方面。中国城市化空间研究有如下代表性的成果：

宋家泰（1980）首倡"城市-区域观"，该理论强调城市的总体规划与布局必须把城市与区域统一起来，城市发展与区域间具有不可分割的动态关系，具有多层次、开放型的特点。武进（1990）研究了国内数百个城市的城市形态和内部结构，从社会、经济、文化和自然等角度，探讨了中国城市形态发展演变的动力学机制，并预测其发展趋势，提出了合理的发展模式。顾朝林（1993）通过对北京、上海、广州、南京等大城市的实地调查，在探讨中国城市边缘区的基础之上，对中国大城市边缘区的人口特性、社会特性、经济特性、土地使用特性、地域空间特性等进行了系统研究。石忆邵、谭文垦（2007）以上海大都市郊区化为例，阐述了从近域郊区化向远域郊区化推进的战略意义，辨识了远域郊区化发展的重要标志，并提出了进一步发展的对策建议。姚士谋、王书国、陈爽等（2006）就区域发展中城市群现象的生成规律、发展过程中的因子及其空间组织系统等若干问题进行了综合性的探索，并提出了城市群现象的空间结构的四种范式。毕秀晶、宁越敏（2013）

以长三角区域为例，在"六普"分县人口数据的基础上，利用空间自相关等空间计量经济学方法，研究了长三角城市群的集聚与扩散以及大都市区的空间溢出效应。刘玉亭、顾朝林、郑弘毅（2001）研究了 21 世纪中国城镇体系规划的基本思路及完善途径。此外，朱道才等（2017）研究了皖南示范区旅游城市化的空间分异及其机制；崔耀平等（2020）研究了长三角地区城市化空间关联特征及内在机制；等等。

2.1.2.5 中国乡村城市化研究

20 世纪 80 年代中后期，乡镇企业异军突起，特别是沿海发达地区，乡镇企业成为农村城市化的重要推力。此时，开展对乡村地区城市化的研究，在理论研究和实践应用中取得了较大的进展。薛德升、郑莘（2001）对中国乡村城市化的起源、概念、进展与展望进行了研究。朱宇（2001）基于中国改革开放以来乡村城市化的实践，论述了中国乡村城市化研究在突破基于二元分析框架的城市化和区域发展理论局限性上的重要意义。祝华军、白人朴（2000）研究了中国乡村城镇发展过程中出现的布局分散、土地利用粗放、集聚效应差和环境恶化等"小城镇病"的根源，指出中国城镇发展方针应调整为：发挥大城市集聚－扩散效应，积极发展中小城市，有重点地选择性发展小城镇的观点。张正河（1998）研究了中国乡村城市化的要素聚集与时空序列。王露璐（2017）研究了中国乡村城市化进程中的资本逻辑及其伦理反思。孟卫东、吴振其、司林波（2017）研究了乡村城市化发展的若干影响因素。

2.1.2.6 中国区域城市化研究

国内学者对中国区域城市化的研究主要集中于珠三角和长三角两个地区。珠三角研究方面，杨青生、黎夏（2007）基于 CA 的模拟和分析研究了珠三角中心镇城市化对区域城市空间结构的影响。杨晶、金晶和吴泗宗（2013）以珠海市为例研究了珠三角地区城市化与生态环境协调发展的动态耦合。李翠玲（2011）在对珠三角一个"村改居"社区田野调查的基础上，从土地、计划生育和福利方面对城市化进程中的反城市化现象进行了讨论。李铁成、刘力（2014）研究了珠三角新型城市化水平驱动因子的时空演变。黄林（2013）采用广州、深圳、东莞、佛山等城市 2006～2010 年的工业经济和城市成长的面板数据，得出城市化经济对城市稳定增长具有巨大推动作用的结论。雷玉桃、叶颖、张萱（2023）研究了新型城镇化进程中都市圈经济辐射的模式。

长三角研究方面，吴福象、刘志彪（2008）以长三角 16 个城市为研究样本，研究了城市化群落驱动经济增长的机制。徐素、于涛、巫强（2011）以长三角地区为例，在区域视角下研究了中国县级市城市化质量的评估体系。沈玉芳、刘曙华（2009）研究了长三角地区城市化发展的态势与城镇组织模式的特征和趋势。王红霞、王桂新（2005）研究了 1984~2002 年长三角地区人口城市化的动因。王桂新、陆燕秋（2014）考察了长三角都市群地区城市化的发展动向。朱子明、郁鸿胜（2013）以长三角为例，研究了中国东南沿海经济发达地区城市化质量评价的问题。姚德文、杨轶伦（2014）基于 1990~2012 年面板数据，研究了长三角地区城市化现状及工业化的作用。王馨竹、杜德斌、张斌丰等（2014）研究了长三角知识创新能力与城市化、工业化进程之间的协调关系。王垚（2024）研究了长三角新型城镇化的空间模式与规划策略。

2.2 国内外消费理论与实践综述

2.2.1 马克思消费理论综述

马克思消费理论是马克思主义的重要内容，也是马克思批判资本主义制度的重要工具，在整个马克思主义体系中占有极其重要的地位，是马克思辩证唯物主义在生产与消费之关系领域的重要运用。马克思在分析一般意义的生产与消费之关系基础上，批判了资本主义制度下消费的本质，以及生产相对过剩于消费者的购买力所造成的资本主义经济危机，从而提出未来共产主义社会的消费才是人类真正消费，反映了人类的真实需求。正如马克思所说，他既反对将消费"被看成终点"和"最后目的的结束行为"的观点，[①] 也反

---

① 马克思恩格斯全集（第四十六卷）（上册）[M]. 北京：人民出版社，1979：26.

对资产阶级经济学家提出的所谓"正规的三段论法：生产是一般，分配和交换是特殊，消费是个别，全体由此结合在一起"①。马克思认为，这只"是一种肤浅的联系"，却成为资产阶级经济学家用来宣扬资本主义的工具。总的来说，马克思的消费理论主要包括两个方面的内容。

2.2.1.1 消费一般及其与生产之关系

（1）生产直接也是消费，消费直接也是生产。马克思在《〈政治经济学批判〉导言》中分析了一般人类社会中消费的含义（我们将之称为消费一般）及其与生产之关系。消费一般包括两个方面的含义，即"与生产同一的消费"和"原来意义上的消费"②。

首先，"与生产同一的消费"指的是，作为人类生存之基础的生产，其实也是一种消费（这个观点在资产阶级古典经济学家的论述中也同样存在）。为什么这么说呢？因为，从消费的角度理解，人类的生产具有两个方面的特性，其一是生产对劳动力的消费，也即是说人们在物质资料的生产过程中，对自己的体力及脑力都进行了消耗，这种生产过程中的消费是对劳动主体（劳动力）的消费；其二是生产对生产资料的消费，也即是说人们在物资资料的生产过程中，要创造出新产品，就必须消费生产资料，这种生产过程中的消费是对劳动客体（生产资料）的消费。由此可见，生产和消费是同一的，这也印证了 17 世纪荷兰的资产阶级哲学家斯宾诺莎"规定即否定"的观点，也即是说在生产与消费的规定中，都存在对其自身的否定，即生产与消费不是完全对立的，而是同一的，生产本身也是消费，消费本身也是生产。

其次，"原来意义上的消费"也就是人类对粮食衣物的消费。个人消费的过程，也就是人的身体的再生产过程，是人们把生产中消耗的脑力、体力加以恢复，并再生产出劳动力的过程。因此，马克思把这种"原来意义上的消费"称之为"消费的生产"。他认为这种消费不管采取何种形式，凡是生产人的身体的消费行为，都是一种生产行为，即消费生产。这一点就跟自然界对空气、阳光和水资源的消费，可以导致植物的生长发育一样。人们对生活资料的消费，同样可以带来人的肉体的生产，即劳动力的生产。

29

---

① 马克思恩格斯全集（第四十六卷）（上册）[M]. 北京：人民出版社，1979：29.
② 马克思恩格斯全集（第四十六卷）（上册）[M]. 北京：人民出版社，1979：27.

虽然说生产和消费是同一的，但并不是说生产和消费就是完全相同的，生产消费和消费生产是两个不同的概念，前者是将劳动力物化到劳动产品中去，而后者是将劳动产品人化到人体中去，这完全是两个相反的过程。

（2）生产中介着消费，消费中介着生产。需要说明的是，这里的中介是一个动词，而不是名词。也就是说，生产是消费得以实现的中介，而消费也是生产得以实现的中介。为什么这么说呢？首先，生产是消费得以实现的中介，是说如果没有生产活动创造出消费品，那么人类的消费行为是绝对不可能得以实现的。由此可以发现生产的决定性作用，如果没有了生产活动、生产的增长等，消费就无法实现，也无法得以提高。

其次，消费也是生产得以实现的中介，是说如果没有消费行为，生产的目的、生产的意义等就无从谈起。正如马克思所言，一个产品能称之为产品，并不是因为它的生产行为，而是因为其消费者的消费行为，如果没有消费者对这个产品的消费，它怎么都无法成为真正意义上的产品。就像铁路、公路等一样，如果没有任何人的使用，也就只能是理论上的、概念中的铁路和公路，而不是现实中的铁路和公路。① 由此可见，如果我们断言没有生产就没有消费的话，那么我们也可以断言，没有消费也没有生产。生产自始至终都是围绕着消费展开，而不是臆想出来的。

（3）生产生产着消费，消费生产着生产。首先，说生产为什么生产着消费的原因有三：其一，消费的资料是由生产提供的，没有生产就不会有消费。② 其二，消费的性质和方式也是由生产决定着的，人们在怎样的形式下进行消费并不是人的主观行为，而是由生产的性质和生产的行为方式决定的客观的行为，并且这个生产的性质和行为方式还要受到生产发展水平所决定。原始社会中人们的消费和现代社会中人们的消费，虽然都是消费，但是消费对象和消费方式都不是相同的，而是有着巨大区别的。就像马克思所说，人们的饥饿情况都是一样的，但是解决饥饿的方式到底是刀叉还是手抓，这是不同的。③ 其三，生产不但为消费提供了可供消费的产品，同时它还为产品创造出了新的需求。比如说，人们之所以生产粮食，就是因为粮食能满足人

---

① ② 马克思恩格斯全集（第四十六卷）（上册）［M］. 北京：人民出版社，1979：28.
③ 马克思恩格斯全集（第四十六卷）（上册）［M］. 北京：人民出版社，1979：29.

们战胜饥饿、恢复体力的需要，从而导致人们继续不断生产新的粮食产品。另外，生产还可以创造新的消费者，就像电影、绘画等艺术产品的生产，就创造出了懂得消费电影和绘画的观众。所以，生产不仅能够生产消费者的消费对象，还能引导人们形成新的消费需求，从而产生新的消费主体。①

其次，说消费为什么生产着生产的原因有二：其一，消费可以促使生产的产品从理论上的产品变为最终的现实性产品。这就是说产品从生产出来到最后被消费，这中间必须要有一个消费的过程。如果离开了消费，生产的产品始终停留在原来的阶段，而无法证明其对人类的有用性，也无法实现其价值。这种实现必须而且只有消费行为才能达成。其二，消费行为可以为生产创造出新的需求。这是因为生产的目的、意义都是围绕着消费进行的，人类的消费使得生产不断、重复进行，而且，消费还将生产从简单的再生产转变为深度和广度上都得到扩充的扩大再生产。所以，如果没有了消费，生产的目的和意义即无从谈起，而且生产的多样性、多层性等也停止了。

2.2.1.2　不同社会历史形态下的消费

马克思从生产一般和消费一般发现了生产与消费的同一性与矛盾性，在此基础上他对资本主义以前、资本主义，以及资本主义以后（共产主义）的消费进行分析，最终得出结论：未来共产主义社会的消费才是人类真正的消费，反映了人类的真实需求。

（1）资本主义以前的消费。马克思指出，在资本主义以前的社会里，生产和消费是一致的，也即是说，生产的目的单纯的就是满足人们消费。马克思指出，在中世纪的欧洲社会中，特别是在中世纪最初的几个世纪中，生产就是满足人自己的消费，即生产者及其家庭的消费。在一些具有人身依附关系的生产中，比如农业生产中，生产的目的还包括为封建主提供消费必需的产品。② 于是，我们不难理解，在资本主义以前的社会中，生产就是消费，消费就是生产，二者是完全同一的，生产的目的就是生产者的消费，或者还包括封建主的消费。③

----

① 马克思恩格斯全集（第四十六卷）（上册）［M］. 北京：人民出版社，1979：29.
② 马克思恩格斯全集（第十九卷）［M］. 北京：人民出版社，1963：233.
③ 马克思恩格斯全集（第十九卷）［M］. 北京：人民出版社，1963：246.

（2）资本主义的消费。马克思认为在资本主义社会，消费的内容还是没有改变，它既包括了生产的消费，同时还包括了个体的消费。但是，资本主义社会的消费还包括了两个阶级的生产，也即是说资产阶级和无产阶级这两大队伍的生产，所以说，资本主义社会的消费当然就包括了资本主义性质的再生产。① 由此，很多资产阶级经济学家（比如萨伊）就认为，在资本主义社会，生产和消费同样也是统一的，没有矛盾的，从而资本主义社会是不存在危机的可能性。对此，马克思进行了深刻的批判，他指出，工人阶级个人消费的本质在于，在较短的时间内生产出了可供资本家剥削的新的劳动力，而这种消费正是资本家赖以存在和发展的基础，也即是工人阶级或劳动力的生产和再生产行为。可见，在资本主义社会，消费已经不再是生产的目的，而是完全从属于生产，从属于资本增殖，是资本主义生产必不可少的环节，更是资本家追求最大剩余价值的需要。

另外，资本家一方面不断压迫工人扩大生产规模，另一方面又不断缩短必要劳动时间，相对延长剩余劳动时间，最大化地榨取工人的剩余价值，从而导致了生产规模不断扩大而工人的消费能力却相对缩小的矛盾，这就是资本主义固有的矛盾，从而导致了资本主义生产相对过剩的经济危机。马克思指出，这种相对过剩是指相对于劳动人民有支付能力的需求来说社会生产的商品显得过剩，而不是与劳动人民的实际需求相比的绝对过剩。因为，资本主义生产本身并不关心它所生产的商品具有什么样的使用价值，不关心它所生产的商品具有什么样的特殊性质。在每个生产部门中，它所关心的只是生产剩余价值，在劳动产品中占有一定量的无酬劳动。② 资本家只关心剩余价值，连商品的特殊性质都不关心，他还怎么会去关心工人的消费能力呢？显然，他不但不关心工人的消费能力，还不断通过压低工人工资的做法来增加剩余价值。其中，维持一定数量的过剩人口就是他经常使用的用来压低工人工资的做法之一。而这里的相对过剩人口，就是相对于资本增殖而言不需要的劳动力，也就是说资本主义的生产性消费过程中超过资本需求的劳动力。马克思指出，剩余价值的第二种形式是相对剩余价值，它表现为工人生产力

---

① 马克思. 资本论（第二卷）［M］. 北京：人民出版社，1975：435.
② 马克思. 资本论（第二卷）［M］. 北京：人民出版社，1975：218.

的发展，就工作日来说，表现为必要劳动时间的缩短，就人口来说，表现为必要劳动人口的减少。① 由此出现了工人越来越贫困，而资本主义生产规模越来越大，二者之间的矛盾最终就表现为资本主义经济危机的出现。正如马克思所言，一切现实的危机的最终原因始终是：群众贫穷和群众的消费受到限制，而与此相对立，资本主义生产却竭力发展生产力，好像只有社会的绝对的消费能力才是生产力发展的界限。② 于是，这种资本主义的生产形式最终导致了危机的爆发。"群众的消费不足……也是资本主义社会形式的一个必然条件；但是，只有资本主义的生产形式才造成危机。"③ 资本主义经济危机是资本主义无法克服的毒瘤，只有建立共产主义社会才能完全清除之。

（3）资本主义以后（共产主义）的消费。在资本主义制度下，消费与生产的不可调和的矛盾（本质上就是无产阶级与资产阶级之间不可调和的矛盾），并导致资本主义危机的产生，加速了资本主义的灭亡和共产主义的产生。于是，在此基础上，马克思进一步分析了资本主义灭亡后，人类建立的共产主义的消费。

首先，马克思分析了资本主义以后第一阶段（初级阶段）的消费。马克思以生产力标准将未来共产主义社会分为两个阶段，即共产主义第一阶段，也即是共产主义的初级阶段（列宁称之为社会主义阶段）和共产主义第二阶段，也即共产主义高级阶段。在共产主义第一阶段，由于生产力水平的限制，消费品的分配采取按劳分配的方式进行，但由于个人身体素质及家庭负担的不同，消费品的分配不可能做到完全的平均，还存在一定的差别，但这种差别有别于私有制下的分配不公。在共产主义的高级阶段，由于生产力的高度发达，人的身体素质以及道德素质的高度发展，消费品的分配实行"各尽所能，按需分配"。人们在获得了物质消费满足之余，完全可以按照自己的兴趣和爱好进行精神上、文化上的消费，正如马克思描述的那样，在所有的人实行明智分工的条件下，不仅生产的东西可以满足全体社会成员丰裕的消费和造成充足的储备，而且使每个人都有充分的闲暇时间去获得历史上遗留下来的文化（科学、艺术、社交方式等）中一切真正有价值的东西；并且不仅

----

① 马克思恩格斯全集（第四十六卷）（下册）［M］. 北京：人民出版社，1980：291.
② 马克思. 资本论（第三卷）［M］. 北京：人民出版社，1975：548.
③ 马克思恩格斯全集（第二十卷）［M］. 北京：人民出版社，1971：310.

是去获得，而且还要把这一切从统治阶级的独占品变成全社会的共同财富并加以进一步发展。①

其次，在马克思描绘的共产主义社会中，生产和消费的关系发生了根本性的变化，生产的目的不再是消费，而是为人的全面发展提供必要的、理想的保障。

2.2.2 西方经典消费理论研究综述

消费活动是人类最基本、最原始的经济活动之一，因此，西方学者早在15世纪初便涉及消费问题的研究。在此过程中，他们提出了很多消费经济理论，例如，海尔斯（Hales）的重商主义消费理论，亚当·斯密（Adam Smith）的古典经济消费理论，萨伊（Say）和马歇尔（Marshall）的新古典经济学消费理论等，刘万明（2006）对此进行了很好的总结。尽管消费活动极其重要，正如亚当·斯密在其名著《国富论》中所言，消费是一切生产的唯一目的。② 然而，现代经济学的消费理论直到1936年凯恩斯发表了他的名著《就业、利息与货币通论》一书之后才得以建立，并开始成为宏观经济理论研究的核心内容之一。自那以后，西方学者提出了众多具有广泛影响力的消费理论，其中具有代表性的包括绝对收入假说、跨时选择消费理论、相对收入假说、生命周期假说、持久收入假说、随机游走假说、流动性约束假说、预防性储蓄假说、λ假说以及即时愉快吸引力理论等。本小节以各消费理论出现的时间为序对西方经典消费理论进行一般性的回顾。

2.2.2.1 凯恩斯绝对收入假说

绝对收入假说首先由凯恩斯于20世纪30年代提出，该理论的主要观点包含三点。首先，他认为，消费者的边际消费倾向介于0~1；其次，消费者的平均消费倾向是收入的递减函数；最后，决定消费者消费支出最重要的因素是其收入，而利率对消费没有重要影响。绝对收入假说通常可以用表达式 $C = a + bY$ 来表示，其中，C 表示居民的消费支出水平；Y 是居民的可支配收入；a 是一个常数，且 $a > 0$；b 表示的是边际消费倾向，且 $0 < b < 1$。

---

① 马克思恩格斯选集（第三卷）［M］. 北京：人民出版社，1995：150.
② 亚当·斯密. 国富论［M］. 北京：商务印书馆，1986：158.

由于绝对收入假说产生于 20 世纪 30 年代，当时既没有功能强大的计算机及计量分析软件，也没有基于家户层面的大样本数据，因此，凯恩斯所提出的三个观点主要基于猜测，而并不基于严格的经验研究基础之上。然而，之后研究人员的实证研究表明，绝对收入假说能够近似刻画消费者的消费行为。

2.2.2.2 费雪尔的跨时选择消费理论

绝对收入假说描述的是即期收入与即期消费之间的关系。然而，在金融市场借贷支持的条件下，费雪尔注意到消费者的即期消费水平不仅与其即期收入有关，而且还与他们的未来收入有关：如果他们当期消费得多，那么用于当期储蓄的收入就将减少，在可预知未来收入的条件下，未来消费就将减少。

为简单起见，假定消费者的消费决策涉及 t_1 和 t_2 两个时期，在 t_1 时期的收入和消费分别为 Y_1 和 C_1，在 t_2 时期的收入和消费分别为 Y_2 和 C_2，那么 t_1 时期的储蓄 $S = Y_1 - C_1$。消费者在 t_2 时期的消费等于 t_1 时期的储蓄加上 t_2 时期的收入，即 $C_2 = (1 + r)S + Y_2$，其中 r 表示利率。把 S 代入 C_2 的表达式可得：$C_2 = (1 + r)(Y_1 - C_1) + Y_2$，将该式化简可得 $C_1 + C_2/(1 + r) = Y_1 + Y_2/(1 + r)$。从该表达式可知，跨时选择消费理论说明了居民的消费水平不仅是其收入的函数，而且利率也将对其消费水平产生影响。

2.2.2.3 杜森贝利的相对收入假说

相对收入假说由美国经济学家杜森贝利首先提出。该理论的主要观点包括以下几个方面：第一，消费具有"示范效应"（demonstration effect），即消费者的消费支出除了会受到其本身收入的影响之外，还将受到其周围人群消费行为的影响。示范效应可以用公式表达为 $C_i/Y_i = (1 - \alpha) + \beta(\bar{Y}/Y_i)$，其中，$\bar{Y}$ 表示消费者周围人群的平均收入，C_i 和 Y_i 分别表示某个消费者的消费支出和收入，α 和 β 均为常数。第二，消费者的消费支出具有"棘轮效应"（ratcheting effect），即它不仅受到消费者当前收入的影响，而且还与消费者过去的收入，尤其是过去"高峰"时期的收入密切相关。棘轮效应可以用公式表示为 $C_t/Y_t = 1 - \alpha - \beta Y_t/Y_{\max}$，其中，$Y_{\max}$ 表示过去"高峰"时期的收入。

35

由于棘轮效应的作用，当消费者的收入减少时，他们将采取降低储蓄率或者动用储蓄的方法维持其目前的消费水平；当消费者收入增加时，他们也不会马上增加消费支出，而是首先增加储蓄。因此，无论收入增加还是减少，消费的变化均滞后于收入的变化。

2.2.2.4　生命周期假说

生命周期假说（life-cycle hypothesis）是由莫迪里阿尼与安多（Modigliani & Ando，1963）、莫迪里阿尼与布隆伯格（Modigliani & Brumberg，1954）在20世纪50年代基于费雪尔的跨时选择消费理论而提出的。该理论认为，消费者的收入在一生中是变动的，例如，与退休前相比，退休后的收入将明显减少。为了不大幅度降低退休后的消费水平，消费者将在工作期间进行净储蓄。

该假说的主要观点包括：第一，家户的消费支出取决于他们对其生命周期内财产状况的估计。第二，家户的消费支出与其财产状况保持稳定的比例关系，并非与家庭收入保持稳定的比例关系。第三，消费函数可以用 $C = \alpha RW + \beta Y$ 表示，其中，RW 表示实际财富，Y 表示劳动收入，α 和 β 分别表示它们的边际消费倾向。消费者的生命周期可以分为少年、中年和老年三个阶段，其中少年和老年阶段的消费大于收入，中年阶段的消费小于收入，把剩余收入用于偿还债务或储蓄；消费者任何一个阶段的消费支出不仅与该阶段的收入有关，而且还与生命周期内的财富相关。

2.2.2.5　持久收入假说

持久收入假说（permanent-income hypothesis）由弗里德曼在其1957年出版的著作《消费函数理论》中首先提出。该假说与莫迪里阿尼的生命周期假说均强调消费者的当前消费水平不仅仅取决于其现期收入，它们互为补充。但与生命周期假说强调消费者一生的收入遵循固定的变化模式（少年和老年阶段的消费大于收入，中年阶段的消费小于收入）不同的是，该假说强调消费者的收入每年都经历随机的或暂时性的波动。因此，弗里德曼将消费者的收入分解为永久性收入和暂时性收入两者之和，即 $Y = Y^P + Y^T$，其中，Y^P 表示永久性收入，Y^T 表示暂时性收入；同时，他也将消费者的消费分成暂时性消费和持久性消费两个部分，即 $C = C^P + C^T$，其中，C^P 表示永久性消费，

C^T 表示暂时性消费。持久收入假说强调，只有消费者的持久性消费与其永久性收入之间才具有稳定的函数关系，即 $C^P = \alpha Y^P$。

2.2.2.6　霍尔随机游走假说

由生命周期假说及持久收入假说可知，消费者即期消费不仅与其当前收入有关，而且还与其未来预期收入有关。因此，霍尔在生命周期假说及持久收入假说的基础上，借助于理性预期的研究成果于1978年提出了随机游走假说（random-work hypothesis）。该假说得到的结论是，如果永久收入假说是正确的，并且消费者的效应函数可以用二次型表示，其时间偏好正好与利率相等，那么消费者消费水平的时间路径是无法预测的，它遵循一个单位根过程，即 $C_{t+1} = C_t + \varepsilon_{t+1}$，其中，$C_t$ 表示即期消费，C_{t+1} 表示下一期的消费，ε_{t+1} 为随机扰动项，并且 $E(\varepsilon_t) = 0$，i 与 j 不相等时 $Cov(\varepsilon_i, \varepsilon_j) = 0$。

2.2.2.7　流动性约束假说

由生命周期假说及持久收入假说可知，消费者对其生命周期内的收入进行跨期调整，以便实现其生命周期内效用总和最大化。然而，消费者能够跨期调整的前提是资本市场属于完全竞争市场，他们能够自由借贷。这显然与现实世界的资本市场相差甚远——当消费者的收入水平暂时不能维持其消费支出时，他们不能以市场利率自由借贷，而只能在资源较少的约束下选择较低的消费水平。

流动性约束假说表明，消费者当前收入对其当前消费的影响比持久收入假说的预测结果更大，因为后者假定消费者能够从发达的资本市场中进行借贷以便平滑其消费，前者却假定消费者的借贷不能自由获得。此外，当消费者在某个时期的收入较少时，他在该期的消费水平将低于持久收入假说下的消费水平。

2.2.2.8　预防性储蓄假说

由于消费者的未来收入存在下降的风险，为了应对风险、避免未来的消费水平下降太多以便其终身效用最大化，消费者将进行预防性储蓄以便规避风险。此时，消费者的消费支出变化必然小于其收入的变化，表现出消费的过度平滑性。此外，当消费者未来收入下降的风险增大时，他们的预防性储蓄动机将增加，因此，不确定性对消费者的预防性储蓄具有正向促进作用。

2.2.2.9　λ假说

霍尔的随机游走假说具有坚实的理论基础，但它的结果却与现实具有很大的出入。根据该理论，消费者的消费支出是一个随机游走的过程，因此，消费不具有过度敏感性和过度平滑性。然而，弗莱文（Flavin，1981）的实证研究表明，消费者过去的消费路径有助于预测其未来的消费，即消费者的消费具有过度敏感性。与此同时，坎贝尔等（Campbell et al.，1989）的经验研究也表明，消费者消费支出的变化并没有随机游走预测得那么大，因此消费具有过度平滑性。为了同时符合理论与现实数据，坎贝尔和曼昆将现实的消费者分成两类：第一类消费者的消费行为符合凯恩斯的绝对收入假说，他们的消费取决于即期收入；第二类消费者的消费行为符合随机游走假说，即他们的消费支出取决于理性预期下的永久收入。因此，λ假说的消费函数可以表示为 $C_t = \lambda Y_t^L + (1-\lambda) Y_t^P$，其中，λ是第一类消费者的比例；$Y_t^L$ 和 Y_t^P 分别表示即期收入和永久收入。λ假说综合了之前所有消费理论的研究成果，既具有良好的微观基础，又能与现实数据较好地吻合。

2.2.2.10　即时愉快吸引力理论

20世纪90年代之前，几乎所有的消费理论均以消费者是追求效用最大化的理性消费者为基础。然而，现实中的消费者并非完全理性，他们所作的消费决策通常不是最优的。因此，经济学家近期的消费研究并不把消费者看作是完全理性的，他们对之前消费理论的前提条件进行修正，以便更接近现实消费者的消费决策。其中，以心理学为基础，将行为经济学引入消费者消费行为研究之中的即时愉快吸引力（pull of instant gratification）理论得到了研究人员的高度重视。该理论认为，消费者的偏好会随着时间改变：通常他们在长期比短期更有耐心。从短期来看，即时愉快吸引力能够使他们作出并非理性的消费决策。因此，消费者可能仅仅是由于时间的流逝而改变理性的消费决策。如果消费者是完全理性的，那么他们的选择始终是满足终生效用最大化的消费决策，而不会随着时间改变。

2.2.3　国内消费理论与实践研究综述

与国外学者对居民消费研究表现出极大的研究热情并得出丰富研究成果

一样，国内学者同样倾注了大量心血对我国的各类消费问题进行深入研究，获得了很多有益的发现。概括来讲，国内学者对我国消费问题的研究遵循了两条不同的技术路线：第一条路线从我国的国情出发，深入研究了中国特色社会主义的消费理论与实践；第二条路线以中西方消费理论为基础，采用理论与实践相结合的方法研究了中国的各类消费问题。前者偏重于理论研究，后者则更多地采用了实证研究法或理论与实证相结合的研究方法。由于居民消费是宏观经济学最主要的研究内容之一，因此，国内学者上述两个方面的研究成果均非常丰富。然而，由于上述两个方面的研究成果众多且本书的研究范围被限定为居民消费需求研究，因此，本部分仅就国内学者对扩大我国居民消费需求的研究成果进行简要回顾。

2.2.3.1　我国市场经济条件下的消费理论与实践研究综述

我国市场经济条件下的消费理论与实践研究始于 1979 年。当年的 4 月 28 日，尹世杰教授发表了《加强对消费经济的研究》一文，在我国首先提出把消费经济作为独立学科进行研究的观点。同年 12 月，杨圣明教授分别在《人民日报》和《经济研究》上发表了《倡议编制人民生活消费计划》及《谈谈消费的"生产"作用》两篇文章，强调了消费需求的重要作用。1983 年，尹世杰教授主编出版了《社会主义消费经济学》一书，从而表明中国特色社会主义消费经济学学科正式诞生。此后，诸多经济学家对我国消费经济学的理论体系进行了完善和补充，发表多部专著。例如，厉以宁，《消费经济学》，1983 年；刘方棫，《消费经济学概论》，1984 年；尹世杰，《中国消费模式研究》，1993 年；江华，《农村消费经济学》，1993 年；陈志宏，《社会主义消费通论》，1994 年；郑必清、王启云，《走向 21 世纪的中国消费结构》，1996年；尹世杰，《消费经济学原理》，2000 年；尹世杰，《消费力经济学》，2001 年；尹世杰，《消费文化学》，2002 年；刁永祚，《消费主导论——买方市场条件下消费的理论分析》，2003 年；尹志宏，《消费经济学》，2004 年；文启湘，《消费经济学》，2005 年；赵吉林，《中国消费文化变迁研究》，2009 年；张恩碧，《体验消费论纲》，2010 年；等等。

在中国特色社会主义消费理论体系不断完善的同时，国内学者也基于中外消费理论对中国的各类消费实践问题进行了研究，取得了丰硕的成果。例如，林自鹏、张圣平、臧旭恒等，《中国消费结构与产业结构关联研究》，1993 年；刘方棫、杨圣明，《90 年代中国市场消费战略》，1994 年；臧旭恒，《中国消费函数分析》，1994 年；范剑平，《居民消费与中国经济发展》，2000 年；贺菊煌，《消费函数分析》，2000 年；张少龙，《中国市场消费战略》，2001 年；尹世杰、王裕国，《构建社会主义和谐社会之中的消费经济问题研究》，2005 年；邹红，《扩大消费需求的微观基础研究——我国城镇居民家庭资产与消费问题分析》，2010 年；等等。

关于如何扩大我国居民的消费需求，由于自 20 世纪 90 年代以来，在市场经济条件下我国居民的消费需求长期不旺，难以发挥其对经济增长的拉动和导向作用，因此，经济学家立足于我国的国情，对此进行了深入研究，相关研究成果也非常丰富。

早在 1999 年，尹世杰教授就指出我国消费需求难以启动的主要原因包括：重生产轻消费的传统观念，就业、医疗、养老等改革不配套，与居民消费相配套的政策措施限制了居民消费（例如，与汽车消费相关的税费项目繁多），以及产品质量低下、伪劣假冒产品充斥市场等。因此，扩大居民消费需求的政策措施包括转变观念、调整消费政策、生产适销对路的产品、完善社会保障制度以及增加居民收入等。

有的经济学家则从供需两个方面分析了我国 20 世纪 90 年代末期消费需求不足的原因。例如，王裕国（1998）在深入分析该时期我国居民消费需求特征（表现为"两平"）的基础上指出，需求方的原因包括收入增幅趋跌、预期收支趋紧以及消费伦理限制；供给方的原因包括经营观念不适、竞争秩序堪忧以及质量与结构阻碍等。因此，刺激居民消费的政策包括稳定居民心态、增加收入、发展消费信贷、支持文化生活消费、扩大住房消费以及加强消费引导等。尹世杰（2000）认为，该时期我国居民消费需求不足是供需两个方面共同作用的结果。需求方面主要表现为居民收入偏低、收入差距扩大以及由于社会保障改革带来居民预期支出增多等；而供给方面主要表现为产业结构及产品结构不合理。因此，扩大居民消费需求的途径主要包括增加产品有效供给以及提高居民收入等。此外，王裕国（2001）通过对我国 1999 年和 2000 年两年消费增长态势的研判，在充分认识我国居民消费倾向和储蓄率下降的基础上提出，扩大居民消费需求的要点包括实施积极的财政政策、完善收入分配以及提高居民收入等。

尹世杰（2003；2004；2009）还从消费与投资关系的视角，分析了我国消费需求不足的原因。他认为，我国居民消费需求不旺的根本原因是消费率偏低而投资率偏高，因此，扩大居民消费需求的关键是通过提高居民的收入、营造良好的消费环境以及发展和完善消费信贷，以便提高居民最终消费率。

赵吉林（2009）针对 2008 年金融危机之后我国居民消费需求严重不足的事实，对扩大居民消费需求的成效进行了研究。她指出，深入研究我国居民消费分层及其价值取向、把握消费与投资的体制机制差异以及构建中国特色社会主义的居民消费需求增长理论对扩大我国居民消费需求具有重要推动作用。毛中根、洪涛（2011）基于我国已经成为生产大国但居民消费长期不足的现状，研究了我国从生产大国到消费大国转变的政策包括：提高我国城乡居民收入并缩小他们的收入差距、大力发展包括金融业在内的服务业、加快社会事业发展及基础设施建设，以及健全社会保障体系建设等。张恩碧（2010）研究了体验消费的内涵、特征、对象、价值、满意度等，对体验经济条件下扩大我国居民消费需求具有重要作用。

此外，臧旭恒、刘大可（1999），赵芳春（2000），李建民（2001），胡雪萍（2003），张中华（2003），王政霞（2003），马强（2004），方福前（2009），岳树民（2009），王广深、王金秀（2009），吴振球、祝正芳、谢香（2010），杨灿明、郭慧芳、孙群力（2010），程启智、陈敏娟（2011），罗志红、朱青（2011），刘有章、付春晖（2011），王华（2012），张宏翔、杨芷晴、熊波（2013），郭月梅、蒋勇、武海燕（2015），汪伟（2016），桂河清、于开红、孙豪（2018），刘璇（2021）等，也从各个角度对我国城乡居民消费需求不足的原因及如何扩大他们的消费需求进行了研究。

2.2.3.2 我国居民消费需求影响因素实践研究综述

居民消费需求影响因素众多，国内学者从不同角度进行了深入的研究，相关成果非常丰富。以下从十个方面对此进行简要回顾。

（1）收入对居民消费需求的影响。收入是影响居民消费需求最主要的因素之一。通常来讲，收入增加，居民的消费需求也将随之扩大；反之，如果居民收入减少，则其消费需求将下降。但根据消费的棘轮效应，收入下降后，居民消费需求不会成比例下降。相关文献包括：汪伟、郭新强、艾春荣（2013）研究了我国中小企业融资约束、国民劳动收入份额下降与中国低消费之间的关系。研究得出，由于我国金融市场无法满足中小企业的借贷需求，它们只能采用利润留成方式进行内源融资，因此降低了国民劳动收入进而导致中国的低消费。周建、艾春荣、王丹枫等（2013）通过构建包含预防性储蓄动机且具有消费与收入结构效应的理论模型，采用大样本动态面板数据实证研究了我国农村居民收入与消费的结构效应。研究得出了不同收入影响不同商品类消费的作用机制，为扩大我国农村居民消费需求提供了有益参考。樊潇彦、袁志刚、万广华（2007）采用大型微观面板数据研究了我国城乡居民家庭收入风险对耐用品消费的影响。研究表明，我国国企改制及员工下岗导致居民收入风险明显增加，从而抑制了他们的耐用品消费。此外，研究还发现，农村居民家庭的收入风险比城镇居民家庭更高，前者的消费决策对收入风险也更为敏感。

胡瑶（2009）认为，城乡收入差距过大显著抑制了居民消费需求，特别是农村居民消费需求，这对于经济增长和人民生活水平提高十分不利。李军（2003）测算了居民收入差距对消费的影响，测算结果表明，收入差距扩大显著降低了居民消费水平，高收入居民的消费总量占全体居民收入总量的70%左右，但是我国高收入居民的边际消费倾向较高，因此收入差距过大不是造成我国消费需求不足的主要原因。杨天宇（2001）分别研究了城镇居民和农村居民收入差距对消费需求的影响，发现城镇居民收入差距显著抑制了居民消费需求，自改革开放至20世纪90年代期间，农村居民收入差距对消费需求的影响并不显著，但90年代以后，农村居民收入差距同样抑制了居民消费需求。刘文勇（2005）基于绝对收入假说、相对收入假说、持久收入假设、生命周期理论分析了收入因素对我国居民消费需求的影响，发现尽管收入仍然是影响消费水平最重要的因素，但其他因素的解释能力正在增强。从短期来看，提升居民收入水平仍然是增加消费需求的有效手段；但从长期来看，提升经济体制改革的效率和效果是决定消费水平的关键。张东辉、司志宾（2006）认为，尽管农村居民收入差距抑制了居民消费支出，但这种影响并不显著，这表明当前农村居民收入差距仍然处于一个合理的区间内，并没有对我国居民消费需求扩张和经济增长产生严重的负面影响，提升农村居民整体收入水平才是扩大消费需求的重要手段。苑小丰、范辉（2010）从全国和省市两个层面研究了收入差距对居民消费需求的影响，发现城乡收入差距扩大对居民消费需求产生了显著的负向影响，且这种影响存在地域差异。

吴玲萍、徐超、曹阳（2018）研究了收入差距对家庭教育消费的激励效应，发现收入差距对家庭教育消费产生了显著的促进作用。异质性分析结果表明，收入差距对低收入家庭教育消费的提升作用显著，对高收入家庭教育消费的提升作用不显著；对家中有子女就读高中及以下教育阶段家庭教育消费的促进作用显著，对家中无子女就读高中及以下教育阶段家庭教育消费的促进作用不显著。苏林森、程思琪（2018）基于中国社会综合调查数据实证研究了收入等因素对文化消费的影响程度及影响机制。研究表明，收入、消费主义、社会交往均对文化消费产生了直接的促进作用，且收入可以通过消费主义和社会交往两个中介间接促进文化消费。异质性分析显示，城镇居民收入对文化消费的提升作用大于农村居民。袁斌、崔玉虎、岳方舟（2021）以吸烟为例考察了居民收入水平对非健康消费支出的影响。研究发现，当收入水平较低时，居民更加看重吸烟在当期带来的愉悦感，随着收入水平的增加，其逐渐摆脱香烟消费的收入约束，进而增加香烟消费；当收入水平较高时，居民更加看重香烟对于健康的危害性，因此收入水平的进一步增加将会抑制居民的香烟消费。总之，居民对香烟的需求量随着收入水平的增加而呈现先上升后下降的倒"U"型趋势。

熊偲皓、王东阳、程广燕（2024）基于 2009～2018 年"中国健康与营养调查"面板数据，实证研究了居民收入增长对乳制品消费的影响及其城乡差异。研究表明，居民收入增长显著提升了居民乳制品消费，且城镇居民收入增长对乳制品消费的提升作用更强。机制分析显示，收入增长扩大了居民乳制品选择范围，同时使得居民更加注重营养搭配，进而消费更多的乳制品。陈士勇、张龙（2022）采用 2018 年和 2020 年中国家庭追踪调查数据，实证研究了收入结构对城镇居民健康消费的影响。研究发现，城镇居民工资性收入、财产性收入和经营性收入均显著促进了健康消费，其中工资性收入的影响程度最强，财产性收入次之，经营性收入的影响程度较弱，而转移性收入对健康消费的影响不显著。

（2）财富对居民消费需求的影响。与收入一样，家庭财富也是影响居民消费需求的重要经济变量。然而,不同类型的家庭财富对居民消费需求影响的程度通常是不一样的。对此,国内学者也进行了大量研究。例如,胡永刚、郭长林(2012)实证研究了股票对居民消费需求的影响。研究表明,考虑股票价格波动的财富效应及信号传递效应,那么我国的股票财富具有明显的正向财富效应。张大永、曹红(2012)基于中国家庭金融调查大型微观数据研究了家庭财富对居民消费需求的影响。研究表明,家庭财富数量对家庭消费具有明显的影响,并且住房财富对消费的影响高于金融财富。从它们对耐用消费品和非耐用消费品的影响来看,住房财富对后者的影响程度高于前者;金融财富中的无风险资产对后者的影响高于前者,而风险资产则正好相反。李涛、陈斌开(2014)采用大样本微观数据研究了不同类型固定资产对居民消费需求的影响。研究发现,作为非生产性资产的住房资产没有财富效应,房价上涨不能扩大居民消费需求;然而,生产性资产却具备明显的财富效应。

张继海(2008)估算出社会养老保障金财富,实证研究了社会养老保障金财富对居民消费支出的影响。研究发现,社会养老保障金财富显著提升了城镇居民,这符合生命周期理论和持久收入假说对二者影响的推断。黄静、屠梅曾(2009)利用家庭微观调查数据实证研究了房地产财富对居民消费的影响。研究表明,房地产财富显著提升了居民消费需求,房地产价格上涨使得房地产财富效应减弱。异质性分析表明,户主越年轻的家庭、收入越高的家庭、经济越发达地区,房地产财富效应越大。骆祚炎(2010)的研究表明,住房支出占比抑制了居民消费增长,要想通过提升消费水平的方式来促进经济增长,必须遏制房价的过快增长,维持房地产市场的平稳发展。田青(2011)对2001年以来我国居民金融资产与实物资产进行估算,实证研究了我国居民消费的财富效应,发现居民资产水平对消费支出的影响显著为正,其中实物资产对居民消费具有较强的促进作用;金融资产对当期消费产生了挤出效应。王柏杰、何炼成、郭立宏(2011)构建了包含习惯形成的消费函数,实证研究了房地产财富的消费效应,发现房地产财富的消费效应显著为正,且长期消费效应大于短期消费效应。同时,房地产价格的合理上涨能够带来财富和消费水平的增加,但房价上涨过快会形成房地产泡沫,不利于消费水平增加和经济健康发展。薛永刚(2012)利用生命周期假说宏观消费函数研究了我国股市财富效应对消费的影响,发现我国股市的财富效应较弱。

陈训波、周伟（2013）利用中国家庭动态跟踪调查数据研究了不同类型家庭财富对城镇居民消费的影响，发现居民财富对消费水平的总体影响显著为正，而且金融财富对消费水平的提升作用大于房地产财富。

郭丽芳（2019）通过 VECM 实证模型建立协整方程，分析了我国居民财富对消费的长短期影响。研究发现，从长期来看，居民收入的增长有利于提升居民消费水平，住房财富的增长对消费水平的影响不显著，居民净资产的提高抑制了居民消费；从短期来看，居民收入有利于恢复消费平衡，而居民住房财富和净资产对恢复居民消费平衡的作用不大。张雅淋、吴义东、姚玲珍（2022）基于 2010～2018 年中国家庭追踪调查数据实证研究了住房财富对消费差距的影响，发现住房财富的增加能够显著缓解青年群体消费不平等现象，但只能对发展型消费与享受型消费起到作用。乔智、王亚童、邓曼瑶（2022）研究了不同资产对居民消费的影响，发现金融资产显著促进了居民消费，住房资产显著抑制了居民消费，且金融资产对消费的促进作用大于住房资产对消费的抑制作用。分消费类别来看，金融资产对医疗、教育、娱乐等发展享受型消费的促进作用大于衣食住行等生存型消费，住房资产对生存型消费的抑制作用大于发展享受型消费。易行健、李家山、万广华、杨碧云（2023）利用中国家庭金融调查数据研究了财富差距对居民消费的影响及作用机制。研究表明，财富差距的扩大显著抑制了居民消费，且财富差距对居民消费的抑制作用大于收入差距。财富差距抑制居民消费的作用路径主要包括消费收入敏感性、流动性约束、财富－地位寻求动机、社会资本四个渠道。班梓瑜、任羽卓（2024）基于 2019 年中国家庭金融调查数据，实证研究了住房财富对居民消费的影响。研究表明，住房财富的增加显著促进了居民消费，其作用路径包括信贷约束与预防性储蓄。异质性分析显示，住房财富对衣食住行等基本生活消费的促进作用较小，而对文化教育娱乐和医疗保健等发展享受型消费的促进作用较大。

（3）社会保障对居民消费需求的影响。贾小玫（2014）采用全国农村住户调查获得的大样本微观数据（2000 年及 2001 年两年的数据），研究了农村社会保障对农村居民消费需求的影响。研究得出，近些年我国农村不断完善的社会保障制度对扩大农村居民消费需求居民显著促进作用。何兴强、史卫（2014）采用 2009 年"中国城镇居民经济状况与心态调查"微观数据，对医疗保险通过缓解居民健康风险进而促进居民消费需求进行了实证研究。研究发现，健康风险对居民消费具有显著负面影响，但医疗保险能够降低健康风险并扩大居民消费。徐舒、赵绍阳（2013）通过反事实模拟的方法研究了养老金"双轨制"对公务员和非公务员消费差距的影响。研究表明，养老金"双轨制"能够解释他们 24.3% 的消费差距。白重恩、李宏彬、吴斌珍（2012）研究了新型农村合作医疗这一政策的实施对农村居民消费需求的影响。研究结果得出，新型农村合作医疗使得农村居民家庭非医疗支出类的消费支出增加了约 5.6 个百分点，并且新型农村合作医疗对消费的促进作用对于没有医疗支出的家庭同样成立。

刘畅（2008）从理论和实证两个角度研究了我国社会保障水平对居民消费的影响，认为社会保障水平的提升显著促进了居民消费。谢文、吴庆田（2009）建立了向量误差修正模型，运用协整分析实证研究了我国农村社会保障支出的消费效应，发现我国社会保障支出对农村居民消费的影响不显著。姜百臣、马少华、孙明华（2010）构建了协整模型和误差修正模型，实证研究了我国社会保障制度对农村居民消费的影响程度。研究结果表明，农村社会保障支出对农村居民消费具有显著的促进作用，且这种作用在长期更加显著。李建强（2010）实证分析了我国政府民生支出对居民消费需求的影响，发现政府民生支出对居民消费的影响呈现先上升后下降的倒"V"型趋势，且对城镇居民消费的影响程度大于农村居民。方匡南、章紫艺（2013）利用家庭微观调查数据分析了社会保障对城乡居民消费的影响，发现有社会保障家庭的消费水平显著高于无社会保障家庭。黄淼（2016）以凯恩斯的消费理论、生命周期假说、持久收入假说为理论基础，基于 2004～2013 年城乡居民面板数据实证研究了社会保障对我国城乡居民消费的影响。研究结果表明，社会保障收入水平对居民消费支出产生了显著的正向影响，其对城镇居民消费水平的提升作用大于农村居民。李树良（2016）根据是否参加新型农村合作医疗、新型农村养老保险将农村居民分为两组，利用二元 Logit 回归模型分别研究两组居民耐用品消费情况。研究结果表明，新型社会保障制度显著提升了农村居民耐用品消费，且新农保制度对农村居民耐用品消费的提升作用大于新农合制度。魏勇（2017）运用面板门槛模型分析了社会保障对城镇居民消费水平和消费结构的影响，发现广义的社会保障有利于提升城镇居民消费水平以及实现消费升级。具体来看，政府社会保障支出显著促进了中高收入城镇居民消费升级，但对低收入城镇居民消费升级的影响不显著；个人社会保障支出显著促进了高收入城镇居民消费升级，但显著抑制了中低收入城镇居民消费升级。吕承超、徐仲、魏琼琼（2018）利用门槛效应模型实证研究了社会保障支出对城乡居民消费差距的影响，发现在城镇化中级阶段，社会保障支出有利于缩小城乡消费差距，而在城镇化高级阶段，社会保障支出加剧了城乡消费差距的不平等。

赵威（2020）构建了拓展的 Campbell 需求函数及 PSTR 模型，实证研究了社会保障对城乡居民消费的非线性平抑效应。研究发现，社会保障支出对城乡居民消费差距的影响存在显著的非线性特征，从全国层面来看，社会保障对城乡居民消费差距的影响呈现先下降后上升的"U"型关系，但对不同地区来说，这种非线性影响存在差异。闫金山（2021）的研究表明，社会保障对农村居民消费支出的影响不显著；对城镇居民消费支出的影响具有两重性，即诱导退休效应和资产替代效应，因此社会保障能否促进城镇居民消费不能一概而论。章成、洪铮（2022）基于 2010～2018 年 CFPS 数据，运用面板分位数回归、反事实估计、PSM－DID 等方法实证研究了社会保障对居民消费升级的影响。研究结果显示，养老保险对居民消费倾向具有显著的促进作用，而医疗保险和政府补助对居民消费倾向的影响不显著，但各种社会保障支出均有利于居民消费升级。魏华颖、张硕（2022）研究表明，社会保障水平显著提升了城镇居民消费支出，其中社会保障水平每增加 1%，会造成城镇居民消费支出增加 3.38%，但社会保障水平对农村居民消费支出的影响不显著。

（4）社会文化对居民消费需求的影响。社会文化也是影响居民消费需求的重要因素，相关研究也很丰富。叶德珠、连玉君、黄有光等（2012）通过构建行为经济学双曲线贴现模型，并采用世界 48 个国家和地区 1978～2007年的面板数据研究了消费文化对居民消费需求的影响。研究表明，消费文化差异能够很好地解释欧美国家的过度消费以及东亚国家消费不足的问题。黄少安、孙涛（2005）从社会习俗、道德习惯、家庭伦理等非正规制度的角度，说明了中国等国家和地区居民消费和储蓄的特点。孙涛、黄少安（2010）研究了儒家文化对中国居民消费、储蓄和代际支持等经济行为的潜在影响。施卓敏（2002）认为，在经济全球化的背景下，全球消费文化逐渐趋同，不同国家的文化差异不再是解释消费行为差异最重要的变量。吴金海（2013）分析了引发效率性消费和非效率性消费之争的实质原因。完颜瑞云（2013）分析了文化因素对非寿险消费的影响。研究结果显示，权力距离、个体主义和不确定性规避显著抑制了非寿险消费需求；性别主义显著增加了非寿险消费需求。完颜瑞云、陈滔（2013）分析了文化因素对寿险消费的影响。结果表明，权力距离和不确定性规避显著抑制了寿险消费需求；性别主义显著增加了寿险消费需求；个体主义对寿险消费需求的影响不显著。

张秀红（2013）分析了大学文化消费主义倾向的表现及其成因。邓敏、陈成文（2014）利用问卷调查法研究了电视剧对大学生消费价值观的影响。调查结果显示，电视剧对大学生穿着打扮、旅游休闲、购物消费产生了重要影响，同时增加了大学生奢侈品消费支出。张梁梁、林章悦（2016）从文化消费自身影响、个人因素、社会因素三个角度出发，利用动态空间面板模型研究了我国居民文化消费的影响因素。研究结果表明，居民人均收入、受教育程度、社会保障力度和地区因素都有利于增加居民文化消费，而人口老龄化和文化监管抑制了文化消费的增长。陈振中、张成林（2018）认为，符号消费与大学生的消费亚文化密不可分，是主文化与亚文化的失范过程。胡阳阳、张同全（2018）基于马斯洛需求层次理论，运用1993～2015年数据建立分布滞后模型，从衣、食、住、行、医疗五个方面研究了城乡居民文化消费差异的影响因素，认为物质资料的消费需求对文化的消费需求具有显著性的影响，但影响程度在城乡之间存在差异。王林生（2018）认为，互联网文化有利于创新消费模式。

周长城（2019）考察了粉丝文化对于娱乐性消费的拉动作用。付茜茜（2021）分析了人工智能虚拟偶像消费文化的发展现状及存在的问题。黄永林（2022）认为，在数字经济时代居民消费呈现出生产消费平台化、消费空间在线化、消费主体多元化、消费模式多样化、消费推送精准化、消费体验场景化等新特征。朱迪、张俊哲（2022）基于田野调查和文献资料研究了Z世代新型文化消费的特点以及存在的问题。陆书剑、程情（2022）研究了网络文化消费主义对青年精神生活的影响，认为网络文化消费主义销蚀青年的理想信念、降低青年的道德水准、瓦解青年的思考能力、扼杀青年的自由个性。马磬、门宇（2022）研究发现，低碳消费文化增强了低碳消费态度对低碳消费行为的影响，引导更多的消费者选择低碳消费。郑玉豪、朱小玲（2023）认为，文化消费主义具有批量化、边缘化、庸俗化、娱乐化等特征，弱化了精神生产的创新性、精神产品分配的公平性、精神交往的价值性、精神消费的发展性，阻碍了精神生活共同富裕的实现。卢小祁、朱顺东（2023）利用空间计量模型实证研究了居民收入、文化产业、公共财政文化投入等因素对居民文化消费的影响。研究结果表明，居民收入增长能够显著促进居民文化消费，且这种促进作用呈现倒"U"型趋势；政府公共文化投入能够提升居民文化消费支出，且这种提升作用具有空间溢出性；文化产业发展、物流设施等要素能够提升当地居民文化消费水平，但空间溢出效应不显著；邮政物流业和电信业的发展对居民文化消费具有直接的促进作用；文化贸易的发展对居民文化消费的影响不显著。尚光辉（2023）的研究表明，文化认同显著促进了城市居民品牌消费。张龙丽（2024）从衍生逻辑和样态特征等角度分析了我国文化消费主义的发展现状，并提出纠治路径。

（5）宏观经济政策对居民消费需求的影响。胡永刚、郭长林（2013）以产出和通货膨胀作为财政支出的反应变量，通过构建包含财政支出的 DSGM 理论模型，并采用我国 1996 年第一季度至 2011 年第四季度的宏观数据，研究了财政政策对居民消费需求的影响。研究发现，财政支出增加通过居民预期能够显著扩大居民消费需求。李永友、钟晓敏（2012）基于代表性家庭最优消费决策及其与财政政策的关系，估计中国财政政策对城乡居民边际消费倾向的影响。结果表明，自 1998 年至今，城乡居民边际消费倾向的下降幅度超过 20%。城乡居民边际消费倾向下降，除源于收入分配、经济发展程度、预期、消费结构等因素的影响外，与财政政策运用也有很大关系。其中，未预期到的财政政策冲击对居民边际消费倾向产生的综合效应显著为负。李永友、丛树海（2006）从财政政策有效性的微观基础居民消费入手，在基于居民最优决策行为的基础上，构建了中国加总社会消费函数，并利用经验数据对改革开放以来中国居民的消费行为进行了经验分析。分析得出改革开放以来，致力于总需求管理的财政政策调整，不仅没有对私人部门的消费产生挤出效应，反而对私人部门的消费产生挤入效应。两者间显著的互补关系表明，财政政策对总需求波动具有明显的稳定效应。

储德银、闫伟（2011）利用 24 个 OECD 发达国家 1980～2007 年的跨国数据，建立居民消费需求的固定效应变截距面板数据模型，实证研究了政府支出、转移支付、税收等财政政策对居民消费的影响。研究结果表明，政府支出、转移支付、税收等财政政策在扩张和紧缩两个特殊时期均表现出显著的非线性效应和非对称性。此外，尽管财政政策对居民消费的影响总体表现为凯恩斯效应，但在特殊时期转移支付对居民消费的总效应为非凯恩斯效应。储德银、童大龙（2012）利用 1999～2009 年中国省际面板数据研究了政府支出、税收等财政政策对居民消费需求的非对称影响，并进一步考察了流动性约束在该影响过程中的作用。实证结果表明，财政政策在不同时期对居民消费产生了显著的非对称性凯恩斯效应，其中在坏的时期，政府财政政策对居民消费的影响幅度较大。此外，流动性约束在财政政策对居民消费需求产生非对称影响的过程中起到了重要作用。

申嫦娥、田悦、魏荣桓等（2016）基于北京市居民抽样调查数据，利用结构方程和调节回归模型研究了政府财税政策对居民低碳消费的影响，发现政府宣传与示范显著促进了北京市居民低碳消费，而财税激励对居民低碳消费行为的影响较小。刘建民、毛军、吴金光（2016）从城乡收入差距的视角出发，运用面板平滑转移模型研究了税收政策对居民消费的影响。研究表明，要想充分发挥减税对居民消费需求的拉动作用，必须有效发挥税收政策对收入分配的调节作用，将城乡收入差距控制在一个合理的范围内。潘文富、赵玲（2017）建立了包含结构性预算余额、私人消费、实际 GDP 三个经济变量的 SVAR 模型，利用脉冲响应函数和方差分解技术法实证研究了我国相机抉择的财政政策对私人消费的影响。结果显示，我国相机抉择的财政政策显著提升了私人消费支出，其对私人消费支出的长期贡献率为 9.38%，但如果贸然退出积极的财政政策，可能会对国内产出造成不良影响。李礼、杨楚婧（2017）定量分析了财政货币政策对新能源汽车消费的影响，发现积极的财政政策和货币政策均显著提升了新能源汽车消费，而市场化因素对新能源汽车消费的影响不显著。李宏涛、吴伟军、熊志发（2018）利用有向无环图分析了财政政策和货币政策对居民消费水平的影响。研究发现，财政政策主要通过税收渠道影响居民消费；货币政策主要通过信贷渠道影响居民消费。范金、伍琳瑜、严斌剑（2018）利用考虑经济周期的两阶段消费者选择模型研究了改革开放以来财政政策对居民消费的影响，发现在经济衰退时期，扩张的财政政策显著促进了居民消费；而在经济繁荣时期，扩张的财政政策对居民消费的影响不显著。李香菊、付昭煜（2020）研究了新冠疫情背景下税收政策对我国居民消费的影响，认为现行的税收政策对于扩大居民消费需求的作用有限，缺乏税收优惠措施来适应新消费方式发展。孙鹏、赵祖平（2021）分析了货币政策组合对我国居民消费水平的影响机制，认为货币政策组合主要通过利率、信贷、资产价格机制影响居民消费。

袁小慧、郭李为、范金（2022）从"重视弱者"的角度出发，利用中国农村居民消费社会核算矩阵研究了转移支付政策对农村居民消费的影响。研究表明，"重视弱者"的转移支付政策显著提升了农村居民整体消费水平，且对食品、居住、教育、交通通信消费的提升作用较大，而对医疗保健消费的提升作用不显著。董雪、沈东明（2022）基于 MH – TVC – SVAR – SV 模型，从总量和结构视角研究了我国税收政策对消费需求的影响。研究发现，政府税收增加整体上抑制了消费需求，其中税收结构中的商品税和所得税对消费需求产生了负向影响，但财产税对消费需求的影响为正。林志建、张楠、杨琳（2023）利用双重差分模型和断点回归法研究了降低个人所得税对家庭消费结构升级的影响，发现削减个人所得税有利于降低家庭恩格尔系数，实现消费结构升级，且对城镇居民和高收入居民消费结构升级的促进作用更强。此外，流动性约束和预防性储蓄动机削弱了降低个人所得税对家庭消费升级的正向作用。刘生旺、陈鑫（2023）分析了税收政策对居民消费的作用机制，考察了我国利用税收政策拉动消费的过程中存在的问题，并提出相关建议。李贞、王硕（2024）分析了制约我国农村居民消费需求的主要因素，并从财政政策的角度提出对策建议。俞莉慧（2024）实证分析了扩张性货币政策对居民消费水平的影响及作用路径，发现扩张性货币政策显著提升了居民消费水平，其中收入分配在二者相互影响的过程中发挥了中介效应。

（6）利率对居民消费需求的影响。肖争艳、马莉莉（2006）采用利率的条件方差来度量利率的不确定性，使用 ARCH（1）模型刻画我国的利率风险，并研究了利率风险对我国城镇居民不同类型消费行为的影响。实证结果表明，利率风险对经常性消费影响很小，但是对于娱乐教育文化服务和商品房的消费具有显著滞后的抑制作用，同时商品房消费对利率风险的反应要比其他类型的消费更为敏感。臧旭恒、刘大可（2003）在分析自1996年以来的连续降息并没有促进居民消费的原因时指出，理论上不能证明降低利率能够扩大居民消费需求，再加上我国制度变迁、消费信贷发展滞后、居民收入差距扩大等因素进一步削弱了利率对居民消费的影响。蔡宁、李钢、阮刚辉（2002）的理论分析表明，在家庭跨期消费选择中，降低利率的收入效应与其替代效应会相互抵消，因此，利率政策对居民消费的影响效应非常有限。

马莉莉、王越（2014）构建了基于t分布的EGARCH（1，1）模型来刻画利率波动和波动的非对称性，实证研究了利率波动对湖北省城镇居民消费的影响。结果显示，我国的实际存款利率具有较强的波动聚集性和尖峰厚尾的特性，此外，不仅当期利率波动对消费支出产生影响，滞后的利率波动也会抑制消费。王勇（2015）建立了包含利率和居民消费的DSGE模型，运用脉冲响应分析和反事实仿真等分析方法，从管制利率与市场利率两个方面分别研究利率变动对居民消费的影响。研究结果表明，存贷款利率和拆借利率下降两种渠道均能够显著提升居民消费，其中存贷款利率冲击对居民消费的影响更加显著，但不持久；拆借利率冲击对居民消费的影响程度较低，但持久。刘渝琳、贾继能（2016）认为，政府利率干预有利于提升消费金融效率。

邓琳琳、邱丽丽（2017）研究表明，利率水平的上升抑制了城镇居民消费支出，但促进了农村居民消费支出。邓琳琳（2017）基于1997～2012年的时间序列数据，运用MLE方法实证研究了基准利率对城乡居民消费结构的影响，发现基准利率变化对农村居民消费结构的影响程度大于城镇居民。尚卫平、张建伟（2017）基于中国31个省份2006～2015年的面板数据实证研究了利率变动对城镇居民消费的影响，研究发现利率水平与城镇居民消费呈现显著的正相关性，这与传统经济学理论并不相符，文章利用目标储蓄假说和跨期消费决策模型对这一结论作出解释。周星（2018）研究了利率变动对城乡居民消费和储蓄行为的影响，发现利率降低能够提升农村居民储蓄水平，同时降低农村居民消费水平，但利率降低对城镇居民消费和储蓄的影响均为负向。宁戌霞（2019）运用动态面板数据模型研究了收入、物价、利率对我国城镇居民消费的影响，发现利率水平对居民消费产生了一定的影响，但影响程度较小；研究了利率市场化对城镇居民消费的影响，研究表明，利率市场化显著提升了消费增长率以及未来消费水平，也能够提升当期消费水平，其中实际利率每提高 1%，会造成消费增长率上升 0.278%。徐伟强（2020）构建了 VAR 模型，利用脉冲响应分析和方差分解方法实证研究了利率市场化对居民消费的影响，发现利率市场化的推进对居民消费产生了显著的正向影响，且影响程度逐年加深。招靖怡（2024）研究表明，利率与消费呈现显著的负相关关系，利率变动能够影响借贷成本和信贷可用性，进而影响居民消费。

（7）人口因素对居民消费需求的影响。王宇鹏（2011）在跨期最优消费理论基础上，以平均消费倾向作为居民消费行为评价指标，建立分析人口老龄化与平均消费倾向关系的理论模型和计量模型，对 2001～2008 年中国城镇居民消费行为进行了实证研究。结果表明，人口老龄化因素显著影响中国城镇居民消费行为，在控制其他因素的条件下，老年人口抚养比越高，城镇居民平均消费倾向越高；少儿人口抚养比对城镇居民消费影响不显著，可能是家庭未成年人抚养总支出对抚养数量弹性较小。严忠（2000）在无限期界模型（Ramsey，1928）及代际交叠模型（Allais，1947；Samuelson，1958；Diamond，1965）的基础上构造了一个扩展的无限期界模型。通过理论分析得出，家庭的最优人均消费与赡养率成反比；家庭总消费却随着赡养率的上升而上升。

然而，国内研究人员的有些研究表明，我国居民的消费路径与生命周期假说并不相符。例如，袁志刚、宋铮（2000）构建了一个迭代模型用于分析我国近些年消费率下降的问题。研究发现，人口老龄化导致了我国居民不断上升的储蓄倾向。李文星、徐长生和艾春荣（2008）的研究表明，我国儿童抚养系数对居民消费具有负面影响，老年抚养系数的影响却并不显著。毛中根、孙武福、洪涛（2013）的实证研究则得出老年抚养比与居民消费成反比、少儿抚养比却与居民消费成正比的结论。张乐、雷良海（2011）研究了我国不同地区人口年龄结构对居民消费的影响，发现少儿人口抚养比的增加显著促进了居民消费，而老年人口抚养比的增加显著抑制了居民消费，这和生命周期假说的结论并不一致。此外，少儿人口抚养比的变化对西部地区居民消费的影响程度大于中东部地区，而老年人口抚养比的变化对东部地区居民消费的影响程度更大。

王学义、张冲（2013）研究了人口年龄结构对居民医疗保健消费的影响，发现少儿人口抚养比对医疗保健消费的影响不显著，老年人口抚养比对医疗保健消费的影响显著为正，同时，医疗保健消费属于必需品，居民医疗保健消费存在较强的惯性。王芳（2013）提出了人口年龄结构影响居民消费水平的直接路径和间接路径，并运用结构方程模型进行了实证检验。结果表明，我国总抚养比正向影响居民消费，而少儿抚养比和老年抚养比负向影响居民消费，因此我国少儿抚养比的下降并没有抑制居民消费，但老年抚养比的上升抑制了居民消费。此外，我国总抚养比和少儿抚养比影响居民消费的渠道包括产业结构、经济增长、收入分配，而老年抚养比影响居民消费的渠道只有收入分配。茅锐、徐建炜（2014）利用2002～2009年城镇住户调查数据实证研究了人口年龄结构和居民消费之间的关系。研究发现，少儿人口在食品、教育文化娱乐和衣着方面的支出较高；成人在衣着、居住、家庭设备及服务、交通和通信等方面的消费支出较高；老年人口食品和医疗保健方面的支出较高。随着我国人口老龄化现象不断加深，居民医疗保健消费占比仍将快速增长，而教育文化娱乐消费占比将会下降。石贝贝、王金营（2014）研究了不同人口因素对区域消费的影响。研究表明，在不同的人口因素中，人口规模对区域消费的影响最显著且最直接。此外，人口城镇化、人口年龄结构、人口素质与人口流动等因素对区域消费的影响也较为明显。徐国祥、刘利（2016）研究发现，我国人口老龄化抑制了食品消费支出和教育文化娱乐消费支出，但促进了医疗保健支出。

刘松（2021）对我国城镇居民休闲消费潜力进行了综合测度，实证研究了我国人口年龄结构对居民休闲消费的影响，发现少儿人口占比的增加抑制了城镇居民休闲消费，老年人口占比的增加促进了城镇居民休闲消费，我国正面临少子化和老龄化现象，这在一定程度上提升了城镇居民休闲消费占比。任昊、秦敏（2021）基于需求侧的视角，从不同维度研究了人口结构对居民消费水平的影响，发现人口收入结构、人口受教育结构、人口家庭结构是影响居民消费水平的重要因素。宋锋华、聂蕊（2022）研究了人口老龄化对产业升级和消费升级的影响，发现人口老龄化显著促进了产业升级和消费升级，加大高等教育投入力度有利于增强人口老龄化对产业消费"双升级"的促进作用。杨意（2023）利用我国2010～2021年省级面板数据实证研究了人口老龄化对经济高质量发展的影响，并探讨了消费升级在其中的中介效应。研究结果表明，人口老龄化显著阻碍了经济高质量发展，一个地区人口老龄化程度的加深不仅会抑制当地经济高质量发展，还会抑制相邻地区经济高质量发展。中介效应研究表明，消费升级有利于减弱人口老龄化对经济高质量发展产生的负向影响。

（8）金融市场发展对居民消费需求的影响。张凯、李磊宁（2006）基于1981～2004年的时间序列数据实证研究了我国农村金融发展与农村居民消费需求之间的关系。研究表明，我国农民消费支出与农村金融发展之间存在稳定的协整关系，农村金融发展能够小幅度提高我国农村居民的消费支出，但该促进效应存在时滞。李清政、张华泉（2014）采用2002～2013年的面板数据实证研究了我国西部民族地区的金融市场发展完善对当地居民消费需求的影响。研究表明，金融发展对城乡居民消费的影响表现出不同的特征，并且地域差异明显。毛中根、洪涛（2010）基于相关理论并采用我国31个省份1997～2007年的面板数据实证研究了金融发展与居民消费增长之间的关系。研究结果表明，就全国范围来讲，金融发展能够显著促进居民消费增长；然而，从不同地区来看，其影响程度存在地域差异。林晓楠（2006）研究了消费信贷与居民消费间的关系，研究得出，1990～2004年消费信贷对我国居民消费需求的影响并不显著。

刘纯彬、桑铁柱（2010）运用灰色关联分析方法实证检验了农村金融深化对农村居民消费的影响，发现农村金融深化显著促进了农村居民消费，其作用路径包括增加农民收入和降低不确定性约束两个方面。此外，农村金融规模显著促进了农村居民消费，但农村金融效率对居民消费的影响不显著。文启湘、李有生、梁莉（2011）认为，我国农村金融体制存在金融服务覆盖面积低且品种单一、农村金融资金供给不足、农村金融服务与需求脱节、农村金融体系存在缺陷等问题，这些问题不利于发挥农村金融对居民消费的提升作用。刘广明（2011）认为，我国金融支持不足抑制了农村消费市场的开拓，对此，应大力培育农村金融市场化环境，积极完善政府宏观调控。王勇（2012）研究了消费金融对于扩大居民消费需求的作用。研究表明，通过提高当期收入来扩大消费需求成效缓慢；而消费金融能够缓解居民面临的流动性约束，降低当期消费对当期收入的敏感性，增加对未来收入的敏感性，从而扩大居民消费需求。鲁钊阳、黄津（2012）运用动态面板模型实证研究了城乡金融发展非均衡化对城乡消费差距的影响，发现城乡金融发展非均衡化显著扩大了城乡消费差距。徐冯璐（2013）基于 1980～2010 年浙江省农村信用社金融支农和农村消费数据实证研究了农村金融发展对农村居民消费的影响。研究表明，金融支农规模显著抑制了农村居民消费；金融支农效率和金融支农结构显著促进了农村居民消费，且金融支农结构对居民消费的提升作用更强。胡帮勇、张兵（2013）构建了中国农村金融发展指标体系，实证研究了我国农村金融发展与农村居民消费之间的动态关系，发现农村金融密度、农村金融效率和农村金融规模均对农村居民消费产生显著影响，而农村金融结构对居民消费的影响不显著。

谢顺利、周翼璇（2014）实证研究了农村金融发展对农村居民消费的影响，发现我国农村金融发展与农村居民消费存在着长期均衡的关系，在短期内，农村金融发展与农村居民消费互为格兰杰原因；在长期内，农村金融发展是农村居民消费增长的格兰杰原因。范方志、彭田田（2023）研究表明，数字普惠金融显著提升了农村居民消费水平，其中对生存型消费的提升作用更加显著。异质性分析表明，数字普惠金融对西部地区农村居民消费水平的提升作用大于中东部地区。机制分析表明，数字普惠金融促进农村居民消费的路径包括增加农村居民收入、优化产业结构、提升农村居民创业能力、增加农村居民金融可得性等。门槛效应研究显示，数字普惠金融对农村居民消费的提升作用具有边际递增趋势。王智新、王辰筱（2024）基于我国 2011～2019 年地级及以上城市面板数据，利用双向固定模型、门槛模型、空间面板模型实证研究了数字金融对居民消费升级的影响。研究结果表明，数字金融发展显著促进了居民消费结构升级，且这种促进作用呈现边际效用递增的非线性趋势。进一步研究发现，数字金融发展促进居民消费升级的空间溢出效应为正，但不显著。

（9）预期对居民消费需求的影响。朱宪辰、吴道明（2001）采用霍尔检验理性预期持久收入的估计方法，并运用北京市的相关数据研究得出，北京市居民消费倾向下降的原因不是由收入预期造成的，而是由支出预期导致的。通货膨胀和利率预期对我国城镇居民消费会产生影响，但影响较弱。林毓铭（2002）的研究得出，我国居民对社会保障的预期偏低，从而影响了居民消费需求扩大，因此完善社会保障相关制度能够提高居民的社会保障预期，促进居民消费。骆祚炎（2007）的研究表明，我国居民预期支出增加显著地提高了我国居民的储蓄率，降低了居民消费需求。任太增（2004）认为，悲观性预期是导致我国出现消费需求不足的主要原因。王书华、孔祥毅（2009）分析了我国居民金融资产结构的变迁，认为改革开放以来居民收入和支出的不确定性有所增加，同时较为落后的金融体系使得居民面临较强的流动性约束，使得我国居民的储蓄型动机较为强烈。

赵江鸿、刘志强、邱红军等（2010）运用问卷调查法和层次分析法研究了影响我国城市青少年体育消费心理预期的因素。研究发现，影响我国城市青少年体育消费心理预期的主要因素包括家庭经济状况、社会经济发展状况、体育消费市场环境、社会文化、国家经济政策、消费者获取消费信息等。蔡秀玲、邓春宁（2011）利用 1998～2008 年中国 29 个省份城镇居民的相关数据，实证研究了未来收入、支出、流动性约束的不确定性对城镇居民消费需求的影响。结果显示，尽管城镇居民人均可支配收入仍然是影响消费需求最重要的因素，但其对消费需求的影响程度逐渐降低，不确定性预期对城镇居民消费的影响程度逐渐增强。王宏利（2011）利用"十一五"期间的季度数据实证研究了通货膨胀预期对居民消费的影响，认为未来通货膨胀预期的提高和未来收入预期的降低能够增加居民消费，并且未来收入预期对居民消费的影响程度大于通货膨胀预期。

肖卫国、郑开元、袁威（2012）基于 1998 年第一季度至 2010 年第三季度的有关数据，从家庭部门异质性房价预期的视角，采用混合的 RBC - VAR 方法研究了住房价格、消费和货币政策选择之间的关系。研究发现，预期房价上涨的家庭越多，住房价格波动对消费波动的影响越大；贷款价值比越高，住房价格波动对消费波动的放大效应越强；盯住住房价格的货币政策在减少产出波动的同时增加了通货膨胀波动，其收益较小。王书朦（2014）通过拓展消费效用函数并构建面板门槛模型实证研究了通货膨胀预期对城镇居民消费的非线性影响。研究表明，当通货膨胀预期低于门槛值时，其对城镇居民消费产生显著的抑制作用；但当通货膨胀预期高于门槛值时，其对城镇居民消费产生显著的促进作用。地域异质性研究表明，通货膨胀预期对城镇居民消费的非线性影响在中西部地区更加显著。

潘明清、臧志谊、张典（2015）以我国城镇家庭为样本，基于 2011 年西南财经大学中国家庭金融调查与研究中心数据实证研究了通货膨胀预期对居民耐用品消费与非耐用品消费的影响。研究表明，通货膨胀预期的上升会增加城镇居民当期耐用品消费，同时降低非耐用品消费。此外，随着家庭资产水平和收入水平的上升，通货膨胀预期对耐用品消费的促进作用逐渐增强。江林、宫秀双、卢健飞等（2016）从心理账户理论出发研究了居民消费预期对消费意愿的影响。研究表明，宏观经济预期、收入预期和物价走势预期均对居民消费意愿产生了显著的正向作用；而突发事件预期对居民消费意愿产生了显著的负向作用，且突发事件预期对消费意愿的负向影响大于其他预期带来的正向影响，因此突发事件预期是造成我国居民消费意愿偏低的重要因素之一。

刘也、补琴、张安全（2017）利用微观调查数据实证研究了房价预期对城镇家庭消费的影响。研究发现，预期房价上涨显著促进了有住房家庭消费支出，且显著抑制了无住房家庭消费支出，但从总体上看，预期房价变动对家庭消费支出的影响并不显著。李春风、卫国、李玉双（2018）建立了长期均衡动态面板误差修正模型，实证研究了预期房价波动对居民消费的影响，认为无论是在短期还是长期，预期房价上涨均抑制了居民消费。段忠东、吴文慧（2023）基于 CHFS 数据实证研究了适应性房价预期对家庭消费的影响，发现预期房价上升对家庭消费产生了显著的挤出作用，且不利于消费结构升级。此外，提升家庭收入水平和就业正规性能够缓解预期房价上涨对家庭消费的抑制作用，而较低的金融发展水平、较高的背景风险和经济不确定性会放大预期房价上涨对家庭消费的抑制作用。

（10）上述各种因素的综合及其他因素对居民消费需求的影响。例如，叶海云（2000）的研究发现，短视行为与强流动性约束是我国居民消费需求疲软的根本原因。储德银、闫伟（2009）研究了政府支出对农村居民消费需求的影响。胡雪萍（2003）研究了消费环境对我国农民居民消费需求的影响。臧旭恒、曲创（2002）研究了公共物品供给对我国居民消费需求的影响。王端（2000）研究了下岗风险与居民消费之间的关系。顾久贤（2016）研究了 2022 年冬奥会的举办对河北省冰雪体育旅游产业以及居民冰雪体育旅游消费的影响。金晓彤、黄蕊（2017）认为技术进步与居民消费需求相互促进且互为因果关系，其中供给侧结构性改革战略的实施有利于充分发挥二者之间的促进作用。郭广珍、刘瑞国、黄宗晔（2019）研究表明，交通基础设施可以通过提高居民私家车消费支出占总消费支出的比重间接推动经济增长。龚潇潇、叶作亮、吴玉萍等（2019）研究发现，直播场景氛围线索显著增强了居民冲动消费意愿，且心流体验起到了部分中介作用。叶楠（2019）认为，绿色认知与绿色情感显著增强了居民绿色消费意愿，且绿色情感对绿色消费意愿的影响大于绿色认识。李柳颖、武佳藤（2020）考察了新冠疫情对居民消费的影响及作用机制。贾立、李铮（2021）认为，金融素养的提升有利于改善农村居民消费结构，其中参保意愿和参与程度起到了显著的中介作用。

黄梦琪、金钟范（2022）研究发现，女性受教育程度的提升显著促进了消费水平，且对享受型消费的提升作用最强。关乐宁（2022）分析了元宇宙新型消费的发展潜力以及存在的问题。许磊、芦昭汐子、李鸿杰等（2023）采用问卷调查的方式研究了社会排斥对大学生炫耀性消费的影响，发现社会排斥显著提升了大学生炫耀性消费水平，其中控制感起到部分中介效应。王佳、冯浩哲（2023）研究了空气质量与城市消费活力的影响，发现空气污染显著降低了城市消费活力。张伟、王笑、何冬霞（2023）研究了网络口碑和居民绿色消费之间的关系。李婷、孔祥博、王风华（2023）研究了孤独感对居民消费的影响，并对此作出理论解释。张志新、武传昊、牟国婷（2023）研究发现，夜间经济发展不仅能够提升居民消费水平，也能够实现居民消费升级。张增辉、肖亚成（2023）认为，流通业发展显著缩小了城乡消费差距，其中城乡收入差距是重要的传导因素。杨碧云、梁子昊、易行健等（2024）利用中国家庭追踪调查数据研究了机会不平等对居民消费的影响，发现机会不平等程度的提高显著抑制了居民消费，其作用路径包括社会资本、流动性约束和经济地位渴求。

2.3 城镇化与居民消费需求关系研究综述

2.3.1 国外研究综述

可能是由于世界主要发达国家过早地实现了城市化，国外对城市化与居民消费之间关系的研究相对比较缺乏。例如，美国作为当今世界头号经济发达国家，早在 1920 年，其城市人口就首次超过了农村人口，城市化率达到了 50.9%，标志着美国在 1920 年就已经基本完成了城市化。英国则更早地实现了城市化。早在 1801 年，英国的城市化水平就已经达到了 33.8%，50 年后，英国的城市化率高达 54%，标志着英国在 19 世纪中叶就基本实现了城市化并且成为世界一流的发达国家。东亚国家日本作为后起之秀也早在半个多世纪之前就完成了城市化——1955 年，日本的城市人口占全国总人口的比重为 56.11%，标志着日本在当年基本实现了城市化。与世界主要发达国家过早地实现了城市化相反，国民收入和生产账户（national income and product accounts，NIPA）直到第二次世界大战结束后才由两位诺贝尔经济学奖获得者西蒙·库兹涅茨（Simon Kuznets）和理查德·斯通（Richard Stone）提出并运用于国民经济核算实践之中。在此之前，经济学家无法获知整个国家国民产出的确切数据，因而无法对国家整体宏观经济进行深入研究。基于上述两个原因，在国外已有研究中，有关城市化对居民消费影响的研究在很长一段时间里成为国外学者们忽视的一个研究领域。国外学术界仅仅零星出现了有关城市化与居民消费之间关系的研究。

彼得·K. 凯木宇（Peter K. Kimuyu，1993）研究了肯尼亚城市化过程中七种石油产品的消费。研究得出，除了照明用柴油在城市化过程中其消费弹性没有显著增加之外，其余产品均明显增加。因此，肯尼亚在城市化过程中，能源消费规划尤其重要。西塔莱基·A. 弗诺、约翰·M. 斯坦霍普和伊恩·A. M. 普莱尔（Sitaleki A. Finau，John M. Stanhope & Ian A. M. Prior，1982）研究了汤加居民城市化过程中的卡瓦、含酒精饮料以及烟草的消费。研究表明，随着汤加城市化水平不断提高，卡瓦作为汤加人的传统饮料，其在城市的消费量已经让位于酒精类饮料了，但在农村，前者的消费量高于后者；烟草则主要由城市居民消费。莎拉·霍雷尔（Sara Horrell，1996）研究了 1801～1841 年英国工业化期间，城市家庭消费与工业生产之间的关系。研究表明，随着城市化程度的提高，城市人口增多、妇女参与就业程度加强，家庭消费支出也增加。然而，此时城市居民的需求仍然被限定于维持生计的基本消费品，他们的消费支出除了基本消费品之外，仅有少量家庭消费支出用于消费新工业部门生产的产品。内森·纳恩和钱楠筠（Nathan Nunn & Nancy Qian，2011）研究了城市化过程中的土豆消费及土豆对于城市化过程中保障粮食安全的作用。研究表明，18世纪和19世纪城市化过程中，大量人口涌入城市，土豆对于城市居民的食品消费安全作出了重大贡献；1700～1900年，土豆大约是1/4城市人口的主要食品。A. 额田（Nukada A.，1972）研究了1951～1970年日本酒精饮料消费与城市化之间的关系。研究发现，在此期间，城市化水平提升促进酒精饮料消费增长的效应大于经济增长的促进效应；随着城市化水平的提高，居民的消费偏好由烈酒转向了啤酒；洋酒的消费增长明显高于国内传统烈酒。P. 勒泰尔姆和L. 卡门萨·穆奥兹（Leterme P. & Carmenza Muñoz L.，2002）研究了城市化过程中拉美国家的豆类消费。研究发现，由于农村居民比城市居民消费了更多的豆类，因此，城市化过程中，拉美国家的豆类食物减少了。J. 黄和C.C. 大卫（Huang J. & David C. C.，1993）研究了1960～1988年亚洲九个国家城市化过程中的谷物（大米、小麦和粗粮）消费。研究发现，在高收入国家，例如，日本和韩国，城市化过程中的谷物消费减少了，然而低收入国家城市化过程中的谷物消费要么维持不变，要么增加了。对于具体的品种来讲，城市化对于大米和粗粮具有负面效应，然而对于小麦则具有正面效应。在所有研究样本中，只有日本和泰国对于谷物（大米、小麦和粗粮）与谷物中的大米具有负的收入需求弹性。R. 杰德瓦布（Jedwab R.，2013）研究了非洲部分地区城市化过程中的消费问题。研究表明，由于非洲大城市的城市化并非由绿色革命或工业革命推动的，而是由自然资源的巨大消耗推动的，因此，它们是纯粹的"消费城市"，居民消费的增长不具有持久性。P. 苏尔库宁（Sulkunen P.，1989）基于大样本微观数据研究了法国1965～1979年的饮品消费。研究发现，在此期间法国传统白酒消费大大低于啤酒和进口烈酒的消费。J. 斯特奇、J. 斯特奇和G. 麦格拉纳汉（Stage J.，Stage J. & McGranahan G.，2010）研究了城市化过程中食品消费的价格问题。研究得出，在低收入国家，由于城市化过程中大量城市居民消费的食品并非由他们自己生产，并且食品消费支出占其收入的比重较大，因此，食品的消费价格随着城市化水平的提高而上涨。

2.3.2　国内研究综述

与国外学者对城镇化与居民消费之间关系的研究相对较为缺乏相比较，国内有关传统城镇化与居民消费之间关系的研究较为丰富，其原因主要有如

61

下三点：第一，我国的城镇化起步并快速发展要比西方主要发达国家晚很多，例如，直到2010年，我国的城镇化率才达到49.95%，城市人口数量仍然没有超过农村人口，与美国同等城镇化率的时期相比，我国要晚将近1个世纪；与英国相比，足足晚了160多年；与日本相比也晚了50多年。因此，国内学者在研究我国城镇化对居民消费的影响时，无论是研究技术还是研究资料都相对比较丰富，他们能够相对比较容易地从事这方面的研究。第二，由于在过去的30多年中，我国的城镇化快速发展时期正好与我国的经济持续健康增长时期相重叠，尽管很多学者将中国经济的快速增长归功于高速增长的出口、持续巨额的基础设施投资、充裕而廉价的人力资本等因素，但仍然有部分学者注意到了城镇化快速增长导致城市居民不断增多而对居民消费的巨大促进作用并对此进行了研究。第三，我国城镇化的快速发展很大一部分是由庞大的农村流动人口推动的。这些农村剩余劳动力长期在城市务工，他们的生活方式与农村居民具有很大差异而更接近于城市居民，国家相关部门也将在城市居住持续时间超过半年的农民工纳入城镇居民的统计口径之中。随着国家对"三农"问题重视程度的逐年增加，研究人员对农村剩余劳动力流入城市就业从而对我国城镇化建设的影响，并由此产生的居民消费需求扩大的研究表现出了越来越浓厚的兴趣，相关研究成果不断增多。

综合已有研究成果，国内学者主要从以下五个方面研究了城镇化与我国居民消费需求之间的关系：

（1）城镇化与全国城乡居民消费需求之间的关系。国内研究人员有关这方面的研究得出的结论基本一致，即城镇化能够扩大全国居民的消费需求。王建军（2006）研究了城市化、居民消费需求以及第三产业发展三者之间的关系。研究得出，城市化可以通过促进第三产业的发展以及降低城乡收入差距两种途径扩大居民消费需求。潘明清、高文亮（2014）从城镇化的聚集效应和外部成本效应两个方面分析了城镇化对居民消费需求的影响。他们认为，前者将通过改善消费环境、城市居民的"示范效应"以及收入增加三种途径促进农民工的消费需求增长；后者则是由于进城务工人员不能享受市民待遇而对他们消费的挤出效应。城镇化是否能够扩大流动人口的消费需求取决于两者的对比。采用1996～2011年的省际面板数据进行的实证研究结果表明，城镇化能够扩大流动人口的消费需求，前者的正向效应大于后者的负向效应。

付波航、方齐云、宋德勇（2013）实证研究了城镇化、城乡居民消费以及我国人口结构变化三者之间的关系。他们基于 1989～2010 年的省际面板数据的实证研究发现，我国城镇化水平不断提高促进了居民消费需求增长；然而，样本期间我国少儿抚养比下降以及人口老龄化不断加剧却降低了居民消费需求。由于后者的强度高于前者，因此我国的居民消费率在样本期间呈现不断下降的趋势。此外，得出城镇化能够扩大我国城乡居民消费需求的研究还有付荣、伍湘凌（2013），刘苓玲、邓志勇（2014），蒋南平、王向南、朱琛（2013），张晓波（2013），李华香、陈志光（2013），刘厚莲（2013），胡日东、苏梽芳（2007），李林杰、申波、李杨（2007），田雪原（2000），马海涛、文雨辰（2023），刘亦文、阳超（2023），崔琳昊、冯烽（2024）等。

（2）城镇化与农村居民消费需求之间的关系。城镇化表现为大量农村剩余劳动力向城市聚集，尽管他们大部分时间在城市生活，然而在特定时间，例如春节，很大一部分在城市就业的农村剩余劳动力会返回农村，他们将城市居民的消费习惯、消费理念传递给农村居民，进而影响农村居民的消费行为。此外，这些在城市就业的农村剩余劳动力通常在农村还有亲属，他们将自己的一部分收入转移给在农村留守的家人，从而提高他们的消费水平。因此，城镇化对农村居民的消费需求具有直接的影响。例如，姜凌、高文玲（2013）采用我国 31 个省份 2000～2010 年的面板数据，实证研究了城镇化与农村居民消费需求之间的关系。研究得出，提高我国的城镇化率能够显著促进农村居民消费需求增长。得出相似结论的研究还有孙虹乔、朱琛（2010），王艳（2009），张书云、周凌瑶（2010），蒋南平、朱琛、王向南（2011），孙虹乔、朱琛（2012），薛贺香（2013），刘艺容、陈阵（2013），冷晨昕、刘灵芝、祝仲坤（2016），马慧芳、德娜·吐热汗（2020），孔祥利、周晓峰（2021），王芳、胡立君（2022）等。

（3）城镇化与城镇居民消费需求之间的关系。同国内学者对城镇化与农村居民消费需求之间关系的研究表现出较大热情相比，有关这方面的研究还很少，到目前为止，只有少量研究成果出现。尽管如此，国内学者的研究仍然存在分歧。例如，高荣（2014）的研究表明，城镇化并没有对城镇居民的消费起到推动作用，而雷潇雨、龚六堂（2014）却正好得出相反的研究结果。

63

（4）城镇化过程中特定群体、特定地域居民的消费需求。例如，杜乐其、孙昊（2013）研究了城镇化背景下农民工的消费需求，杨宏（2014）研究了城镇化背景下民族地区少数民族居民的消费需求，韩瑾（2013）研究了城镇化背景下浙江省居民的消费需求等。他们得出了相同的结论，即城镇化能够扩大农民工、少数民族地区居民以及浙江省居民的消费需求。

（5）国内其他相关研究。李通屏、成金华（2005）运用20世纪80年代以来主要年份的数据资料和1990年、2000年的横断面资料，对中国人口城市化的投资效应和消费效应进行了比较分析。文章认为，相对于消费效应而言，中国城市化首先是一种投资效应，由此对高投资、低消费形成了推波助澜之势。还有些人员研究了城镇化给居民消费带来的负面影响。例如，王威（2011）研究认为，在我国，政府主导的城镇化发展模式对于扩大居民的消费需求有积极的促进作用，但也存在着许多不利于消费增长的负面影响。作者主要分析了政府主导的城镇化模式对居民消费需求的负面影响，找出了由于政府主导作用而造成的不协调的城镇化发展模式中制约居民消费需求扩大的主要因素，并对此提出了对策及建议。胡若痴、武靖州（2013）认为，尽管城镇化是扩大内需的最大潜力所在，已成为各级政府以及各界人士的共识，但实际历程中，我国城镇化率的快速提高并没有使消费率相应同步提高，这主要是因为我国不同的城镇化发展道路在对城乡居民消费心理和消费观念、城乡居民消费环境、城乡消费和区域消费差异、城乡居民消费结构等诸多方面有着迥然不同的影响，我们只有走新型城镇化道路、提高城镇化质量，才能真正长效扩大消费需求、推动经济增长。夏杰长（2014）研究了城镇化背景下，城乡居民服务消费增长的趋势。他认为，城镇化作为中国近期的一个理论热点，其和消费理论尤其是服务消费理论一直未得到很好的衔接，而消费不足问题又是当前制约中国经济转型发展的桎梏之一，基于此认识，将城镇化与居民服务消费链接起来进行研究具有重要的福利含义。研究表明，城镇化与居民服务消费之间呈显著的正相关关系，但其影响力度仍显著小于居民消费习惯；在拉长的动态区间内，其累计影响力要大于收入对服务消费的影响；城镇化对城镇居民服务消费的影响力度大于农村居民。

2.4 文献述评

从国内已有研究成果来看，绝大多数研究人员得出城镇化促进了我国居民（包括城镇居民、农村居民以及特定地域、特定群体居民）消费需求增长的结论。然而，国内已有研究在以下几个方面却有待加强：

（1）现有文献大多是在传统城镇化背景下对我国居民消费变动情况的研究，研究人员较少区分城市户籍人口与在城市居住达半年或半年以上的农民工的消费行为。相对来讲，他们较少关注新型城镇化背景下政府大力推行农业转移人口市民化、健全城乡发展一体化体制机制等政策措施对居民消费影响的研究。例如，已有研究较少区分常住人口城镇化率提升和户籍人口城镇化率提升对扩大居民消费需求的不同影响。这可能与新型城镇化概念的提出较晚有关。

（2）研究人员较多地关注传统城镇化对全国城乡居民（将城乡居民作为一个整体）以及农村居民消费影响的研究，因此，新型城镇化背景下，我国城镇居民消费需求的研究有待加强。

（3）已有研究大多为实证研究。尽管研究人员使用了包括微观数据、截面数据、时间序列数据以及面板数据等在内的各种类型的数据进行实证研究，然而，缺乏可靠经济理论基础的计量经济分析可能会得出与实际不符的研究结论。

（4）已有研究较多地关注城镇化对居民消费水平的影响，而对居民消费结构影响的研究则相对较少。在我国全面建成小康社会的背景下，扩大我国居民消费需求更多表现为优化居民消费结构，因此，相关研究亟待加强。

第3章 我国传统城镇化实践分析及其对居民消费需求的影响

3.1 我国传统城镇化的发展阶段

从 1949 年新中国成立至 2012 年新型城镇化建设上升到国家战略，我国的传统城镇化已经走过了 60 多年的历程。在半个多世纪的城镇化建设过程中，我国的城镇化并非一帆风顺——既经历了 1979～1997 年的城镇化高速发展时期，也经历了 1964～1978 年的城镇化停滞时期。因此，本小节以时间为序，将我国的城镇化划分为五个阶段，并对各阶段进行简要总结。

以城镇化率作为传统城镇化水平的衡量基准，1949～2012 年我国的传统城镇化发展大致经历了五个阶段。

第一阶段（1949～1957 年）：恢复及发展阶段。

这一阶段的前四年为城镇化恢复阶段，后五年为城镇化快速发展阶段。1949 年新中国成立之时，由于连年战争，我国的社会经济遭到了严重破坏——农业减产、工厂倒闭、交通不畅。与历史最高年份相比，1949 年的农业生产下降了 25%、工业产值下降了 50%。因此，新中国成立之初城镇化建设的主要目标是恢复工农业生产、加快城市基础设施建设。在此期间，我国的城镇人口由 1949 年的 5765 万人增加到 1952 年的 7163 万人；城镇化率也由 1949 年的 10.64% 提升到 1952 年的 12.64%。1953 年，我国开始了新中国成立后的第一个五年计划，在苏联的帮助下总共开工建设了 156 个重点项目。在大规模工业化的过程中，我国的城镇人口也快速增长，不仅已有城市的规模不断扩大，还出现了一些新的城市——城市数量由 1952 年的 160 个增加到 1957 年的 176 个；城镇化率由 1952 年的 12.64% 上升到 1957 年的 15.39%，年均上升近 0.5 个百分点。

第二阶段（1958～1965 年）：波动调整阶段。

这一阶段的前三年为城镇化盲目扩张阶段，后五年为城镇化被迫调整阶段。由于我国的工业生产在 1952～1957 年的第一个五年计划期间取得了巨大成就，党和国家便制定了过高的计划指标，提出了"用城市建设的大跃进来适应工业建设的大跃进"的口号，进而导致了始于 1958 年的三年"大跃进"。在此期间，全国总共招收工人 2500 万人，城镇人口从 1958 年的 9900 万人快速增加到 1960 年的 1.3 亿人，年均增长超过 1000 万人，城市数量也增加到 208 个；城镇化率由 1957 年的 15.39% 增长到 1960 年的 19.75%，年均增长近 1.5 个百分点。然而，由于自然灾害的影响，我国的农业生产却连续减产，1959 年的农业总产值比上一年下降 13.6%，1960 年又在上一年的基础上下降 12.6%。因此，在城镇人口快速增加、农业生产连续减产的条件下，许多城市暴露出基础设施严重不足的缺点，进而导致大量城镇人口生活困难并严重阻碍了工业生产——1960 年的工业产值仅为 1959 年的 60%。发现"大跃进"的上述问题之后，我国于 1961 年进入调整时期，开始实行"调整、巩固、充实、提高"的方针，大规模减少城镇人口及建制镇的数量。截至 1965 年，全国总共减少城镇职工 1800 万人，城镇人口减少 2600 万人，城镇化率由 1960 年的 19.75% 降低到 1965 年的 17.98%。

第三阶段（1966～1978 年）：停滞阶段。

在这一阶段，我国经历了长达十年的"文化大革命"，并且由于人口总量增加及国家政策的影响，城镇化率始终处于 17%～18%，基本处于停滞状态。然而从绝对数量来看，我国城镇人口依然增长不少。1965 年，我国的城镇人口总数为 13045 万人，1978 年增长到 17245 万人，期间净增 4400 万城镇人口，年均增长 350 万人。

第四阶段（1979～1997 年）：稳步增长阶段。

在这一阶段，我国的农村和城市均进入改革开放的新时期。在农村，经济体制改革大幅度提高了农业生产效率，为我国的城镇化建设提供了良好的物质基础。在城市，随着改革开放的不断深入，大量农民涌入城镇创办企业。

乡镇企业的迅速发展，不仅增加了农民的收入、繁荣了农村经济，也为城镇职工提供了就业机会，促进了我国城镇化水平的提高。在此期间，我国城市的数量由 1979 年的 193 个增加到 1997 年的 668 个；建制镇由 2859 个增加到 17998 个；城镇化率则由 17.92% 上升到 31.97%，且每年均在上一年的基础上实现了增长。

第五阶段（1998~2012 年）：加速增长阶段。

在这一阶段，我国的城镇化持续快速发展，其原因主要有如下几点：（1）社会主义市场经济体制基本建立，为城镇化快速发展提供了宏观环境。（2）户籍制度改革放松了农村居民进城的限制，大量农村剩余劳动力涌入城镇就业，其中，2008~2012 年的外出农民工数量分别为 14041 万人、14533 万人、15335 万人、15863 万人和 16336 万人。（3）自党的十六大以来，党和政府越来越重视城镇化建设在促进社会经济又好又快发展中的巨大推动作用，尤其是自党的十八大以来，城镇化被上升到国家战略，有效地促进了城镇化的发展。1998 年，我国的城镇化率为 33.35%；2003 年首次超过 40%，达到 40.53%；2011 年超过 50%，达到 51.27%。

3.2 我国传统城镇化取得的成就及典型模式

3.2.1 我国传统城镇化取得的成就

在半个多世纪的传统城镇化实践中，我国取得了举世瞩目的成就。具体表现在以下几个方面：

（1）城镇化水平快速上升。新中国成立后超过 60 年的城镇化实践，我国的城镇化率由 1949 年的 10.64% 上升到 2012 年的 52.57%。2002~2012 年，我国的城镇人口由 50212 万人快速增加到 71182 万人，增加了超过 2 亿城镇人口，年均增长超过 2000 万人。城镇人口年均增长率接近于 4%，同期全国总人口的平均增长率仅为 8‰，前者是后者的 5 倍。从国际比较来看，新中国成立后城镇化的发展速度远高于英国、美国和日本等国家：城镇化率从 30% 增长到 60%，英国、美国和日本花费的时间分别为 180 年、90 年和 60

年。然而，中国 1995 年的城镇化率仅为 29.04%，2017 年增长到 65.22%，中国城镇化率从不到 30% 增长到超过 60% 仅花了 22 年。

（2）宏观经济持续快速增长，城乡居民收入持续增加。我国城镇化水平不断提高的过程同时也是宏观经济持续快速增长的过程。来自国家统计局公布的统计数据表明，我国的 GDP 总量由 1952 年的 692.2 亿元增加到 2012 年的 527607.7 亿元，60 年间 GDP 总量增长了 761.22 倍。我国经济的快速增长无论是增长速度还是时间跨度，在全世界都是绝无仅有的。例如，日本 1960～1970 年经济高速增长阶段的年均 GDP 增长率为 10.2%；韩国 1981～1990 年经济高速增长阶段的年均 GDP 增长率为 9.2%；中国台湾地区 1981～1990 年经济高速增长阶段的年均 GDP 增长率为 8%。因此，中国 1991～2011 年的年均 GDP 增长率远高于韩国和中国台湾地区经济高速增长时期的年均 GDP 增长率，也略微高于日本经济高速增长时期的年均 GDP 增长率。

与宏观经济快速增长相伴的是城乡居民收入持续提高。我国城镇化过程中成功地避免了大规模的城市贫困、失业和贫民窟。无论是城市居民还是农村居民，他们的人均可支配收入或人均纯收入均大幅增加，前者从 1981 年的 500.4 元增加到 2012 年的 24565 元，增长了 48 倍；后者从 1981 年的 223.4 元增加到 2012 年的 7916.6 元，增长了 34.4 倍。

（3）建立了完善的工业体系、产业结构不断优化、人力资本生产效率不断提高。城镇化半个多世纪以来，我国已经成为世界上少有的建立了完善工业体系的国家——工业体系涵盖全部 39 个工业大类。2010 年，中国超过美国成为全球制造业第一大国；在世界 500 种主要工业品中，中国有 220 种产品产量居世界第一位。产业结构方面，GDP 构成中一二三产业结构之比，由 1952 年的 51.0∶20.9∶28.1 调整为 2012 年的 9.5∶45.0∶45.5，表明我国的产业结构已经由以农业为主逐步转变为以工业和服务业为主导，并且第三产业增加值于 2012 年首次超过了第二产业增加值。此外，我国高速发展的城镇化还提高了我国人力资本的生产效率。我国的城镇人口由 1991 年的 31203 万人增加到 2012 年的 71182 万人；期间全国总人口仅仅由 115823 万人增加到 135404 万人。因此，大量农村劳动力离开了生产效率低下的农业，他们进入城镇，在生产效率更高的工业部门和服务业工作。农民工流动将造成两个影响：第一，由于我国农业增加值由 1991 年的 5342.2 亿元大幅增加到了 2012

年的 50892.7 亿元，再加上农业从业人数减少，因此，农业从业人员的生产效率显著提高；第二，在城镇工作的农民工，由于从生产效率较低的农业部门流入生产效率更高的工业和服务业，因此，他们的生产效率也提高了。据统计，我国的城镇规模每扩大 1 倍，全要素生产率将提高 10%。

（4）基础设施不断完善。良好的基础设施是推动经济快速发展的巨大动力，也是提高人民生活水平的有力保障。我国的城镇化在基础设施建设方面成效明显。以 2000～2012 年为例，我国显著提升了港口、铁路、机场、公路及管道运输等基础设施水平。来自《中国统计年鉴》的数据表明，2000 年我国沿海与内河主要港口万吨级泊位数分别为 518 个与 59 个；2012 年则分别增加到 1453 个与 394 个。民用航班飞行机场数量由 2000 年的 143 个增加到 2012 年的 190 个。铁路营业里程由 2000 年的 6.87 万公里增加到 2012 年的 9.76 万公里。电气化铁路由 2000 年的 1.49 万公里增加到 2012 年的 3.55 万公里，其中高速铁路营运里程居世界第一位。高速公路营运里程更是从 2000 年的 1.63 万公里快速增加到 2012 年的 9.62 万公里。管道输油（气）里程由 2000 年的 2.47 万公里增加到 2012 年的 9.16 万公里。

（5）有力地扩大了就业。城镇化过程中，大量劳动力进入城镇，为了让他们能够留在城镇，需要给他们提供就业机会。我国的快速城镇化并没有出现像巴西和印度等国家那样的大量失业及贫困人口，其主要原因是包括制造业、建筑业、餐饮业、商业等在内的城镇第二产业和第三产业快速发展，为进入城镇的劳动力提供了大量就业机会。例如，国家统计局发布的数据表明，2004～2012 年，尽管我国在此期间的城镇化率由 41.76% 提升到了 52.57%，但我国的城镇登记失业率始终稳定在 4.2% 左右；其间，城镇新增就业人员每年不断增加，2012 年增加了 1266 万人，超过瑞士和挪威两国人口的总和，而它们的经济总量则分别位居全球第 20 和第 25 位。城镇就业人员数方面，2012 年比 2004 年增加 9808 万人，增幅达到 40.11%。

3.2.2 我国传统城镇化的典型模式

3.2.2.1 城市群模式——以珠江三角洲城镇化模式为例

珠江三角洲位于广东省中部，面积约 5.6 万平方公里，包括广州、东莞、惠州、深圳、佛山、中山、江门、珠海和肇庆 9 个地级市，人口超过 5000 万人，其中广州和深圳两个副省级城市的总人口均超过1000万人。珠三角作为我国改革开放的前沿阵地，其城镇化也领先于全国。据统计，2012年，珠三角地区的城镇化率已经高达83.84%，远远高于全国的平均水平，与中等发达国家水平相当，已进入城镇化发展的成熟阶段。与此同时，珠三角九城市的经济也快速发展。广州、深圳、佛山和东莞四城市2012年的地区生产总值分别居全国各大城市的第三、第四、第十五和第二十二位，全国前十五强，珠三角占据了三席（国家统计局，2013）。

来自《广东统计年鉴》的数据表明，2000~2012年，珠三角九城市的地区生产总值均快速增长，与2000年相比，广州、深圳、江门、佛山、珠海、惠州、肇庆、东莞与中山市2012年的地区生产总值分别增长了5.44倍、5.92倍、3.73倍、6.30倍、4.52倍、5.38倍、5.85倍、6.11倍和7.07倍。

珠江三角洲城镇化的经验体现在以下几个方面：

（1）国家优先发展战略是珠江三角洲快速城镇化的制度保障。自改革开放政策的实施到1992年的邓小平南方谈话，再到现在珠江三角洲经济圈的建立和当前珠江三角洲产业的优化升级、自主创新能力的培养，国家发展战略作为一只"看得见的手"，始终在指挥和扶持着珠江三角洲的发展，使得珠江三角洲能够从1980年开始一直保持14%的高速经济增长。优惠的财政政策为外资企业的进入和投资提供了宽松的投资环境，税收减免或财政补贴等政策措施降低了外资企业的生产成本，增强了它们在国际市场上的竞争力，增加了外资企业的利润，因此吸引了大量欧美及中国香港、中国台湾等地区企业的入驻和投资。有利的货币政策给本地企业和乡镇企业的快速发展提供了便捷的融资渠道，保障了资金的顺畅流通，这些有利条件扶持了民营企业和乡镇企业的发展，并为其发展壮大提供了有利条件，推动了民营和集体经济的发展，吸引了大量农村劳动力，推动了农村城镇化的发展。

（2）区位优势是珠江三角洲快速城镇化的重要原因。珠江三角洲濒临港澳台地区，同时也是海外华侨最主要的祖籍地之一。它利用香港、台湾等地区产业转移的契机，通过在核心地区的发展向次一级城市的更替实现了工业化，从而推动了城镇化的进程。珠江三角洲凭借良好的区位优势，再加上低廉充足的劳动力和土地成本，迅速成为香港及台湾地区劳动密集型产业的转移目的地。外资企业的迅速发展成为珠江三角洲地区城镇化的巨大动力。到

20世纪90年代中期，约80%的香港厂商在珠江三角洲设厂，香港塑胶业的80%~90%、电子业的85%、钟表和玩具业的90%都迁到了珠江三角洲。其后，台湾地区的IT产业，主要是电子计算机的附属产品，通过香港持续进入珠江三角洲地区。到21世纪初，珠江三角洲已经成为了"世界工厂"。

（3）乡镇企业、私营企业是珠江三角洲快速城镇化的重要推动力量。改革开放之后，珠江三角洲成为香港和台湾地区主要的产业转移目的地，大量外资企业在该地区成立。与此同时，作为大量外资企业的配套，从事"三来一补"为主要形式的乡镇企业也蓬勃发展。改革开放之初，广东全省乡镇企业仅8.09万个，企业从业人数为194.56万人，实现总收入23.96亿元。2009年末，广东省乡镇企业发展为80.46万个，注册资本14910.07亿元，企业从业人数为850.55万人，而其主要集中在珠江三角洲地区。珠江三角洲大量乡镇企业的兴起，直接给大量农业剩余劳动力的产业转移提供了就业机会，使农村逐步摆脱传统的农业生产和生活方式并进入到城镇生活体系之中。更为重要的是，通过乡镇企业和民营企业的发展，农村逐步摆脱传统的农业生产方式，并通过产业发展、大量农业人口的吸引，逐步促使农村景观向城市景观的改变，形成一种自我发展和更新的体制，将农村的田园风光与城镇的繁华和工业生产相结合，形成具有中国特色的城镇化之路。

3.2.2.2 单一城市模式——以无锡城镇化模式为例

无锡市位于江苏省南部，与我国最大城市上海市相距128公里，距江苏省省会南京市183公里，全市面积4626平方公里，2012年常住人口为638万人。2001年无锡的城镇化率仅为41%，2011年却上升到了72%。经济发展方面，2001~2012年无锡连续12年GDP增长率均超过10%，年均高达14%，明显高于全国平均的经济增长速度；2012年人均GDP为117357元，达到了中上等发达国家的水平，并且经济结构不断优化，第三产业占GDP的比重不断上升。因此，无锡市城镇化水平不断提升的过程，同时也是经济快速发展、经济结构不断优化的过程。

无锡市城镇化的经验体现在以下几个方面：

（1）城镇化和工业化相互促进、协调发展，工业化带动城镇化、城镇化促进工业化。无锡市城镇化初期主要由乡镇企业快速发展推动，农民在就近的农村地区兴办企业，一方面有效地发展了当地的工业、促进了经济发展；另一方面随着农村工业的快速发展和聚集，新城镇随之产生。1992年10月，党的十四大决定以浦东开发为龙头，带动长三角地区经济新飞跃。作为长三角腹地主要城市之一的无锡便成了外商投资的沃土。无锡紧抓这一历史机遇，将工业化和城镇化有机地结合起来，先后建起了多个基础设施完备、功能各异的工业园区，促进了工业向工业园区聚集和农村转移人口向城镇集中，不仅使城镇工业化在外资企业的推动下继续快速发展，城镇化水平也相应地大幅度提升。

（2）通过城乡统筹，有力地推动城乡一体化。2001年，无锡市进行区划调整，打破了市县间的隔阂，将锡山市并入市区，从而消除了城乡统筹壁垒，使统一规划、以城带乡、城乡共同发展成为可能。通过城乡统筹有力地促进了农村地区的经济发展，降低了城乡发展差距，实现共同富裕。

（3）旧城改造与开发区建设相互促进。与大多数城市的城镇化一样，无锡市也面临旧城改造的问题。与国内很多城市采取大拆大建进行旧城改造的方法不同，无锡市在旧城改造中非常重视对旧城的保护，以便保留并发扬多年城市发展而形成的文化底蕴。为了处理好发展与保护的矛盾——一方面旧城居民要提高生活质量、改善居住条件，另一方面工业化和城镇化的快速发展，涌入城市的居民不断增多——无锡市的做法是在旧城周围兴建开发区，将开发区建设与旧城改造和保护相结合。通过将部分旧城居民外迁至与旧城紧邻的开发区，一方面避免了大拆大建保护了旧城，另一方面也改善了旧城居民的居住条件。此外，紧邻旧城的开发区既是经济发达的新城区，同时也是功能和设施完善的生活区。

3.3 "以人为本"视角下我国传统城镇化存在的主要问题

尽管在半个多世纪的城镇化实践过程之中，我国的城镇化取得了巨大的成就，也创造了诸如珠江三角洲模式及无锡模式等典型成功的城镇化模式，但就全国范围而言，仍然存在一些问题。本小节将从"以人为本"的视角，对我国传统城镇化存在的主要问题进行总结，具体表现在以下几个方面：

3.3.1 路径选择及其目标偏离"以人为本"

在第3.2节中提到，我国传统城镇化的主要成就之一便是宏观经济持续快速发展，城乡居民收入不断增加。应该承认，发展经济、提高居民收入的确很重要；但我们也必须认识到，它们仅仅是我国城镇化的目标之一，而不是唯一的目标。我国的城镇化必须要"以实现人的全面发展为目标"，因此，我国在城镇化过程之中，发展经济、提高居民收入必须始终贯彻"以人为本"的理念。然而，我国传统城镇化的路径选择及其目标却偏离了"以人为本"——它是"以 GDP 为本"，而并不以人民群众最根本的利益为本。

"以 GDP 为本"使得我国各个层面的传统城镇化仅仅注重招商引资、工业园区建设以及固定资产投资，以便在最短的时间内将本地区的 GDP 做大，凸显行政官员的政绩为他们职务晋升创造条件，而忽视了以"以人为本"为中心的人的城镇化，从而导致我国的城镇化程度明显低于经济发展阶段应有的水平，以及城镇化水平明显滞后于工业化水平。

3.3.1.1 我国的城镇化程度明显低于经济发展阶段应有的水平

发展经济学家霍利斯·钱纳里（Hollis B. Chenery，1988）等基于世界上100 多个国家城市化历程的经验研究，提出了著名的"发展模型"。该模型反映的是一个国家或地区在工业化过程中的经济发展水平与城镇化发展水平之间的一般性规律。根据该模型，我国城镇化应有的水平及实际水平如表 3-1 所示。

表 3-1 "发展模型"应有的城镇化水平与我国实际城镇化水平的比较

人均 GNP（美元）	100	200	300	400	500	800	1000
标准城市化水平（%）	22.0	36.2	43.9	49.0	52.7	60.1	63.4
中国城镇化率（%）	17.38	17.92	24.52	26.94	27.99	34.78	39.09
偏差（%）	4.62	18.28	19.38	22.06	24.71	25.32	24.31

资料来源：简新华，黄锟（2010）。

从表 3-1 的数据可以看出，我国的城镇化水平与"发展模型"测算的应有水平之间具有相当大的差距。以人均 GNP 为 1000 美元为例，"发展模型"测算的城镇化水平为 63.4%，然而，我国实际的城镇化率仅为 39.09%，二者之间相差 24.31 个百分点。

从世界各国的横向比较来看，我国与同等发展程度国家之间城镇化水平的差距依然明显。以 2008 年为例，来自国际货币基金组织的数据表明，当年约旦、亚美尼亚、中国和刚果共和国的人均 GDP 分别为 3421 美元、3360 美元、3315 美元和 2951 美元，城镇化率分别为 78%、64%、46.99% 和 61%；中国与它们的人均 GDP 相仿，但城镇化水平至少相差 14 个百分点。另外，中国的人均 GDP 明显高于与其处于相近城镇化水平的国家。例如，2008 年印度尼西亚、蒙古国、菲律宾、尼日利亚、喀麦隆、尼加拉瓜和海地的城镇化率分别为 52%、57%、65%、48%、57%、57% 和 47%，它们的城镇化水平与中国相当，然而它们的人均 GDP 则仅为 2246 美元、1980 美元、1865 美元、1450 美元、1199 美元、1025 美元和 791 美元；中国的城镇化率为 46.99% 时，人均 GDP 则达到了 3315 美元，远高于上述城镇化水平相近的国家。

3.3.1.2 我国的城镇化水平明显滞后于工业化水平

从发达国家的城镇化与工业化发展轨迹来看，城镇化与工业化二者之间的关系是：工业化首先推动了城镇化；城镇化又反作用于工业化。因此，理想状态是城镇化与工业化相互推进、协调发展。至于二者之间的关系如何才能体现为协调发展，发展经济学家霍利斯·钱纳里给出了可供参考的答案，如表 3 - 2 所示。

表 3 - 2　　　"发展模型"中工业化与城镇化的关系及中国的偏差

人均 GDP（美元）	钱纳里"发展模型"			中国		
	城镇化率（%）	工业化率（%）	偏差（%）	城镇化率（%）	工业化率（%）	偏差（%）
100	22	14.9	7.1	17.78	36.9	-19.42
200	36.2	21.5	14.7	17.92	44.3	-26.38
300	43.9	25.1	18.8	24.52	38.9	-14.38
400	49.0	27.6	21.4	26.94	37.4	-10.06
500	52.7	29.4	23.3	27.99	40.8	-12.81
800	60.1	33.1	27.0	34.78	42.7	-7.92
1000	63.4	34.7	28.7	39.09	44.8	-5.71

注：工业化率以第二产业占 GDP 的比重表示。
资料来源：简新华，黄锟（2010）。

钱纳里的"发展模型"是基于100多个国家的统计规律，因此具有广泛的适用性。由表3-2可知，无论经济发展处于哪个阶段，城镇化均领先于工业化，且随着人均GDP的增加，二者之间的偏差越大。然而中国的实践却正好相反——城镇化明显滞后于工业化。以人均GDP为1000美元为例，中国的工业化率明显高于钱纳里"发展模型"测算的34.7%，表明中国的工业化程度高于世界大多数国家该阶段的水平；此时中国的城镇化率却明显低于钱纳里"发展模型"测算的52.7%，表明中国的城镇化程度低于世界大多数国家该阶段的水平。

3.3.2 城乡要素不公平交换、发展成果未公平分享及惠及全体人民

"以人为本"的理念要求我们公平交换城乡各种要素，将城镇化发展成果公平分享及惠及全体人民，然而，我国的传统城镇化并没有很好地做到这一点。这主要表现在我国的传统城镇化空间分布差异明显，以及存在明显的城乡二元结构特征两个方面。

3.3.2.1 中国的城镇化空间分布差异明显

经过半个多世纪的发展，我国的城镇化取得了巨大成就，2013年的常住人口城镇化率达到53.7%。然而，从空间分布来看，我国的城镇化存在明显的空间差异，具体表现为东部地区的城镇化水平远高于中西部地区。2013年，我国东部、中部、西部三个地区的常住人口城镇化率分别为62.2%、48.5%和44.8%，东部地区分别领先于中部、西部地区13.7个和18.4个百分点（国家新型城镇化规划，2014），我国长三角、珠三角和环渤海地区三大城市群均位于东部地区。东部地区的城镇化已经进入诺瑟姆城市化"S"型曲线的中后期阶段，中西部地区则处于该曲线的中前期阶段。

3.3.2.2 中国的城镇化存在明显的城乡二元结构特征

二元经济结构指的是一个国家内部不同的经济部门之间经济发展的不平衡，它是发展中国家城镇化过程中面临的共同问题。然而，除此之外，与其他国家不同，传统城镇化阶段我国的城乡二元结构不仅体现为城市与农村巨大的发展差距，更为重要的特征是它以严格的户籍管理制度和各种政策将农民限制在土地上，人为地将城市生产要素和农村生产要素分割开来，它们之

间不能自由流动，导致农村经济部门和城市经济部门在很大程度上是相互独立的，以及生产要素的低效率配置。

　　来自《中国统计年鉴》的数据表明，1981～2012 年的传统城镇化期间，我国的城镇化存在明显的城乡二元结构特征：从收入、消费和固定资产投资三项指标来看，城乡间存在巨大差距，并且随着城镇化水平的提高，该差距有不断扩大的趋势。以固定资产投资为例，农村固定资产投资总额占城镇固定资产投资总额的比率呈现快速下降的趋势，1981 年该比率为 35.1%；1984 年达到最大值 43.3%；2012 年该比率仅为 2.7%。固定资产投资上的巨大差距，导致城乡间经济发展、人民生活及社会公共服务等方面存在显著的二元特征。例如，1981 年，我国城镇居民人均可支配收入为 500.4 元，农村居民人均纯收入为 223.4 元，前者是后者的 2.4 倍；同年，城镇居民人均消费性支出为 456.8 元，农村居民人均消费性支出则为 190.8 元，前者是后者的 2.39 倍。2012 年，我国城镇居民人均可支配收入与农村居民人均纯收入分别为 24565 元与 7916.6 元，前者是后者的 3.1 倍；城镇居民与农村居民人均消费性支出分别为 16674.3 元与 5908 元，前者是后者的 2.8 倍。与 1981 年相比，无论是收入还是消费，城乡差距均有所扩大。

3.3.3　人口转移速度快于城市接纳速度、人口城镇化滞后于土地城镇化

　　自改革开放以来，伴随着工业化进程加速，我国传统城镇化经历了一个起点低、速度快的发展过程。1978～2011 年，城镇常住人口从 1.7 亿人增加到 7.3 亿人，城镇化率从 17.9% 提升到 53.7%，年均提高 1.02 个百分点；城市数量从 193 个增加到 658 个，建制镇数量从 2173 个增加到 20113 个（国家新型城镇化规划，2014）。因此，我国城镇化过程中，人口转移速度很快。然而，在传统城镇化过程中，大量农业转移人口难以融入城市社会，市民化进程滞后，他们中的大多数并没有被城市接纳。目前农民工已成为我国产业工人的主体，受城乡分割的户籍制度影响，被统计为城镇人口的 2.34 亿农民工及其随迁家属，未能在教育、就业、医疗、养老、保障性住房等方面享受城镇居民的基本公共服务，产城融合不紧密，产业集聚与人口集聚不同步，城镇化滞后于工业化。农业转移人口在城市第二、第三产业就业，然而他们

不能与城市户籍人口一样享受同等的待遇，同工不同酬现象普遍；他们难以在城市参政议政和参与社会管理；他们的子女也难以融入城市学校。因此，我国的传统城镇化人口转移速度明显快于城市接纳速度。

此外，我国的人口城镇化还滞后于土地城镇化。1996～2012年，全国建设用地年均增加724万亩，其中城镇建设用地年均增加357万亩；2010～2012年，全国建设用地年均增加953万亩，其中城镇建设用地年均增加515万亩。2000～2011年，城镇建成区面积增长76.4%，远高于城镇人口50.5%的增长速度；农村人口减少1.33亿人，农村居民点用地却增加了3045万亩。一些地方过度依赖土地出让收入和土地抵押融资推进城镇建设，加剧了土地粗放利用，浪费了大量耕地资源，威胁到国家粮食安全和生态安全，也加大了地方政府性债务等财政金融风险（国家新型城镇化规划，2014）。

3.3.4 传统城镇化主要依靠自然资源粗放消耗推动，是不可持续的

"以人为本"要求我们"全面、协调、可持续发展"。然而，我国当前的城镇化快速发展是在土地、水及其他自然资源的巨大投入和低效应用的基础上实现的。以土地资源为例，我国城镇化过程中，大量农村居民进入城镇，促使众多城镇规模迅速扩大，然而，我国城镇规模扩张的速度远远超过人口增长的速度。根据亨德森等（Henderson et al.，2013）的研究，我国城镇人口密度在过去的十年间呈大幅下降之势，下降幅度高达25%。2000年我国的城镇土地面积约为9.9万平方公里，到2012年已经快速增加到12.7万平方公里。与发达国家相比，我国城镇土地利用效率明显偏低，城镇人口密度有进一步提高的空间。例如，假如广州和深圳达到了韩国首都首尔的人口密度，那么两城市将分别可以多容纳高达420万人及530万人。我国城镇土地资源利用效率低下与低成本的征用农地有关。然而，我国传统城镇化低效的土地利用使得大量城镇的土地开发强度已经很高了，譬如，广州和深圳两市的土地开发强度已高达40%。因此，试图通过低成本的土地扩张来接纳新城市市民已不太可能，而只能通过提高土地利用效率实现。基于我国是一个人均自然资源相对比较缺乏的发展中大国的基本国情，主要依靠自然资源粗放消耗推动的传统城镇化模式是不可持续的。

3.4 传统城镇化对我国居民消费的影响

在过去半个多世纪的传统城镇化过程中，随着我国经济的快速发展及人民收入水平的不断提高，我国城乡居民的消费水平、消费结构、消费环境得到明显改善；与此同时，我国城乡居民的消费差距、消费水平提高对生态的负面影响及其消费方式的不可持续性等非"以人为本"的负面影响也越来越严重。因此，本节将从正负两个方面分析传统城镇化对我国城乡居民消费的影响。

3.4.1 传统城镇化对我国居民消费的正面影响

3.4.1.1 城乡居民消费水平显著提高

传统城镇化阶段，是我国的城镇化水平不断提高的过程，同时也是城乡居民消费水平显著提高的过程。"扩大内需的最大潜力在于城镇化"可以从我国的城镇化实践中得到证实。以社会消费品零售总额为例。来自《中国统计年鉴》的数据表明，我国社会消费品零售总额由2000年的3.91万亿元增加到2011年的18.39万亿元，11年间增长了3.7倍，年均增长15.11%，明显高于同期GDP增长速度。城镇居民消费水平方面，人均消费性支出由2000年的6850元增加到2011年的19108元，11年间增长了1.79倍，年均增长9.77%。农村居民消费水平方面，人均消费性支出由2000年的1860元增加到2011年的5870元，11年间增长了2.16倍，年均增长11.01%。上述数据表明，无论是城乡居民人均消费水平，还是社会消费品零售总额，在传统城镇化阶段，它们均快速增加。

3.4.1.2 城乡居民消费结构显著优化

所谓消费结构，指的是消费者在消费过程中所消费的各种不同类型的消费资料的比例关系（尹世杰，2003）。我国国家统计局通常将城乡居民的消费支出分为食品、衣着、居住、家庭设备及用品、交通通信、教育文化娱乐、医疗保健以及其他八大类商品。来自历年《中国统计年鉴》的数据表明，无论是城市居民还是农村居民，食品消费支出占消费总支出的比例都降低了——农村居民的该比例由 2004 年的 47.24% 降低到 2011 年的 40.36%，城市居民的该比例则由 2004 年的 37.73% 降低到 2011 年的 35.02%；农村居民居住和医疗保健支出占消费总支出的比例显著增加，分别由 2004 年的 14.85% 和 5.98% 增加到 2011 年的 18.62% 和 9.27%；城镇居民文教娱乐支出占消费总支出的比例显著增加，由 2004 年的 11.75% 增加到 2011 年的 15.19%。城乡居民八大类商品消费支出占消费总支出的比例的变化，反映了我国城乡居民消费结构不断优化。

3.4.1.3　城乡居民消费环境逐步改善

传统城镇化阶段，我国经济经历了由供给导向型到需求导向型的转变，以及由短缺经济到买方市场的转变。在各级政府以及产品生产企业的共同努力下，我国居民消费的硬环境和软环境都得到改善。消费硬环境方面，以农村为例，随着国家对农村基础设施投入力度的不断加大，我国农村地区的供水、电、道路、通信等基础设施明显改善，为农村居民消费洗衣机、电冰箱、手机、电脑以及汽车等大宗耐用消费品创造了良好的消费硬环境。消费软环境方面，随着我国在就业、医疗、社保和教育等方面的投入不断增多，制约城乡居民消费需求扩大的制度因素日趋完善。此外，与居民消费相关的法律法规软环境也不断完善，国家先后出台了《消费者权益保护法》《电子商务法》《个人信息保护法》《产品质量法》以及《欺诈消费者行为处罚办法》等多部与城乡居民消费密切相关的法律法规。

3.4.2　传统城镇化阶段我国居民消费存在的主要问题

3.4.2.1　城镇公共服务消费需求大于其供给

城镇公共服务主要包括教育、就业、养老、医疗卫生、住房、文化体育和社会保障等。受城乡二元户籍管理制度的制约，2.34 亿农民工及其随迁家属虽然被纳入城镇居民的统计范围，但传统城镇化阶段他们却不能公平享有城镇居民的社会公共服务。2012 年，我国城镇常住人口基本养老保险覆盖率仅为 66.9%；城镇常住人口保障性住房覆盖率仅为 12.5%；一些农民工随迁子女无法接受义务教育，需要缴纳高额赞助费才能就读于公立学校或只能花钱在私立学校就读。能够免费接受基本职业技能培训的农民工的比例也较低——来自人力资源和社会保障部的统计数据表明，我国接受过职业技能培训的农民工仅占农民工总量的30%。

3.4.2.2 城乡收入差距逐步扩大，并导致城乡消费差距扩大

《国家新型城镇化规划（2014－2020年）》指出，我国传统城镇化快速发展主要依靠劳动力廉价供给、资源粗放消耗以及非均等化基本公共服务压低成本推动；"四化不同步"导致农业根基不稳、城乡区域差距过大、产业结构不合理等突出问题。因此，传统城镇化阶段我国城镇化水平不断提高的同时，城乡居民收入差距也逐渐扩大。基尼系数是一个常用于衡量消费不平衡的指标。统计数据表明，我国1980～2011年各年的基尼系数呈现持续上升的发展趋势，由1980年的0.286上升到2000年的0.393；2001年超过国际公认的贫富差距警戒线，达到了0.42；此后继续上升，2011年为0.477。具体来讲，我国的贫富差距主要体现在城乡贫富差距、城乡内部贫富差距以及地区贫富差距三个方面。

以城乡贫富差距为例，根据国际经验，为了控制城乡贫富差距，城乡居民之间合理的收入之比应该控制在1.5∶1以内（李奋生，张明忠，2012）。然而，我国城镇居民人均可支配收入与农村居民人均纯收入之比远大于该比例。1981～2011年，除个别年份的城乡居民收入之比小于2∶1之外，其他年份该比例均超过2∶1；从2001年开始，该比例甚至超过了3∶1。因此，我国的城乡收入差距在快速城镇化过程中迅速扩大。与城镇居民人均可支配收入相比，农村居民人均纯收入平均相差在20年以上（颜玉凡，2010）。

城乡居民收入差距逐步扩大必然导致他们的消费差距扩大。与城镇居民人均消费性支出相比，农村居民人均消费性支出明显偏低。1981～2011年，我国城镇居民人均消费性支出均超过农村居民人均消费性支出1倍；2001～2010年，甚至超过了2倍，例如，2003年城镇居民人均消费性支出为农村居民人均消费性支出的3.35倍。来自《2009年农村经济绿皮书》的数据表明，平均来讲，它们之间的消费差距在10年以上。以社会公共福利产品消费为例，来自中国人民大学劳动民事学院教授郑功成的研究表明，我国城镇人口享受着全国福利性财政支出95%以上的份额；而农村人口的福利性财政支出

不足全国福利性财政支出的 5%。就拿养老保险来说，2010 年，我国新型农村社会养老保险试点参保人数为 10276.8 万人，新型农村社会养老保险试点基金支出仅为 200.4 亿元。然而，2010 年，我国城镇参加养老保险人数为 25707.3 万人，基本养老保险基金支出高达 10554.9 亿元。

3.4.2.3 居民消费水平不断提高与资源、环境有限承载能力的矛盾日益突出

传统城镇化阶段，我国城乡居民的消费水平明显提升，消费结构显著优化。然而，在此过程中，我国的资源环境瓶颈制约却日益突出、生态环境破坏日益严重。

以汽车消费为例。近年来，随着我国城市居民收入的不断提高，家用小汽车在城镇居民家庭中迅速普及。例如，北京市汽车保有量 2012 年就已经超过了 500 万辆；截至 2012 年 9 月中旬，成都市市区的汽车保有量便达到了 307 万辆，并且自 2011 年以来，该市每个工作日平均新上牌汽车高达上千辆。数量众多的汽车每天排出大量汽车尾气，成为许多城市大气污染的主要来源。根据生态环境部的监测结果，我国的北京、深圳和广州三个一线城市的首要污染源便是机动车。成都空气中的 PM2.5 也有超过 20% 来自机动车尾气，排名仅次于燃煤，位居第二；除了 PM2.5 之外，成都 307 万辆汽车每年还排出了近 30 万吨一氧化碳、4 万多吨氮氧化物以及 3 万多吨碳氢化合物等有毒气体，给成都的空气造成了严重污染。

此外，随着城市人口不断增多，居民生活污水也成为城市水污染的主要来源之一。例如，浙江省杭州市每天有 15 万吨生活污水直接排入河道，4 万吨洗涤污水通过下水管道流入河道，造成城市河道污染。湖北省在 2006 年全省城市生活污水排放量就已经超过了工业污染排放量，成为全省水污染最主要的污染源。

固体废弃物污染方面，随着我国城镇人口快速增加以及居民生活水平不断提高，我国产生的固体垃圾呈现快速增长的趋势。根据中国城市环境卫生协会的统计数据，我国 2010 年产生的固体垃圾约为 10 亿吨，其中生活垃圾近 4 亿吨、建筑垃圾约为 5 亿吨。然而，国家统计局的统计数据表明，我国 2010 年的生活垃圾清运量为 1.58048 亿吨，生活垃圾无害化处理率仅为

77.9%。因此，即使是在城市，我国仍然有大量生活垃圾得不到有效的处理，更不用说在广大农村地区产生的生活垃圾了。我国的北京和广州等城市相继出现"垃圾围城"的现象，垃圾中的细粒被风吹起后进入空气，增加了大气中的粉尘含量，加重了大气的粉尘污染；垃圾中的有害物质得不到无公害处理将会对土壤和地下水造成严重污染。例如，如果将一节一号电池腐烂在地里，它产生的有害物质将可以使 1 平方米的土壤永远地失去了利用价值；一粒纽扣电池产生的有害物质将能够使 600 吨水受到污染，大约等于一个人一生的饮水量。

第4章　我国新型城镇化建设及其扩大居民消费需求理论研究

4.1　我国新型城镇化建设的模式分析

所谓城镇化模式，指的是一个国家或地区城镇化过程中的发展战略和资源配置方式。根据不同的划分标准，城镇化模式具有不同的类型。根据工业化与城镇化是否同步，可以将城镇化模式分为同步型城镇化模式、超前型城镇化模式和滞后型城镇化模式。同步型城镇化模式是工业发展与城镇化水平提高比较一致的模式。目前发达国家的城镇化模式基本为同步型，它们的工业化程度很高，基本处于后工业化时期或服务经济时期，城镇化水平也很高。超前型城镇化模式指的是城镇化领先于工业化的城镇化模式。约旦、厄瓜多尔与亚美尼亚等发展中国家的城镇化模式为超前型，它们的工业化程度不高，然而城镇化率却比较高。滞后型城镇化模式指的是城镇化滞后于工业化的城镇化模式。中国的城镇化模式是典型的滞后型——工业化处于中后期，然而城镇化正处于中期。

根据城镇化的规模和结构，城镇化模式可以分为小城镇模式、大城市模式、中等城市模式和大中小城市相结合模式。其中大城市指人口超过100万人的城市；中等城市的人口规模为20万~100万人；小城市的人口规模小于20万人。（1）小城镇模式是以发展小城镇为主的城镇化模式，该模式主要适用于人口较少的国家。例如，瑞士是一个城镇化和工业化高度发达的国家，人均GDP位于世界前列，但该国主要城市中，除最大城市苏黎世人口超过20

万人之外，其余各城市的人口均在 15 万人左右。（2）大城市模式是以发展大城市为主的城镇化模式。日本、英国和法国是该模式的典型代表。以日本为例，日本全国总人口约 1.2 亿人，但拥有 12 个人口超过 100 万人的大城市，其中首都东京的人口接近 1000 万人。（3）中等城市模式是主要发展中等城市的城镇化模式。德国全国总人口为 8071 万人，但人口超过 100 万人的大城市仅有 4 个，而人口为 20 万~100 万人的中等城市却达到 78 个。（4）大中小城市相结合模式是同时发展大中小城市的城镇化模式。以美国为例，美国的全国总人口约 3.18 亿人，其中，人口超过 100 万人的大城市 9 个；人口 20 万~100 万人的中等城市 89 个；人口 1 万~20 万人的小城市 2599 个。

此外，根据城镇化过程中的主导力量，可以将城镇化模式分为市场导向型城镇化模式和政府主导型城镇化模式两大类。市场导向型指的是城镇化过程中的资源配置、人口流动主要通过市场机制实现，政府主导型则正好相反。

当前，我国已取得全面建成小康社会的历史性成就，正昂首迈入实现第二个百年奋斗目标进程之中。因此，我国仍然处于经济社会转型、实现全国各族人民共同富裕以及跨越中等收入陷阱进入高收入国家的攻坚阶段。基于我国人口众多、人均自然资源匮乏且地理分布不均的客观现实，以及我国传统城镇化存在的各种问题及其负面影响，我国的新型城镇化建设必须选择经济持续健康发展、人民生活水平不断提高、城乡贫富差距不断缩小的环境友好型城镇化模式。为达成上述目标，本书认为，我国传统城镇化阶段采用的以先富带后富、以点带面的城镇化模式不再适合；新型城镇化阶段取而代之的应该是均衡的城镇化新模式。

所谓均衡的城镇化新模式，指的是在新型城镇化建设阶段，应该充分发挥市场在配置资源中的决定性作用，全面统筹大城市、城镇及农村的发展，充分发挥它们各自的功能，同时又能做到共同发展；充分协调工业化、城镇化和农业现代化，使它们相互促进、共同发展。具体来讲，新型城镇化需要增强城市的创新能力、辐射能力和可持续发展能力，把城市，尤其是北京、上海、深圳、广州、重庆、天津、成都、沈阳等大城市建设成以第三产业为主的创新型现代化城市；把广大中小城市和城镇建设成为经济高度发达、工业化和城镇化水平高的宜居城镇；把广大农村建设成为农业高度机械化和现代化、基础设施和社会事业发达的社会主义新农村。

4.2　我国新型城镇化的路径选择

为了研究新型城镇化建设对我国居民消费需求的影响，有必要在上一章分析我国传统城镇化现状和问题的基础上，首先研究我国新型城镇化的实现路径。这是由于深入研究新型城镇化建设的路径选择，将有助于从根源上理解新型城镇化与我国居民消费二者之间的内在逻辑关系，有助于深入剖析新型城镇化建设是如何对我国居民的消费需求产生影响的。因此，可以说新型城镇化建设的路径选择是手段，影响居民消费需求的要素，即消费函数是机理；我国居民消费需求的扩大是最终结果。

根据我国新型城镇化建设的模式分析的研究结论，我国的新型城镇化建设采用了均衡的城镇化新模式。该城镇化模式涉及众多内容，但从大的方面来讲，所有与新型城镇化建设有关的政策、方法或措施不外乎涉及城市、城镇以及农村三个方面。因此，本节总结出实现我国新型城镇化建设的第一条路径，即加速农业转移人口市民化，它涉及的是逐步给予在城镇和城市就业的农村剩余劳动力市民待遇；实现我国新型城镇化建设的第二条路径，即加强城镇工业化和城市现代化，它涉及的内容是新型城镇化建设如何对城镇和城市产生影响，或者说，在新型城镇化的背景下，城市和城镇如何获得进一步的发展；实现我国新型城镇化建设的第三条路径，即消除"三农"问题根源，加快新农村建设，它涉及的内容是新型城镇化建设如何促进我国农村进一步发展的问题。

4.2.1　加速农业转移人口市民化

4.2.1.1　传统城镇化阶段的户籍政策阻碍了新型城镇化建设

长期以来，我国实行的是城乡分离的二元户籍管理制度。在这种户籍管理制度下，我国居民被人为地分割为城市居民和农村居民，农村居民要转变身份成为城市居民是非常困难的。即使随着大量农村剩余劳动力涌入城镇就业，以及该户籍管理制度的固有缺陷所反映的问题越来越严重，我国的户籍管理制度仍然没有实质性的改变。

国家统计局公布的数据显示，2011 年我国的常住人口城镇化率为 51.27%，城镇人口首次超过农村人口。然而，根据中国国际城市化发展战略研究委员会的调查，我国 2011 年的非农户籍人口仅为 4.7 亿人，当年的户籍人口城镇化率仅为 34.71%，二者之间的差距高达 16.56 个百分点，其中没有城市户籍的农民工占据了二者之差的绝大部分。在我国传统城乡分离二元户籍管理制度下，大量久居城市的农民工，即使他们具有稳定的工作和持续的收入来源，在很多城市，尤其是比较发达的大中城市——如北京和上海等，由于这些城市的户籍人口能够享有较多的社会福利，因而没有当地户籍的农民工就不能与当地户籍人口一样享有当地常住居民应该具有的公共服务。与当地户籍人口相比，农民工在就业、医疗、养老、子女教育等方面面临诸多困难，因而他们虽然长期在城市生活和工作，但他们在城市没有归属感，不能很好地融入城市。

城乡分离的二元户籍管理制度导致农民工在城市没有归属感，不能很好地融入城市社会，将直接产生以下三个方面的弊端。首先，农民工容易成为城市的边缘阶层，造成社会各人群之间冲突增加、城市犯罪率上升以及社会的不和谐，与我国新型城镇化要最大限度地增加和谐因素的初衷相悖。其次，城乡分离的二元户籍管理制度不能为我国的新型城镇化建设提供充足的人力资源。我国多个省市都曾遭受过用工荒，从而表明我国的人口红利正在逐步消失。新型城镇化建设阶段，在我国人口增长减缓或负增长的背景下，各省市人力资本短缺的问题将更加严峻。然而，从整个国家人力资源配置来看，我国的农业人口仍然很多——全国 38% 的劳动力从事农业生产，比发达国家低于 10% 的比例高出很多。传统城镇化阶段，我国的人力资源远没有达到最优配置水平，其中最重要的一个原因是传统户籍制度限制了农民工的自由流动。与同工种当地户籍人口相比，农民工收入偏低，且不能享受当地很多公共福利。从另一个角度来讲，传统城镇化阶段城乡分离的二元户籍管理制度相当于对农民工流动征收了重税，导致人力资源市场的不充分竞争，降低了资源配置效率。最后，由于在城市务工的农民工仍然是农民身份，因此，他们在户籍所在地仍然拥有土地，村集体也不能将他们拥有的土地收回以便充分发挥土地的价值。我国农村地区大量土地弃耕，充分反映了我国传统城镇化阶段户籍管理制度的弊端。很显然，无论是城市农民工边缘化，还是农村土地不能得到充分利用，对我国新型城镇化建设都将产生不利影响，而它们主要是我国现行户籍政策导致的。

4.2.1.2 农业转移人口市民化可以提高新型城镇化建设的水平和质量

认识到传统城镇化阶段我国城乡分离的二元户籍管理制度存在的弊端，新型城镇化阶段我国大力加强了农业转移人口市民化，并将其作为新型城镇化建设的重要工作之一多次纳入政府工作报告之中。例如，2013 年政府工作报告提出，要加快推进户籍制度、社会管理体制和相关制度改革，有序推进农业转移人口市民化，逐步实现城镇基本公共服务覆盖常住人口，为人们自由迁徙、安居乐业创造公平的制度环境。2019 年政府工作报告提出，要抓好农业转移人口落户，推动城镇基本公共服务覆盖常住人口。2021 年政府工作报告提出，要深入推进以人为核心的新型城镇化战略，加快农业转移人口市民化，常住人口城镇化率提高到 65%。

我国新型城镇化建设的最终目的是人口的城镇化，消除农民工因没有当地城市户籍而面临的诸多不平等，共同分享改革发展的成果。当前，我国众多农民工像候鸟一样在城乡之间迁徙而成为城乡流动人口，其主要原因包括他们的家人仍然在老家农村上学、养老或务农，他们在城市没有固定的居所、不能像当地城市居民一样平等享有社会公共福利、感觉自己被当地社会排斥而没有归属感，只有回到农村老家才能感受到家的温馨等。所有这些都是城镇化质量低下的具体表现。

将久居城市的具备一定条件的农民工逐步转变为城镇居民能够提高我国新型城镇化建设的水平和质量。这是因为，首先，农业转移人口市民化可以提高我国的城镇化率。如前所述，受我国户籍政策的限制，大量农民工无法在城市平等享受就业、医疗、养老等公共福利，因此很多农民工的子女、父母及其配偶仍然在农村生活。如果把具备一定条件的农民工转变为城市市民，那么他们的家属将随迁进入城市，我国的城市人口必将快速增加，城镇化率将随之提升。其次，农业转移人口市民化可以提高我国新型城镇化建设的质量。党的十八届三中全会通过的《中共中央关于全面深化改革若干重大问题的决定》指出，必须健全体制机制，形成以工促农、以城带乡、工农互惠、城乡一体的新型工农城乡关系，让广大农民平等参与现代化进程、共同分享现代化成果。当前，大量农民工在城市工作，他们为我国的经济发展和城市现代化建设作出了巨大贡献。然而，他们却不能平等地分享发展的成果，因而，这是我国在经济快速发展过程中所表现出的极大社会不公平。新型城镇化建设通过取消或缓解因户籍限制而带来的现代化成果分配不公将可以有效促进社会和谐与共同发展，对新型城镇化建设的质量提升也是一个促进作用。

4.2.2 加强城镇工业化和城市现代化

4.2.2.1 新型城镇化与城镇工业化

将具备一定条件的进城务工农村剩余劳动力转变成为城市市民之后，他们的家属将随迁进入城市，因此需要解决他们的就业问题。新型城镇化阶段加强城镇工业化之后将可以为他们提供大量的就业机会。从我国经济发展的现状来看，由于大城市的土地、水等自然资源有限，再加上交通拥挤、环境污染等城市病比较严重，因此，再寄希望于大城市为农民工提供更多的就业机会已不太现实，而只能依靠城镇的工业化才能为进城务工人员创造足够多的就业机会。事实上，我国城镇吸纳就业的能力已经接近城市了。统计数据显示，在过去的5年中，建制镇吸纳了47%的新增城市人口，100万人以上的大城市、50万~100万人的中型城市、小于50万人的中小城市则分别吸纳了36%、8%和9%。虽然目前总体上城镇吸纳新增城镇人口的数量略微小于各类城市的总和，但考虑到我国的城镇数量众多，城镇的规模——尤其是中西部各省区城镇的规模，总体仍然偏小，以及当前城镇的工业化程度远低于城市等因素，未来吸纳农村剩余劳动力的主力仍将是城镇，手段便是城镇工业化。

根据国家统计局公布的统计数据，2022年我国的国内生产总值突破121万亿元，其中第一、第二、第三产业增加值分别为8.83万亿元、48.32万亿元和63.87万亿元，占国内生产总值的比重分别为7.3%、39.9%和52.8%。由钱纳里、库兹涅茨等专家提出的工业化阶段划分标准可知，我国的工业化已经处于中后期阶段。然而，尽管我国已经建立了完善的工业体系，我国的工业布局却存在显著的区域和城乡差异。以2008年为例，当年江苏、广东、山东、浙江和上海五个省份的工业总产值在全国的比重分别到达14.5%、13.99%、13.47%、8.73%和5.37%，然而，西藏、海南、青海、宁夏、贵州、甘肃、新疆、云南、重庆和广西十个省份工业产值的总和在全国的占比仅为 6.76% 。因此，与经济发达的东部省份相比，地域广阔、资源丰富的中西部广大地区工业化程度还很低。并且在全国工业比较落后的省份，其工业主要分布于省会城市及少数几个工业城市，地域广阔的城镇拥有的工业很少。因此，在广大城镇地区，尤其是中西部的城镇，工业化还具有很大的潜力。新型城镇化建设为城镇的工业化提供了发展契机，也能够为农村剩余劳动力提供足够多的就业机会，解决他们的就业问题。

4.2.2.2　新型城镇化与城市现代化

城市现代化是一个内容广泛的综合性概念，它涉及城市的经济、科技、环境、人口素质等各个方面（邹农俭，2007），到目前为止，学术界还没有形成统一的衡量城市现代化的指标体系。例如，姚士谋、朱英明、汤茂林等（1999）提出，城市现代化的衡量指标包括城市居民生活质量，城市社会安全，城市环境质量、建设及公众参与，城市经济（实力、结构、效益），城市对外开放程度，城市政府作用以及城市人力资本七个大的方面。每个大的方面还包含更具体的指标，如城市经济（实力、结构、效益）指标包含了人均 GDP、第三产业就业人数占总就业人员数的比重、城市经济持续增长率、城市人均固定资产投资、社会劳动生产率五个分项指标。吴永保（2001）提出的城市现代化衡量指标体系包括城市经济实力，结构、公平、效率，城市化和国际化，科技化与信息化，居民素质与生活质量，资源与环境六个一级指标，以及四十个二级指标。

如果用吴永保（2001）提出的城市现代化衡量指标体系对武汉、上海、深圳、南京、沈阳、重庆、成都和西安八个城市的现代化程度进行评价，得分最高的为深圳（87.99%），其次为上海（67.69%）；其余各城市的得分均较低，最低的为重庆，其得分仅为 48.77% 。可见我国各大城市的现代化程度总体偏低。从国际比较来看，以我国现代化程度排名第二的上海为例，与同为港口城市的鹿特丹、香港和新加坡相比，上海在经济指标、社会发展指标、知识现代化指标等方面存在明显的差距（周炳中，曹晓玲，2005）；与同为所在国经济中心城市的东京、纽约、伦敦和巴黎相比，上海现代化程度的差距依然非常明显（苏智良，2007）。总体来讲，我国城市的现代化发展潜力巨大。

基于我国各大城市的环境和资源承载能力已几乎达到了极限，因此，在新型城镇化的背景下，我国城市的现代化建设必须转变发展方式，切实提高城市现代化的水平和质量。例如，就土地资源来说，大城市空间狭小、土地资源有限，提升城市土地利用效率至关重要；与国外现代化程度较高的城市相比，我国大城市的土地利用效率偏低，每平方公里土地的经济产出与它们相比还有很大差距。提高大城市土地利用效率的具体措施包括将大城市单位面积产出效率较低的工业转移到具有充足土地资源的广大城镇地区；大力发展总部经济、金融、物流、商业等高附加值的现代服务业等。因此，新型城镇化建设与城市现代化建设是同步进行、相辅相成的：一方面，新型城镇化建设通过城镇工业化能够接纳城市现代化过程中需要转移的工业，为城市现代化建设腾出宝贵的土地、水、洁净的空气等自然资源；另一方面，城市现代化建设通过发展现代服务业能够为城镇工业化提供智力支持，保障城镇工业化的有效实施。

除了大城市，新型城镇化过程中，应加快培育中小城市，促进中小城市的现代化。根据《城市规划法》的规定，我国把市区常住人口低于 100 万人的城市划分为中小城市。来自《2013 年中国中小城市绿皮书》的数据表明，截至 2012 年，我国共有中小城市 2816 个，占城市总量的 90% 以上。因此，我国新型城镇化的巨大潜力来自中小城市。国务院于 2016 年 2 月 2 日发布的《关于深入推进新型城镇化建设的若干意见》也明确表示，在新型城镇化过程中要加快培育中小城市。

与大城市相比，我国的中小城市在城市基础设施、人口聚居以及吸纳就业等方面还存在明显的差距。例如，我国中小城市在污水处理率、生活垃圾无害化处理率、燃气普及率、集中供热等方面还有待提高或改善（刘晓丽，2011）；中小城市新增就业占全国新增就业总数的比例偏低；等等。因此，为充分发挥中小城市在新型城镇化过程中的主导作用，相关部门必须采取各项措施加快中小城市现代化的进程，以便提升中小城市的基础设施水平、促进中小城市产业优化升级以及加强中小城市吸纳就业的能力。

4.2.3 消除"三农"问题根源，加快新农村建设

4.2.3.1 创新农村土地管理制度

传统城镇化阶段，土地城镇化速度大大高于人口城镇化速度是我国城镇化建设的主要特点之一（刘永强，苏昌贵，龙花楼等，2013）。在城镇化建

设的背景下，城市道路等基础设施建设、工业化、房地产的快速发展等对土地产生了大量需求，进而导致大面积耕地及农民宅基地被低价征用，使得农民遭受巨额损失，加剧了城乡及城市内部的贫富差距。此外，基于我国人多地少的国情，大面积耕地被征用还导致我国维持十八亿亩耕地红线的最严格耕地保护工作越来越困难，给我国的粮食安全带来了严峻挑战。因此，我国的新型城镇化建设必须创新农村土地管理制度，正如党的十八大报告中所要求的那样——"依法维护农民土地承包经营权、宅基地使用权、集体收益分配权"，以及"改革征地制度，提高农民在土地增值收益中的分配比例"，才能推进我国的农业现代化建设、推进农村基础设施建设和社会事业的发展，并进一步实现我国新型城镇化建设的核心目标，即城乡一体化发展。

具体来讲，我国现行的农村土地管理制度主要存在以下缺陷。首先，农村土地产权主体界定不清晰。根据《宪法》《土地法》以及相关法律法规的规定，我国农村及城市郊区的土地，除了法律另有规定之外，属于农民集体所有。然而，农民集体不是一个法律上的组织概念，从而导致我国农村土地所有权在概念上的模糊。作为具体承包个体的农民只拥有土地的使用权，而不具有土地的产权，他们无法实现很多土地资产应该具有的价值。因此，农村土地产权主体界定不清晰导致我国城乡发展一体化难以实现。其次，我国现行农村土地管理制度导致农村土地的投入产出效率低下以及农村土地流转困难。家庭联产承包责任制是我国农村土地的一项基本管理制度，我国城镇化水平较低时，它在提高我国农民的积极主动性以及促进我国农村经济的发展等方面发挥了重要作用。然而，随着我国城镇化水平以及农业科技水平的不断提高，家庭联产承包责任制的缺陷也日益明显。每位农户经营的土地面积太少，不利于农业产业化发展并导致单位土地的投入产出低下。另外，大量农村劳动力由于举家进城务工，他们承包的土地由于缺乏与土地流转相关法律法规的支持、土地流转中介组织发育不充分，以及他们自身外出务工不稳定随时可能返回农村务农等原因而得不到充分的利用。农村土地流转困难阻碍了我国农业现代化发展，不利于我国的新型城镇化建设。最后，我国现行土地征收制度不利于保护农民的收益。据统计，2013 年我国城市新增建设用地为 800 多万亩，其中有超过一半来自农户的耕地（陈锡文，2013）。失地农民从地方政府获得的补偿偏低，然而，他们却失去了祖祖辈辈赖以生存的土地，不少农户因此缺乏稳定的收入来源。

基于我国农村土地管理制度存在上述不足，我国在新型城镇化建设过程中必须在农村土地产权确认、土地流转以及土地征用等方面进行制度创新，进一步保障农民的利益。只有这样才能够进一步缩小城乡发展差距，让广大农户更加平等地分享改革发展的成果，从而扩大他们的消费需求。

4.2.3.2 加快推进农业现代化

人多地少是我国的基本国情。然而，新中国成立后，尤其是自改革开放以来，我国的农业发展取得了举世瞩目的成就。以2023年为例，我国当年的粮食产量达到了13908亿斤，再创历史新高——以占全世界9%左右的耕地面积却生产了世界25%的粮食，解决了全球接近20%人口的吃饭问题。当前，我国三大主要粮食品种（玉米、小麦和水稻）的自给率均达到98%以上，人均粮食占有量达到了450公斤，高于全球各国的平均水平。我国除了粮食总产量世界第一之外，蔬菜、禽蛋、肉类和水产品等的产量也位居世界第一。此外，我国的水果、油料、棉花、食糖、牛奶等的产量也位居世界前列。

尽管如此，在新型城镇化过程中，除了创新农村土地管理制度，努力解决农村土地产权不清晰、土地流转困难等问题之外，我国的新型城镇化建设必须加快推进农业现代化建设。当前，与发达国家相比，我国农业的现代化程度还比较低，具有较大的发展空间。具体表现在以下几个方面：

（1）我国从事农业生产的人口众多，人均粮食产出较低，农民人均纯收入与城镇居民家庭人均收入的差距巨大。来自国家统计局的数据表明，1995年我国的农业人口为35530万人，2011年降低到26594万人。新型城镇化建设阶段，随着经济的发展，产业结构加速调整，虽然农业人口进一步减少了，但与发达国家相比，我国的农业人口占比仍然偏高。2022年，我国仍然有49104万乡村人口，占人口总量的34.78%。因此，尽管我国的粮食总产量巨大，但由于农业人口数量众多，因而农业人口人均粮食产出依旧较低，与美国、加拿大等农业发达国家相比差距明显。与此同时，我国农民的人均可支配收入与城镇居民的人均可支配收入之间的差距也很大，前者通常不到后者的一半。

（2）我国农业生产的集约化经营程度较低。我国的耕地面积约占全世界耕地总面积的9%，然而，截至2022年，我国的城镇化水平才达到65.22%，仍然有34.78%的人口（49104万人）居住在乡村，导致我国人均耕地面积较少，不能由集约化经营而产生规模效应。

我国不仅人均耕地面积较少，而且农业的规模化经营程度也较低。如果以农业劳动力人均耕地面积除以人均可耕地面积所得的商作为农业规模化经营程度的评价指标，则美国、德国、加拿大、英国、澳大利亚、法国、日本、意大利、韩国、巴西、南非、中国、泰国和印度尼西亚的农业规模化经营程度分别为117.92、105.33、97.31、124.00、46.37、99.64、83.33、69.09、36.67、15.94、38.62、4.44、3.64和5.00。发达国家的农业规模化经营程度指数普遍超过40，美国、德国和英国则高达100以上；我国则仅为4.44，与泰国和印度尼西亚相当，不仅与发达国家有相当大的差距，即使与同为金砖国家的巴西和南非相比，差距也非常明显。

人均耕地面积少以及农业规模化经营程度低，导致我国农业人口的产出处于较低水平。我国农业劳均增加值不仅大大低于美国、德国、加拿大、澳大利亚等发达国家（仅为它们的1%~2%），也落后于巴西和南非（约为它们的13%），而且还低于泰国和印度尼西亚。然而，鉴于我国已经成为世界第一制造业大国，我国的制造业劳均增加值尽管与发达国家相比仍然有差距，但与农业劳均增加值相比，差距明显缩小（约为发达国家的30%~70%），并且我国的制造业劳均增加值不仅超过了泰国和印度，也明显高于巴西和南非，分别为二者的2.64倍和1.8倍。因此，上述数据表明，我国人均耕地面积少以及农业规模化经营程度低是导致我国城乡收入差距的一个重要原因。

（3）我国农业的机械化程度较低。在农业生产过程中广泛使用各类农业机械是发达国家农业现代化程度高度发达的重要标志之一。农业机械化不仅可以降低农民的劳动强度，而且可以降低从事农业生产的人数、提高农业生产的产出效率以及保障农业生产的条件。为了提高我国粮食产量保障粮食安全以及改善农业生产条件，自2004年以来，我国政府实施了农机具购置补贴政策，自此，我国农业的机械化程度有了较大幅度的提升。

然而，从国际比较来看，我国农业生产的机械化程度不仅与美国、加拿大和澳大利亚等人均耕地面积较多的国家相差较大，即使与同为人多地少的韩国和日本相比，我国农业生产的机械化程度也有待提高。例如，2007年，韩国和日本每千公顷耕地拥有的拖拉机台数分别为153台和434台，我国则仅有19台（郭熙保，2013）。

（4）我国农业的信息化程度尚处于较低水平。在全球各国各领域信息化大潮的推动下，农业信息化是实现我国农业现代化的重要途径。党和政府早已深刻认识到信息化对提升我国农业现代化水平的巨大推动作用——自2005年以来，中央一号文件连续多年强调要加强我国农业的信息化建设，并且取得了较好的成果。然而，尽管我国近些年来农业信息化建设取得了一定的成就，但与农业信息化程度高度发达的国家相比，我国农业的信息化水平仍然较低，这不仅体现在信息化基础设施建设上，更重要的是体现在对信息技术的利用及其相关人才的建设上。以美国为例，美国农村地区信息化建设水平远高于我国，农民不仅基本普及了电脑，而且他们普遍使用电脑来管理农场事务，通过互联网购买种子、化肥、农药等生产资料，利用网络销售农产品；我国农民通过互联网获得农业技术等信息比重不到20%，利用网站购买生产资料和销售农产品的不足10%（陈威，杨立新，2013）。

综上所述，我国农业的现代化水平仍较低。因此，为降低直至消除城乡差距，保障我国新型城镇化过程中的粮食安全，必须大力加强我国的农业现代化建设。

4.2.3.3 加快推进农村基础设施建设

国内外大量研究均证明，良好的基础设施对城乡经济发展和居民收入提升具有重大推动作用（骆永民，樊丽明，2012）。我国的基础设施投资长期以来以城镇为主，因此诸如北京、上海、广州、深圳等城市的基础设施已经比较完善，对这些城市的经济持续快速发展作出了巨大贡献。但对于广大农村地区来说，由于长期基础设施投入不足，导致农村地区交通、水利、能源和环保等基础设施远远落后于城镇地区。交通基础设施建设方面，截至2022年，我国的公路里程达到了535.48万公里，其中高速等级公路、一级等级公路和二级等级公路里程分别为17.73万公里、13.48万公里和43.16万公里，高速等级公路里程居世界第一位。然而，这些高等级公路基本是各主要城市间互通互联的道路，对于广大农村地区来讲，尽管除了西藏、内蒙古等个别自然环境极度恶劣的地区之外，基本实现了公路村村通，但公路质量总体较差，仍然包含了 19.24 万公里的等外公路。很多农村公路在雨季或冬季，道路泥泞湿滑，机动车难以通行，给当地居民外出和经济发展造成严重负面影响。在我国农村地区，做饭、取暖使用天然气、沼气等清洁能源的仍然偏少，大多还是使用柴火、煤炭等，不仅破坏森林资源，而且还污染环境。

4.2.3.4　加快推进农村社会事业发展

社会事业包括教育事业、文化事业、劳动就业、医疗卫生、社会保障、人口与计划生育事业、旅游事业、科技事业、社区建设、体育事业十个方面。我国的新农村建设首先应重点发展前五项社会事业。当前，我国广大农村地区的社会事业还比较落后。农村基础教育无论在硬件还是软件方面都与城镇具有较大差距。文化事业方面，我国农村地区的图书馆、博物馆、市民活动中心等设施还相当缺乏，农民在农闲时主要以看电视、打牌打发时间。医疗卫生事业方面，尽管近几年来我国城乡间差距不断缩小，但从绝对数量来看，城乡间仍然具有较大差距。劳动就业方面，尽管有大量农村剩余劳动力进入城镇就业，但我国农村人口仍然偏多，一些劳动力并未处于充分就业状态：农忙季节他们从事农业生产，农闲季节则没有其他工作可做。即使对于外出务工的农民工，他们中经过培训、掌握一技之长的比例也较低，因此在城镇只能从事没有技术含量、工资相对较低、工作环境较差的工作。社会保障事业方面，以养老保险为例，我国农村居民参加社会养老保险的比例仍然偏低。因此，新农村建设必须大力加强农村地区的教育文化事业，提高外出农民工的就业技能，努力提高农民的就业水平，促进农村地区医疗卫生事业发展以及切实提高广大农民的社会保障水平。

4.3　新时代我国新型城镇化的新选择：县城城镇化

2020 年以来，我国人口流动和城镇化进程呈现新趋势，县城城镇化是推进新型城镇化建设的重要方式。推进以县城为重要载体的城镇化建设，是推动乡村振兴、发挥县城辐射带动作用、扩大内需和促进共同富裕的重要途径。中国当前由中心城市、城市群和小城镇构成的城镇化体系格局无法适应城镇化新趋势，是推进以县城为重要载体的城镇化的现实需求。推进县城城镇化也是实现第4.1节提出的均衡城镇化的重要手段。

基于县域资源禀赋，发挥地方比较优势，是分类推进县城城镇化的理论基础。本节分别以昆山、晋江、寿光、安吉、曹县作为典型案例，总结了大城市周边县城、专业功能县城、农产品主产区县城、生态功能区县城、人口流失县城分类推进县城城镇化的战略选择，提炼出不同类型县城基于比较优势的发展模式。本节内容阐释了分类推进县城城镇化的理论基础，为其他县域明确功能类型定位和选择发展战略提供了经验参考，从而能够有力促进我国新型城镇化的发展。

4.3.1　人口流动新趋势助推县城城镇化

推进新型城镇化建设，是立足新发展阶段、贯彻新发展理念、构建新发展格局的重要抓手，也是推动经济高质量发展的重要途径。我国城镇化建设出现新动向。当前，中国人口流动变化呈现新趋势，中国坚持以人为核心推进新型城镇化，其中，尊重县城发展规律，推进以县城为重要载体的城镇化，是中国新型城镇化建设的重要内容。

推进新型城镇化建设，需要尊重人口流动趋势变动规律。根据第七次全国人口普查数据，2020年全国农村人口总流出数量是2.86亿人，其中，从乡村到城市的流动人口约为2.72亿人。尽管大城市依然是人口集聚的主要场域，但从城镇化距离的视角，人口就近城镇化成为一种重要的趋势。在空间意义上，城镇化即从农村人口流向城市，可将城镇化分为跨省的异地城镇化和省内的就近城镇化。依据人口流动数据，在乡城流动人口中，远距离的跨省流动人口占总乡城流动人口的比重从2010年的41.40%下降到2020年的30.18%；相应地，省内乡城流动人口占总乡城流动人口的比重从2010年的58.60%提高到2020年的69.82%。进一步地，将省内城镇化分为省内县外城镇化和省内县内城镇化。乡城人口流动数据表明，省内县外城镇化比重从2010年的31.98%下降至2020年的30.15%；省内县内城镇化从2010年的26.62%上升至2020年的39.67%。上述数据表达出城镇化进程中两个明显的变动趋势：一是远距离的跨省城镇化降低，省内城镇化比重提升；二是县域城镇化是省内城镇化的重要方式。

上述城镇化进程的变化趋势与经济社会发展息息相关。在城镇化进程初期，就业机会主要集中在大城市和少数城市群，人们为了获得更好的就业选择了远距离城镇化。随着经济社会发展和城市、产业的空间格局重塑，大城市生活成本上升，中小城市的基本公共服务、市政建设和就业机会得到提升，进而有更多的人选择就近城镇化。在乡村振兴背景下，推进以县城为重要载体的城镇化建设，发挥县城的辐射带动作用，成为顺势而为的战略选择。

中国有 1000 多个县城，县城类型丰富，发展模式差异巨大，分类推进县城城镇化是符合比较优势的因地制宜的新型城镇化建设策略。2022 年 5 月，中共中央办公厅、国务院办公厅印发《关于推进以县城为重要载体的城镇化建设的意见》（以下简称《意见》），提出科学把握功能定位，分类引导县城发展方向。根据县城资源禀赋以及发展战略对县城的功能定位，《意见》将县城分为五类，分别是大城市周边县城、专业功能县城、农产品主产区县城、生态功能区县城、人口流失县城。对于每一类县城，《意见》的指导性发展方向分别是：对于大城市周边县城，积极融入邻近大城市建设发展，主动承接人口、产业、功能、区域性物流基地、专业市场、过度集中的公共服务资源疏解转移；对于专业功能县城，发挥专业特长，培育发展特色经济和支柱产业；对于农产品主产区县城，要集聚发展农村二三产业，延长农业产业链条；对于生态功能区县城，要逐步有序承接生态地区超载人口转移，发展适宜产业和清洁能源，为保护修复生态环境、筑牢生态安全屏障提供支撑；对于人口流失县城，要严控城镇建设用地增量、盘活存量，有序引导人口向邻近的经济发展优势区域转移，培育接续替代产业。

在中国县城城镇化的生动实践中，涌现出一大批基于自身资源禀赋发挥比较优势进行发展的县城城镇化范例。这些成功经验为中国推进新型城镇化提供了丰富的案例资源，也为分类推进县城城镇化提供了示范性模式。构建分类推进县城城镇化的基础理论，提炼不同类型县城城镇化的典型模式，是进一步分类推进县城城镇化的重要议题。本小节在梳理中国城镇化格局的基础上，分析了分类推进县城城镇化的理论逻辑，并从典型案例中总结提炼具有一般性和示范意义的经验。

4.3.2 人口流动视角下推进县城城镇化的历史背景

1949 年，中国人口总量为 5.41 亿人，乡村人口达到 4.84 亿人，城镇化率仅为 10.64%。在新中国工作重心由农村转向城市的背景下，中国城镇化水平快速提升，迎来新中国成立后第一个高潮，1960 年达到 19.75%，年均增长近 1 个百分点。特别是"一五"时期中国建设了 156 项重点工程，大量农村人口流向城市，职工人数由 1952 年的 1603 万人增加到 1957 年的 3101万人，极大地推动了中国城市化发展（段成荣，孙玉晶，2006）。在此阶段，中国一方面实施人口自由迁徙政策，如 1954 年宪法规定公民具有迁徙自由，1955 年制定《关于设置市、镇建制的决定》，1956 年国务院下发《关于各企业、事业单位增加新职工招收手续的通知》，将劳动力管理权下放当地劳动部门，企事业单位招收新职工无须再经主管部门或上一级劳动部门审批（宋士云等，2021）；另一方面有计划组织人口迁徙，如"一五"时期东北三省重点工程较集中，人口净流入达到了 243.1 万人（于潇，2006）。

随着大量乡村人口涌入，城市基础设施、就业与生活供应等面临巨大压力，农业生产也出现严重劳动力短缺（杨黎源，2007）。为克服工农业比例失调、控制城市人口膨胀，1961 年国家出台《关于减少城镇人口和压缩城镇粮销售的九条办法》，规定三年内减少 2000 万以上城镇人口；1963 年中共中央、国务院发布《关于调整市镇建制、缩小城市郊区的指示》，提高了建制镇标准，撤销了不符合标准的建制镇、市；1964 年公安部发布《关于户口迁移政策的规定》，严格控制乡村人口迁入城市（康春鹏，2013）。上述政策导致中国第一次出现"逆城市化"现象，1961 年的城镇化水平在 1960 年的基础上下降 0.46 个百分点。此后直到 1977 年，除个别年份外，中国的城镇化水平一直低于 18%。这一阶段中国城镇化的另一特点是，国家严格控制人口流向大城市。1962 年，公安部发布的《关于加强户口管理工作的意见》规定，对迁往北京、上海、天津、武汉、广州等城市的人口实行特别控制；1977 年发布的《关于处理户口迁移的规定》再次对人口迁往北京、天津、上海进行严格控制（陆继霞，汪东升，吴丽娟，2019）。

1978 年中国农村实行家庭联产承包责任制试点并于 1983 年推向全国，在此期间尽管试点地区的农业生产效率大幅提升，但就全国而言，农村地区并未出现大量剩余劳动力，外出农民工不足 200 万人（李俊，2011），中国仍然延续严格限制农村人口流向城市的政策。然而，1984 年后，随着家庭联产承包责任制在全国推广，大量农民从土地中解放成为剩余劳动力。与此同时，改革开放后各地乡镇企业快速发展，为农村剩余劳动力提供了就业机会。在供需两侧作用下，中国放松了人口流动限制，国务院于 1984 年发布《关于农民进入集镇落户工作的通知》，允许农民落户城镇；根据《北京市国营企业使用农民合同制工人管理办法（试行）》，甚至北京也放宽了农民流入限制（尹德挺，黄匡时，2008）。

实施流动人口开放政策后，农村剩余劳动力大多在附近乡镇非农产业就业，以"离土不离乡"的就地转移为主，中国走出了一条具有自身特色的农村剩余劳动力转移之路（何朝银，2006）。较为宽松的政策导致流动人口快速增加，1987 年全国流动人口达到 2479 万人（段成荣等，2008），当年中国城镇化水平也上升到 25.32%。然而，1988 年后，跨省流动人口大量增加，且主要流向广东、上海、北京以及东南沿海等省份，给当地基础设施、城市管理和就业带来极大压力。例如，1989 年珠三角地区迎来第一次民工潮，"人多、工厂少、工作难找"成为民工们的切身感受。为控制农村剩余劳动力跨省流动，1989 年我国相关部门下发了《关于严格控制民工外出的紧急通知》《关于进一步做好控制民工盲目外流的通知》两个文件；1991 年进一步发布了《关于劝阻民工盲目去广东的通知》。上述文件的发布标志着中国流动人口政策由开放转向管制。1989～1991 年中国城镇化水平年均提升 0.38 个百分点，远低于 1984～1988 年年均提升 0.84 个百分点的水平。

1992 年中国进一步扩大对外开放并确立了社会主义市场经济体制目标。建设社会主义市场经济要求市场在资源配置中起决定性作用，中国流动人口政策也由管制逐步转变为引导和鼓励（辜胜阻，成德宁，1998）。例如，1995 年中共中央发布的《中央社会治安综合治理委员会关于加强流动人口管理工作的意见》确立了管理农村剩余劳动力转移的指导思想；为配合《关于加强小城镇建设的意见》等政策的有效实施，1997 年公安部发布《小城镇户籍管理制度改革试点方案》，鼓励农村剩余劳动力向小城镇非农产业转移（王小章，冯婷，2018）。在宏观经济快速发展与流动人口政策松动双重作用

下，中国流动人口快速增加，1995 年达到 7073 万人，2000 年进一步增长到
1.2 亿人（李玲，2001）。1992~2002 年，在大量乡村人口流向城镇的驱动
下，中国城镇化发展迎来了新中国成立后的第二个高潮，城镇化率年均提升
1.4 个百分点（仇保兴，2003）。然而，该时期人口流动主要以"离土又离
乡"的易地转移为主，且大多流向珠三角、长三角，导致中国城镇化发展不
平衡加剧。

2003 年党的十六大提出"走中国特色城镇道路"以及"农村富余劳动力
向非农产业和城镇转移，是工业化和现代化的必然趋势"，标志着中国进一
步鼓励、引导农业转移人口流入城镇，并为此制定了《关于做好农民进城务
工就业管理和服务工作的通知》《关于解决农民工问题的若干意见》《关于进
一步加强流动人口服务和管理工作的意见》等配套政策。由此看出，政府政
策从管控农业转移人口流动转向了服务（陈咏媛，2019）。2012 年党的十八
大提出"坚持走中国特色新型工业化、信息化、城镇化、农业现代化道路"，
"有序推进农业转移人口市民化"。2014 年国务院印发的《关于进一步推进户
籍制度改革的意见》让更多农民成为市民，为中国建设以人为核心的新型城
镇化奠定了基础（宁夏，叶敬忠，2016）。同年 3 月，政府工作报告提出新
型城镇化建设的"三个 1 亿人"目标；11 月，中共中央、国务院印发《国家
新型城镇化规划（2014－2020 年）》，进一步提出要"有序推进农业转移人
口市民化"。

人口流动视角下，深入研究中国不同历史时期的人口流动特征、政策及
其对城镇化的影响，为当前中国分类推进县城城镇化提供两点经验参考。

（1）县城城镇化模式选择必须适配人口流动规模与方向。城镇化与人口
流动密切相关。新中国走过 70 多年城镇化之路，1978 年之前主要由"自上
而下"推动，具有较强政府强制性；之后主要由"自下而上"推动，具有较
强市场自发性，政府则主要发挥引导、管理职能。无论城镇化动力来自政府
还是市场，城镇化都必须与人口流动匹配。例如，中国有计划地将人口迁入
辽宁省后，该省"一五"时期的城镇化水平提高了 8.56 个百分点；城镇化
水平快速提升产生的资源要素聚集效应，使得辽宁省"一五"时期成为我国
重要的重工业基地。该时期辽宁省选择工业化推动城镇化，一方面是由于辽
宁省此时城镇化水平较低，城镇化亟须人口流入；另一方面辽宁省靠近苏联，

工业化走在我国前列。因此，"一五"时期辽宁省大量人口流入与工业化城镇化模式相协调。与此相反，1953 年我国有县级区划 2786 个，但有些县级区划人口较少且没有人口流入，无法发挥县级行政区的经济功能而不得不撤销，1957 年县级区划数量降为 2664 个；1960 年进一步减少到 2099 个。当前，我国 1800 余个县城中，有的吸纳流动人口的能力较强，有的则成为人口净流失县，县城城镇化应采取差异化模式。

（2）县城城镇化模式选择必须适配当地社会经济状况。1949 年以来，中国历经新中国成立后 10 年与 1992 年邓小平南方谈话后 10 年两次城镇化高潮，这两个阶段也是中国社会经济高速发展时期，城镇化与社会经济发展实现良性互动。然而，1989 年过量人口流入珠三角不仅给当地社会经济带来极大压力，就业形势也较为严峻。中国的县城可分为大城市周边县城、专业功能县城、农产品主产区县城、重点生态功能区县城、人口流失县五类，资源禀赋不同、竞争优势各异造成它们社会经济发展存在较大差距，县城城镇化应基于各类县城的社会经济状况，充分发挥各自优势。

4.3.3　新型城镇化背景下中国城镇化的体系格局

1992 年中国的城镇化率仅为 27.64%。经过近 30 年的快速发展，2020 年达到了 63.89%，年均提升超过 1 个百分点，初步形成包括中心城市、城市群以及小城镇在内的点线面城镇化体系格局。

4.3.3.1　中心城市

中国城市的行政级别可分为直辖市、副省级城市、省会城市及普通地级市四个层次。中心城市指的是前三个级别，包括 10 个超大城市、15 个特大城市、6 个 I 型大城市、4 个 II 型大城市、1 个中等城市。2020 年中心城市的人口总量达到 3.74 亿人，占全国总人口的 26.62%。

中心城市的城镇化水平明显高于全国平均水平。以 2020 年为例，36 个中心城市的城镇化率如表 4-1 所示。从表 4-1 可以得出，19 个中心城市的城镇化率超过 80%；深圳与乌鲁木齐两个城市的城镇化率则超过 90%。所有中心城市 2020 年的平均城镇化率达到 80.83%，同期全国平均水平仅为 63.89%，前者高出后者 16.94 个百分点。

表4-1			36个中心城市2020年的城镇化率			单位：%	
城市	城镇化率	城市	城镇化率	城市	城镇化率	城市	城镇化率
深圳	99.83	沈阳	84.56	贵阳	80.13	青岛	76.26
乌鲁木齐	90.30	武汉	84.27	昆明	79.67	济南	73.48
厦门	89.38	杭州	83.29	西安	79.17	福州	72.48
上海	89.31	兰州	83.07	呼和浩特	79.13	哈尔滨	70.63
太原	88.72	长沙	82.60	成都	78.76	石家庄	70.20
北京	87.53	大连	82.42	西宁	78.54	拉萨	70.11
南京	86.80	合肥	82.28	郑州	78.29	重庆	69.46
广州	86.18	海口	81.66	宁波	78.03	南宁	68.91
天津	84.64	银川	80.42	南昌	77.96	长春	65.93

资料来源：《中国城市统计年鉴（2021）》。

中心城市不仅人口规模大、城镇化水平高，也是主要的人口流入地。根据各中心城市2021年统计年鉴数据，2020年深圳与上海的净流入人口分别达到1178.7万人、1009万人；广州与北京则分别为888.9万人、788.2万人。2020年净流入人口超过300万人的中心城市还有成都、杭州、郑州、武汉、宁波与西安6个；净流入人口介于200万～300万人的中心城市有天津、长沙、昆明、厦门、南京5个；净流入人口超过100万人、不足200万人的中心城市有青岛、合肥、贵阳、大连、沈阳、福州、济南7个。

中心城市人口众多导致人口资源与环境的矛盾日益突出。以水资源为例，2020年我国人均水资源量为2239.8立方米。36个中心城市中，人均水资源量超过全国平均水平的只有拉萨与重庆2个城市；其余中心城市的人均水资源量均远低于全国平均水平。例如，沈阳、乌鲁木齐、呼和浩特、济南、上海、青岛与西安的人均水资源量均低于300立方米；北京、太原、兰州、厦门、深圳与天津的人均水资源量仅为100立方米左右；郑州与银川则分别仅为68.08立方米、39.76立方米。水资源不足造成多个中心城市用水强度接近或超过100%，如表4-2所示。此外，由于城市规模与居民效用呈倒"U"型关系（Henderson，1974），我国部分中心城市已经超出其最优规模，造成居民实际收入下降，社会福利受损（Au & Henderson，2006；Zhang et al.，2016）。

表 4-2   部分中心城市水资源情况

城市	水资源总量 （亿立方米）	用水总量 （亿立方米）	用水强度 （％）	城市	水资源总量 （亿立方米）	用水总量 （亿立方米）	用水强度 （％）
银川	1.137	10.921	961	太原	7.2	8.1	114
郑州	5.9812	20.7365	241	呼和浩特	9.4	10.1	107
兰州	4.6	10.0	216	沈阳	27	26.21	97.07
天津	13.3	27.8	209	深圳	22.09	20.65	93.5
石家庄	16.66	28.4227	171	乌鲁木齐	11.1	10	90
北京	25.78	40.6	157	南京	41.5	36.1	86.99
厦门	5.453	6.9724	127.86	济南	23.6	20.1	85.17
上海	58.57	72.62	124	广州	73.6	59.9	81.4

资料来源：各城市 2020 年水资源统计公报。

为应对资源短缺、缓解环境压力，中心城市纷纷撤县设区，扩大城市边界。例如，广州 2000 年将番禺、花都撤县设区，2014 年又将增城、从化撤县设区；北京 2015 年撤销密云县、延庆县，设密云区、延庆区；上海 2016 年撤销崇明县，设崇明区；杭州 2014 年和 2017 年分别将富阳、临安撤县设区。此外，重庆、成都、青岛、济南、西安、沈阳、大连、昆明等中心城市最近几年也将部分周边县设为市辖区。撤县设区虽然拓展了中心城市发展空间，但在促进区域协调发展、人口城镇化等方面作用有限，反而可能加剧中心城市对周边资源、人口的虹吸效应，造成资源利用效率降低并带来大城市新的治理难题（Castells - Quintana，2017；Chen & Zhou，2017）。为严控包括中心城市在内的大城市盲目扩张，2022 年 3 月国家发展改革委发布《2022 年新型城镇化和城乡融合发展重点任务》，指出要"慎重从严把握撤县（市）改区，严控省会城市规模扩张"。因此，中心城市资源环境约束趋紧、人口压力较大且城镇化水平较高的特点决定了它们无法再次成为人口城镇化的重点。中国在《国家新型城镇化规划（2014 - 2020 年)》中也明确要求"严格控制城区人口 500 万人以上的特大城市人口规模"。

4.3.3.2 城市群

城市群是中国城镇化体系格局的重要组成。截至目前，被国务院批复的城市群发展规划共有长江中游城市群、长江三角洲城市群等 9 个。未被国务院批复的城市群发展规划主要包括粤港澳大湾区、京津冀城市群等5个。

城市群是中国城镇化的主体形态之一。上述14个城市群涉及中国西部、东北、中部、东部地区四大板块，除台湾、西藏、新疆、云南、贵州5省份之外，其余29省份均被纳入其中。从城市数量看，14个城市群共包含210个城市，占除台湾地区之外中国城市总量的72.92%。从国土面积看，以上城市群总面积达到247.37万平方千米，占中国陆地面积的25.8%。从经济规模看，仅长江三角洲城市群、粤港澳大湾区、京津冀城市群、长江中游城市群4个城市群2020年的地区生产总值就达到53.96万亿元，占中国当年国内生产总值的53.24%。从人口总量看，2020年长江三角洲城市群的常住人口为2.35亿人；中原城市群、成渝城市群、长江中游城市群以及京津冀城市群的常住人口均超过1亿人。

与中心城市相比，城市群人口资源与环境的矛盾有所缓解，但城市群内部仍然存在发展不平衡程度较大、一体化程度偏低等问题。以长江三角洲城市群为例，它共包含27个城市，其中上海、苏州与杭州3个城市2020年的常住人口均超过1000万人，然而，舟山、铜陵与池州3个城市分别仅为115.78万人、131.17万人和134.28万人；城市群2020年的城镇化率为75.01%，其中上海、南京、杭州、无锡、合肥与苏州的城镇化率均高于80%，但台州、滁州与宣城3个城市的城镇化率仅略微高于60%，池州与安庆2个城市甚至低于60%，台州等5个城市的城镇化水平均低于全国平均水平。从城镇化的空间分布来看，上海至南京沿线城市的城镇化水平显著高于其他地区。长江三角洲城市群内部的经济发展水平也存在较大差异。2020年，城市群内27个城市中地区生产总值超过1万亿元的有8个，其中上海与苏州分别超过3万亿元和2万亿元；同年池州与铜陵分别仅为868.9亿元和1003.7亿元，上海的经济总量是池州的44.5倍。人均产出方面，无锡2020年的人均地区生产总值达到16.59万元，南京、苏州与上海均超过15万元，但排名靠后的安庆、宣城、池州、金华、温州分别仅为5.87万元、6.43万元、6.48万元、6.73万元和7.18万元，均低于全国平均水平。

县城城镇化水平偏低且城市间差距较大是造成城市群内部发展不平衡的主要原因。在城市内部，与市辖区相比，县城在资源、政策等方面均处于劣势，造成人口主要向市辖区集聚。例如，安庆市2020年的城镇化率为

55.52%，其中市辖区的城镇化率均超过 80%，但太湖县、宿松县、望江县、岳西县 4 县的城镇化率分别仅为 41%、40.04%、34.67% 和 38.36%。此外，城市级别不同导致城市群内部各城市获取发展的机会也存在较大差异，不同城市的县城城镇化水平差异明显。例如，2021 年杭州市桐庐县、建德市、淳安县的城镇化率分别为 70.9%、53.2% 和 48.6%，明显高于安庆市各县城镇化水平。从城市群内部城镇化水平较低区县的空间分布来看，它们大多位于城市群周边或中心城市之间。

基于人口、经济等方面的分析表明，城市群在中国城镇化体系格局中具有重要地位，但城市群内部各城市之间以及城市市辖区与县域之间仍然存在显著的发展不平衡。与发达国家主要城市群相比，中国城市群的区域面积较大、人口聚集度偏低。例如，日本太平洋沿岸城市群面积仅为 3.5 万平方千米，却聚集了日本 60% 以上人口。与之相比，中国城市群的城镇化水平还有提升空间。但从资源环境承载能力、实现区域协调发展战略目标等方面看，由于县城主要位于市辖区周边或各城市市辖区之间，且它们的土地、水资源等较为丰富，因此，县城是城市群内部城镇化的重点区域。

4.3.3.3 小城镇

自 1978 年城镇化快速发展以来，中国一直将发展小城镇置于重要地位。1978 年 3 月召开的城市工作会议指出，"要控制大城市规模，多搞小城镇"。1979 年中共中央发布《关于加快农业发展若干问题的决定》，明确指出"要有计划地发展小城镇建设"。1984 年民政部发布《关于调整建镇标准的报告》，中国小城镇数量由上一年的 2968 个增加到 7186 个。"七五"计划（1986~1990 年）的建议进一步提出要"重点发展城镇"，计划执行的第一年小城镇数量首次破万，达到 10718 个。"八五"计划期间（1991~1995年），随着乡镇企业的蓬勃发展以及中国"进一步推进小城镇建设进程"，小城镇数量快速增加，1995 年增加到 17532 个。此后，中国小城镇数量缓慢增长，2013 年首次突破 2 万个，2020 年为 21157 个。其间中国出台多个促进小城镇发展的指导性文件，如 2000 年中共中央、国务院发布《关于促进小城镇健康发展的若干意见》，表明中国将促进小城镇发展提升到新的战略高度。

历经多年发展，中国小城镇建设取得显著成效。2020 年中国 21157 个小城镇共有常住人口 3.25 亿人，占全国总人口的 23.02% 以及城镇人口总量的 36.02%。第六次全国人口普查数据表明，人口规模排名前 20 的小城镇，常住人口均超过 40 万人，达到 I 型小城市标准；其中有 7 个小城镇的常住人口高于 50 万人，属于中等城市的人口规模。中国小城镇形成了"苏南模式""温州模式""珠江三角洲模式""阜阳模式"等典型发展模式（吴康，方创琳，2009）。从空间分布看，中国所有省级行政区均具有上百个小城镇，且它们在四大板块的分布比城市分布更均衡。基于小城镇的人口规模、数量、空间分布，它们是推进中国新型城镇化和城乡融合发展的重要载体之一。

然而，中国不同类型小城镇的分布存在显著空间差异。研究显示，93.4% 的小城镇分布于"胡焕庸线"东南一侧（唐永等，2022），但人口超过 20 万人的大型小城镇主要分布于珠江三角洲和长江三角洲。根据第六次全国人口普查结果，中国共有 105 个常住人口超过 20 万人的大型小城镇，其中广东、江苏、上海和浙江分别有 33 个、26 个、15 个和 10 个。综合竞争力较强的小城镇同样具有明显空间聚集性。根据北京中新城市规划设计研究院、竞争力智库等机构共同发布的《中国乡镇综合竞争力报告 2020》，中部、西部地区的百强镇分别仅有 3 个和 1 个，东北地区则没有小城镇进入百强镇榜单，其余百强镇全部来自江苏、广东、浙江、山东、福建、河北六省，而江苏、广东分别有 36 个和 32 个，占比接近 70%，且排名前 16 位的百强镇均来自江苏、广东两省。

除了东南沿海经济发达地区人口规模较大、竞争力较强的小城镇之外，由于长期城乡二元分割，中国大多小城镇存在规模偏小、规划滞后、产业链不健全、优质教育医疗文化等公共资源稀缺等问题，导致小城镇人口吸引力呈下降趋势。统计数据表明，流向小城镇的农民工占比由 2009 年的 13.8% 下降到 2011 年的 8.9%（石忆邵，2015）。小城镇作为城乡联结且更接近乡村，信息传递链条长，容易导致信息扭曲，产生小城镇治理中的"长鞭效应"，主要表现为政府失灵与市场失灵并存、冗余资产过剩与优质资产不足等（唐任伍，2021）。

2020 年，中国仍然有 5 亿多乡村人口。"十四五"时期，中国要"强化以工补农、以城带乡，推动形成工农互促、城乡互补、协调发展、共同繁荣的新型工农城乡关系"。在以人为本的新型城镇化阶段，就近城镇化仍是中国城镇化的重要措施之一，小城镇将在构建新型城乡关系、促进区域协调发展方面发挥重要作用。然而，尽管数量众多的小城镇广泛分布于中国各省市，但基础设施相对完善、人口承载能力较强的小城镇主要集中于东南沿海少数省市，中西部大多小城镇规模偏小、配套设施不足、产业承载能力弱、人口吸引力较低，无法作为城市与乡村联结的主要中介。

上述分析表明，中心城市、城市群、小城镇在中国新型城镇化过程中仍将发挥重要作用，但它们现阶段都面临一些发展中的问题。县城城镇化能够一定程度上缓解这些问题。首先，随着基础设施逐步完善，特别是全世界最大高速公路网、高速铁路网的建成，资源丰富的中心城市周边县城可以有效承接其人口、产业转移，缓解中心城市人口资源环境矛盾。其次，鉴于县城城镇化水平偏低且城市间差距较大是造成城市群内部发展不平衡的主要原因，提升城市群内部的县城城镇化水平，促进县城经济发展，有助于缓解城市群内部发展不平衡。最后，县城人口承载和吸纳能力强于城镇，县城城镇化有利于庞大乡村人口就地城镇化。例如，2011年，流向县级市的外出农民工占比达到23.7%，高于直辖市、省会城市与小城镇，比2009年高5.2个百分点（石忆邵，2013）。此外，县城处于"中心城市—普通地级市—县城—小城镇—乡村"关系链的中央，发挥承上启下的关键作用，能够较好将工业与农业、城市与乡村有效串联，形成相互配合并有效衔接的一体化循环关系（王绍琛，周飞舟，2022）。因此，县城城镇化也是中国城镇化的重要方向之一，中共中央、国务院于2022年5月6日发布《关于推进以县城为重要载体的城镇化建设的意见》指导县城新型城镇化建设，成为自1978年以来首次以"县城"为主题的国家最高级别纲领性文件。

4.3.4 分类推进县城城镇化的理论逻辑

城镇化体系格局分析表明，以县城为重要载体的城镇化也是中国新型城镇化的重要方向。县城资源禀赋不同，进而形成不同的比较优势。县城需要发挥自身比较优势推进县城城镇化建设，即分类推进县城城镇化建设。

4.3.4.1 重视县城城镇化的逻辑

重视以县城为重要载体的城镇化建设，主要遵循两条逻辑：其一，在城镇化的深入推进时期，推进县城城镇化能够更好满足农民到县城就业安家需求和县城居民生产生活需要；其二，针对当前中国经济发展面临需求收缩、供给冲击、预期转弱三重压力，推进县城城镇化建设能够为实施扩大内需战略、协同推进新型城镇化和乡村振兴提供有力支撑。

"用脚投票"的人口流动，决定了城镇化的进程和方向。城镇化进程主要有两个途径：一是异地城镇化；二是就近城镇化。改革开放以来，中国经历了快速城镇化进程。基于城市发展规律和工作机会分布，在城镇化发展的初期阶段，人口大量流入大中城市，异地城镇化是中国城镇化的主要途径。随着城镇化进程深入发展，流动人口进城不只是为了获取工作机会，流动人口在城市定居和生活的需要也逐渐提高。近年来中国的市场化改革和房地产市场的发展，部分大中城市房价较高，导致流动人口在大中城市定居和生活的成本提高。在县城工作机会和生活品质提升，以及在大中城市定居和生活成本提高的双重作用下，越来越多的流动人口选择到县城定居和生活。因此，当前中国城镇化正在经历从异地城镇化向就近城镇化发展的转变。需要注意的是，这种人口流动变化，并非人口不再向大中城市集聚，而是县城成为人们享受城镇文明的另一种选择。

推进县城城镇化建设，是契合国家重大需求的战略选择。（1）县城城镇化有助于扩大县乡消费，促进国内需求增长。县乡消费形成巨大下沉市场，具有较大消费需求潜力。国家发展改革委数据显示，2021年底，我国总城镇常住人口约为9.1亿人，其中，县级城镇常住人口约为2.5亿人，约占总城镇常住人口的30%。县城人均消费与城市存在较大差距，推进县城城镇化建设，有助于激发县城消费潜力，促进形成双循环新发展格局。（2）县城城镇化是协同推进新型城镇化的重要着力点。县城向上连接城市，向下连接周边乡镇和农村，是推动城乡融合发展的主要场域。通过推动县城城镇化建设，可以有效激发县城投资和城乡融合发展。（3）县城城镇化是推动乡村振兴的重要途径。推动乡村振兴需要促进人口自由流动。在大城市定居和生活成本提高的条件下，县城城镇化建设通过完善市政设施、提升社会保障、提供就业机会等方式，为乡村流动人口向县城流动提供了保障条件。同时，县城城镇化建设通过吸引人口到县城集聚，为乡村振兴提供市场需求。

4.3.4.2 分类推进县城城镇化的逻辑

我国有一千多个县城，县城资源禀赋和发展状况差异巨大，推进县城城镇化建设，需要因县制宜，分类实施异质性的建设策略。《意见》提出要科学把握功能定位，分类引导县城发展方向。依据对县城的功能定位，《意见》将县城分为大城市周边县城、专业功能县城、农产品主产区县城、生态功能区县城、人口流失县城五类，这为地方县城功能定位提供了重要参考。

分类推进县城城镇化的理论逻辑是：在统筹发展和安全的条件下，县城资源禀赋差异，导致比较优势差异，进一步引致发展策略差异。地方经济发展需要发挥自身比较优势，规避比较劣势。县城发展的比较优势可能是地理区位优势、交通优势、资源优势、历史文化优势、生态环境优势，也可能是产业基础优势等。因此，在制定县城发展策略之前，需要准确识别自身资源禀赋，寻找自身比较优势。

4.3.5 分类推进县城城镇化的典型案例

分类推进县城城镇化是因地制宜的发展模式，是符合中国县域发展实际的战略选择。结合《意见》对县城功能类型的划分，本小节结合实际案例，揭示分类推进县城城镇化的实践创新。需要强调的是，中国有大量优秀的县域发展案例，本小节只是从中选取了具有代表性的五类县城进行案例分析。

4.3.5.1 大城市周边县城——以江苏昆山为例

昆山是由苏州代管的县级市，紧邻上海嘉定、青浦两区，总面积931平方千米。2021年，昆山完成地区生产总值4248.06亿元，连续18年位居中国百强县首位；人均地区生产总值超过20万元，与欧盟国家相当；人均可支配收入6.78万元，进入中国百强县前三强。然而，改革开放之初，昆山是个典型的农业县，农业人口占比接近90%，长期成为苏州管辖各县中最贫穷的地区。昆山历经26年从贫穷落后的农业县发展为经济发达的中国百强县状元，其发展模式是大城市周边县城城镇化的典范。

毗邻上海这座中国最大经济中心城市是昆山的区位优势。昆山地处长江三角洲城市群腹地，市中心距上海市中心仅60千米、距上海虹桥国际机场仅45千米、距上海港货运码头仅60千米，京沪线上的昆山火车站距上海站仅

49千米。随着昆山与上海两地间的交通日益完善，昆山区位优势更加明显，甚至优于上海管辖的金山区。1996年，昆山至上海高速公路开通运营，两地市区最快可实现半小时直达；2010年，昆山南站启用，乘坐高铁最快17分钟即可抵达上海虹桥；2018年，昆山地铁S1线开工建设，该线路连接了昆山市区与上海，于2023年6月28日正式通车。

发挥自身成本与区位优势，以上海国有企业外拓为契机，昆山融入上海的建设发展。改革开放初期，凭借邻近上海的地理优势，昆山提出"向东看"发展之路，积极融入上海，发展与上海的横向经济联合。早在1986年，昆山就与上海建立了187个合作项目，占当年合作项目总数的61.7%（郑永年，2013）。昆山与上海的横向经济联合形式多样，包括合资经营、联产联销、技术协作、来料加工、补偿贸易等（张纪涛，任康龄，1986）。其中，合资经营是最主要的形式，昆山提供土地、厂房，上海则以设备、技术作为资本，双方互惠互利、优势互补、融合发展。例如，上海第二纺织机械厂于1985年采用先进设备在昆山建设实验工厂，不仅促进了机械厂老设备更新改造、每年获利400余万元，同时提升了昆山纺织业的生产技术水平。此外，昆山利用其毗邻中国最大外贸中心的地理优势，积极发展与上海的出口联营，加快了昆山外向型经济发展。昆山纺织业原本竞争力较弱，通过与上海对口联营，组建、改建一批生产出口产品为主的企业，昆山纺织业得到快速发展，1985年实现产值3亿多元，比1984年增长108%。昆山不仅产业融入上海的建设发展，交通、人员也较早地融入了上海。如昆山在与上海的横向联营过程中，技术人员星期一到昆山上班，星期五返回上海，形成"星期天"工程师现象（叶志鹏，2020）。

在经济联合基础上，近年来昆山积极促进与上海融合，承接上海的产业、人口转移和功能疏解。2004年，上海工业增加值占地区生产总值的44.7%，2020年下降为25%，年均下降超过1个百分点。在此期间，随着上海产业转型升级加快、劳动力与土地等生产要素成本上升，大量劳动密集型产业外迁，昆山成为上海企业外迁的重要目的地；基于类似原因，众多原本有意投资上海的外资企业也转移到了昆山，既能节约企业生产经营成本，又能便捷利用上海作为中国国际经济、贸易、航运、交通中心的各项条件。例如，电子信息产品制造业是上海六个重点工业行业之一，其2020年的工业总产值为

6559.05 亿元,仅为 2004 年的 2.07 倍;然而昆山 2021 年计算机、通信和其他电子设备制造业达到了 5546.19 亿元,为 2004 年的 8.31 倍。昆山承接上海产业转移促进经济发展的同时,也加快了上海产业转型升级。如今,上海的电子信息产品制造业主要生产集成电路、物联网芯片、信息家电、通信与网络设备等知识密集型产品;昆山则是世界上主要的笔记本电脑、智能手机、数码相机、电脑外设等的生产基地,更多倾向于劳动密集型电子产品。

昆山邻近上海,凭借土地、劳动力等资源禀赋比较优势,发展与上海的横向经济联合;在上海经济转型升级之际,积极承接上海的产业、人口转移和功能疏解,走出了一条大城市周边县城典型的城镇化之路。

4.3.5.2　专业功能县城——以福建晋江为例

晋江是由泉州代管的县级市,位于闽南三角洲,与台湾地区一衣带水,距金门仅 5.3 海里,陆域面积 649 平方千米,海域面积 6345 平方千米。2020 年,晋江完成地区生产总值 2616.11 亿元,居中国百强县经济总量排名第四位;人均地区生产总值达到 126872 元,为全国平均水平的 1.76 倍。然而,由于人多地少、资源匮乏,晋江历史上长期经济落后,人民生活贫困。例如,1978 年,晋江拥有 94.81 万人口,国民生产总值仅 1.57 亿元,人均水平不到全国平均的一半。

改革开放后晋江如何从贫困的农业县完美"蝶变"为富裕的工业强县?时任福建省省长习近平曾 7 次赴晋江调研,提炼出"六个始终坚持"和"正确处理好五大关系"的"晋江经验"。2019 年 3 月 10 日,习近平总书记参加十三届全国人大二次会议福建代表团审议时,再次充分肯定"晋江经验",指出"晋江经验"现在仍然具有指导意义(宋维强等,2020)。当前,中国正在分类推进县城城镇化,"晋江经验"在培育专业功能县城方面具有重要参考价值。

晋江立足区位与劳动力成本优势集聚了制鞋业。晋江与金门隔海相望,祖籍晋江的台湾地区同胞有上百万人,两地居民血脉相连,民间贸易频繁,晋江成为海峡两岸交流合作的"桥头堡"。20 世纪 70 年代初,包括制鞋业在内的大量劳动密集型产业从欧美发达国家转移到台湾地区。从学习模仿台湾地区开始,具有人文、区位优势的晋江出现一些家庭作坊式鞋厂。20 世纪 80

年代，台湾地区成为世界鞋业生产与贸易中心，但随着劳动力成本不断上涨，台湾地区制鞋业开始向具有80多万廉价农村劳动力的晋江转移，包括耐克、阿迪达斯等在内的众多国际运动品牌选择晋江代工。20世纪90年代，凭借区位与成本优势，晋江成为台湾地区制鞋产业转移的首选地，大量家庭作坊式鞋厂遍布晋江各地，如晋江洋埭村仅有1000户人家就有四五百家鞋厂。

晋江培育制鞋及相关支柱产业，强化专业功能。1997年亚洲金融危机爆发，晋江鞋厂订单大幅减少，众多家庭作坊式鞋企倒闭。熬过危机的鞋厂认识到家庭作坊式生产与代工抵抗市场风险能力低下，产业竞争力不强，由此开启了晋江鞋业品牌化之路。例如，安踏公司成立于1991年，最初几年主要从事海外代工业务；1999年，在利润不到400万元的条件下，安踏花费80万元进行品牌推广，借助多年代工积累的生产技术与管理经验，全力推广壮大安踏品牌。除安踏外，亚洲金融危机后晋江还培育了特步、361°、匹克、鸿星尔克、乔丹等运动品牌。2011年，晋江鞋产量占中国的40%、世界的20%，实现产值600亿元。除制鞋外，晋江运动品牌还向纺织服装、纸制品及包装印刷等相关产业延伸。2020年，晋江形成了制鞋业、纺织服装业2个千亿元产业集群，纸制品及包装印刷业、新材料业、智能装备及机械制造业等5个百亿元产业集群；7大支柱产业完成工业产值5392.87亿元，占规模以上工业企业产值的91.30%；拥有产值超亿元的工业企业1025家，其中超10亿元的131家；拥有中国驰名商标45枚，上市企业46家；荣获"中国鞋都""世界夹克之都""中国纺织产业基地"等15项"国字号"区域产业品牌。

晋江发挥专业特长，强化产业支撑，提升产业质量。专业功能县城必须发挥专业特长、培育发展特色经济和支持产业，并为此始终坚持质量为先，走高质量发展之路。晋江是中国鞋服产业专业功能县，不仅体现为鞋服产业集聚，更体现为鞋服产业质量与竞争力。以安踏为例，根据英国知名独立品牌评估机构品牌金融（Brand Finance）发布的"2022年全球最有价值的50个服饰品牌（Brand Finance Apparel 50 2022）"榜单，安踏排名第17位，连续三年进入前20名，也是排名最靠前的中国服饰品牌。国际市场咨询机构凯度·米尔沃德·布朗（Kantar Millward Brown）公布的2022年度BrandZ最具价值全球100强品牌榜单中，安踏的品牌价值达到37.72亿美元，位列服饰类排行榜第 8 名。目前，安踏在洛杉矶、东京、首尔、米兰、香港、晋江等地建立了全球设计研发中心，累计申请国家创新专利超过 1200 项。良好的品牌形象与可靠的产品质量是安踏立足市场的根本——2015 年以来，安踏集团一直是中国最大的体育用品集团，市值排名全球体育用品行业第三位。除安踏外，晋江鞋服行业还有特步、361°等品牌进入"中国最具价值品牌 500 强"。

晋江与台湾地区一衣带水，凭借人文与区位优势成为台湾地区制鞋业的产业转移目的地；在此基础上，晋江通过相关多元化，培育制鞋及相关支柱产业，并强化产业支撑，提升产业质量，走出了一条专业功能县城典型的城镇化之路。

4.3.5.3　农产品主产区县城——以山东寿光为例

山东是中国农产品主产区之一。2021 年，山东粮食总产量 5500.7 万吨，排名全国第三位；蔬菜总产量 8801.1 万吨，居全国首位。寿光是由山东潍坊代管的县级市，位于潍坊西北部，渤海莱州湾西南畔，总面积 2072 平方公里。寿光是"中国蔬菜之乡"、庆祝改革开放 40 周年集中宣传和推广典型、"壮丽 70 年·奋斗新时代"全国 3 个典型采访县市之一。2018 年以来，习近平总书记两次肯定"寿光模式"。2020 年，寿光完成地区生产总值 786.57 亿元，排名中国百强县第 53 位；农村居民人均可支配收入 21651 元，是全国平均水平的 1.26 倍；第一产业增加值 106.33 亿元，蔬菜产量 373.34 万吨。寿光作为中国典型的农产品主产区县城，其发展模式对同类县城的城镇化具有较强示范引领作用。

优越的自然地理条件结合悠久的人文历史条件是寿光蔬菜产业的重要比较优势。寿光位于中纬度带，属暖温带季风区大陆性气候，年平均相对湿度66%，水热条件较好，土地肥沃，适合蔬菜生长。早在北魏时期，寿光籍农学家贾思勰就在其农学巨著《齐民要术》中对蔬菜种植作了科学而详细的论述。明清时期，寿光早春韭菜被朝廷定为贡品。清代中叶，大葱、马莲韭、胡萝卜、甜瓜、芹菜、西红柿等蔬菜就成为寿光的重要农产品（李二玲，2020）。寿光广大农户在长期蔬菜种植实践中，熟知当地自然地理条件，积累了丰富的蔬菜种植经验。

蔬菜产业集群是"寿光模式"的重要内容。1978 年农村土地改革初期，农民获得少量土地并拥有一定种植自主权,寿光裴岭村农民就从辽宁引入胡萝卜且形成一定种植规模。1989年寿光三元村支部书记王乐义引进蔬菜大棚并进行技术创新后,蔬菜大棚数量由最初的17个发展到1990年的5000个,1995年快速增长到近20万个,寿光蔬菜产业集群特征明显。从蔬菜种植品种看,寿光蔬菜产业也具有显著集聚特征。例如,田马镇分布2万多个香瓜大棚,被称为"中国香瓜第一镇",年产香瓜上亿公斤;裴岭村所在的化龙镇是胡萝卜主产区,该镇出口胡萝卜占全国的七成。

现代化的生产经营管理是寿光蔬菜产业质量竞争力的主要源泉。首先,为破解家庭分散经营固有的生产过程监管困难、抵御市场风险能力低下、产品质量不稳定等弊端,寿光深入实施组织化经营,实行生产标准、技术服务、生资供应、产品销售、质量检测"五统一"的标准化管理。例如,在蔬菜生产方面,以专业合作社为引领,着力培育新型经营主体,逐步实现生产专业化、合作化与适度规模经营。截至2022年4月,寿光共有果蔬类合作社3110家,其中国家级、省级、市级示范社分别为6家、32家及75家。在蔬菜销售方面,以农业产业化重点龙头企业为主导,鼓励农户按企业指定标准统一生产及管理,以"订单"形式向大中城市销售,与企业形成利益共同体。其次,农业科技助力提升蔬菜生产效率与产品品质。自1989年第一代蔬菜大棚在寿光试验成功以来,历经30多年发展,寿光蔬菜大棚已发展到第七代。最新一代蔬菜大棚由赵春江院士团队根据寿光地域特点研发,包含120多项专利技术,具有节能、运行成本较低、能有效提高蔬菜品质和产量的特点。寿光还与中国农业科学院、中国农业大学等10余个国家级科研院所在蔬菜种子、品种研发、产品检测等方面开展合作。寿光现拥有自主知识产权蔬菜品种69个,国产种子市场占有率达到73.%(范立国等,2018;单昱俊,2020)。最后,深入实施品牌化战略,促进寿光蔬菜产业高质量发展。2019年,"寿光蔬菜"成功注册为地理标志集体商标。截至2021年底,寿光拥有"七彩庄园""乐义"2个中国驰名商标;认证"三品"农产品284个;国家地理标志产品16个。有机蔬菜品牌"砚祥"以及蔬菜品牌"燎原""洛城特菜""寿光大葱"等被评为山东省著名商标(李培之和周庆强,2020)。品牌推广方面,创建于2000年的中国(寿光)国际蔬菜科技博览会成为推广寿光蔬菜品牌的重要平台;寿光蔬菜成为2022年北京冬奥会直供菜后,品牌知名度进一步提升。2022 年 9 月，寿光三家果蔬合作社通过中国和全球良好农业规范体系（GAP）双认证，获得进入全球高端市场的"通行证"。

寿光深入推进融合发展，加快由一产独秀向三产融合、协同发展转变。与"互联网+"深度融合，大力发展果蔬智慧物流，建成全国规模最大的农村淘宝县级运营服务中心；倾力打造农圣网、"种好地"等区域电商平台，引入阿里巴巴全国首个"数字农业产业带"，种苗与蔬菜实现"云"上销售。与"旅游+"深度融合，建成林海生态博览园、生态农业观光园、蔬菜博览园、弥河生态农业观光园等 4A 级旅游景区 5 家（高珏晓，刘天英，2020）。与"会展+"深度融合，实现网上办会。2021 中国（寿光）国际蔬菜种业博览会通过菜博云商城、数字展馆、智慧全景 VR 等线上新媒体平台实现媒体总曝光量 7.1 亿人次；采用数字化手段展示国内外 384 家单位 7 大类作物 4100 多个优良品种。着力发展农产品加工业，主要产品包括果蔬冻干、脆片等，实现年深加工果蔬产品超过 3 万吨。

寿光依据其自然地理与人文历史条件选择蔬菜产业，历经集群、生产经营管理现代化、发展相关二三产业三个发展阶段，走出了一条农产品主产区县城城镇化之路，形成了农产品主产区的寿光模式。

4.3.5.4 生态功能区县城——以浙江安吉为例

安吉县位于浙江省西北部，地处长三角地理中心，下辖 8 镇 3 乡 4 街道，共 215 个村（社区），常住人口 58.6 万人，县域生态环境优美。2021 年，全县地区生产总值 566.3 亿元，城乡居民人均可支配收入分别为 65750 元和 39495 元，城乡收入比为 1.66。安吉县是"绿水青山就是金山银山"理念（以下简称"两山"理念）诞生地、美丽乡村发源地。近年来，安吉县转变经济发展方式，坚持"两山"理念，践行生态发展路径，探索出生态功能区县城的生态发展范例。

生态环境优势是安吉县的核心比较优势。将比较优势转化为经济发展动力是推动经济发展的重要途径（靳永广，2022）。安吉县原来的矿山开采、造纸等产业，虽然在一定程度上带动了经济发展，但严重损害了当地生态环境，削弱了经济发展可持续性。2005 年 8 月 15 日，时任浙江省委书记习近平在安吉县余村首次提出了"绿水青山就是金山银山"的发展理念，成为安吉发展的指导性理念。安吉县摒弃了原来的高污染、高耗能产业，在坚持生态优先、绿色发展理念下，大力实施全方位的生态管控制度、全链条的生态治理制度、全覆盖的生态保护制度，发展绿色产业，实现了保护修复生态环境、筑牢生态安全屏障条件下高质量发展。

安吉县绿色产业助推安吉县域经济高质量发展。安吉县依托良好的生态环境优势，深入践行绿色发展理念，大力发展低碳循环经济，初步形成两大优势产业和五大优势产业的现代产业体系，即生态旅居、绿色家居两大优势产业，以及生命健康、高端装备、电子信息、新材料、通用航空五大新兴产业。目前，安吉县共有 5 家主板上市企业，连续三年跻身全国绿色发展百强县，位列全国县域经济综合竞争力百强县第 51 名。同时，安吉县借助自身区位优势，大力发展旅游业。2021 年安吉县共接待游客 2671 万人次，旅游总收入 365.7 亿元，连续三年获评全国县域旅游综合实力百强县第 1 名。

安吉县坚持"两山"理念，实现生态环境保护条件下的高质量发展。在"两山"理念指导下，安吉县统筹推进山水林田湖草系统治理，大力实施"现代产业振兴、开放合作升级、城市能级提升、美丽环境示范、共同富裕先行、县域治理增效"六大工程，探索出"两山"转化路径，逐步实现了从生态立县到生态强县的转变。安吉县植被覆盖率、森林覆盖率常年保持在 70% 以上，地表水、饮用水、出境水达标率为 100%，空气优良率维持在 95% 以上，先后获评全国首个生态县、联合国人居奖首个获得县、新时代浙江（安吉）县域践行"两山"理念综合改革创新试验区。需要指出的是，安吉县在"两山"理念指导下取得了巨大的成功，这种成功在一定程度上得益于安吉县良好的地理区位。对于远离大城市的生态功能区，需要承载生态保护功能，产业发展受到制约，需要更巧妙地发挥自然资源禀赋的比较优势。地方发展战略选择考验地方政府的经济智慧。

安吉县成为统筹经济发展和环境保护的县域示范。2008 年，安吉县创新开展了"中国美丽乡村"建设，成为中国最美乡村百佳县，入选浙江省首批大花园示范县。《安吉县践行"两山"理念 推进美丽乡村建设》入选全国十大改革案例。由安吉县政府为第一起草单位的《美丽乡村建设指南》，成为国家标准。2017 年习近平总书记在中央农村工作会议上的讲话中指出，像浙江安吉等地，美丽经济已成为靓丽的名片，同欧洲的乡村相比毫不逊色。

2020 年 3 月 30 日，习近平总书记再次视察安吉县时，赋予安吉"再接再厉、顺势而为、乘胜前进"的殷切期望。

安吉县基于生态禀赋优势探索出的"两山"理念发展道路，形成安吉模式，成为生态功能区县城发展模式的县域示范。

4.3.5.5 人口流失县城——以山东曹县为例

位于山东西南部的曹县，城镇化率较低，人口净流出较多，对基层人口流失类县域，具有一定的代表性。2020 年曹县城乡居民人均可支配收入分别为 29232 元和 14971 元，均低于全国平均水平。尽管如此，拥有 17 个淘宝镇、151 个淘宝村的曹县，是中国淘宝村促进乡村振兴的范本。

汉服产业是曹县最重要的产业之一，对促进曹县乡村振兴起到了重要作用。《2019 汉服产业报道》显示，选择 100 ~ 300 元价格汉服的消费者比例最高，达到 41.78%，而这一价位的汉服，大多来自曹县。据统计，曹县约有汉服及上下游相关企业 2000 多家，原创汉服加工企业超过 600 家，2019 年全县汉服电商销售额近 19 亿元，汉服总销量占全国 1/3 的市场份额。曹县被商务部评为"国家级电子商务进农村综合示范县"，现有电商企业 4000 余家，网店 6 万余家，带动 28 万人创业就业，其中 5 万人为返乡创业人员，成为乡村振兴的重要抓手。曹县的汉服生产价值链也正在从简单的模仿、加工、改良等中低端领域，走向设计、创意等中高端领域。经济学视野下，曹县汉服产业的集聚与发展，具有普遍的乡村振兴范本意义。

劳动密集型产业特征和劳动力成本禀赋比较优势促进汉服产业在曹县集聚。政府与市场是推动经济发展的两种重要手段。某种产业在某个区域集聚的发生，一定具有某种禀赋优势。汉服生产的劳动密集型特征与曹县劳动力成本优势，是汉服产业在曹县集聚的初始条件和天然的市场基础。政府通过提供税收优惠或信贷支持政策优惠，促进了汉服产业在曹县集聚发展，是有为政府深化"放管服"改革的重要内容。

尽管汉服生产涉及工艺、设计、品牌等中高端价值链环节，但在产业发展的初期阶段，汉服产业的加工性特征明显，即需要大量劳动力从事加工程序。这一特征使汉服产业发展能够充分发挥农村大量富余劳动力。曹县是典型的农业县，2020 年第一产业占 GDP 的比重为 10.4%，耕地面积达到 203

万亩，农村人口众多。随着农业机械化水平提高，农忙时间大幅缩短，县域存在大量富余劳动力。这为汉服产业在曹县集聚提供了充足的劳动力优势和基础。随着市场竞争加剧和产业集聚发展，曹县的汉服企业正在通过增加科技元素和提升设计，塑造国货品牌，推动产业向价值链高端攀升，实现汉服产业的供给侧结构性改革升级。曹县政府通过电商优惠政策引入资本和电商人才，建设高质量的电商产业园，促进了汉服产业的集聚发展。

电商平台为曹县汉服产业提供广阔的市场空间。市场需求是产业发展的最终动力。线下市场需求非常有限，难以支撑产业集聚发展。产业集聚并通过淘宝村接入线上市场，就能打破线下市场信息壁垒和空间限制，充分利用更广阔的市场需求，发挥规模经济和集聚效应，促进曹县汉服产业发展。

曹县长期支持电商发展和淘宝村建设，重视淘宝镇淘宝村培育和电商人才培养。淘宝村百强县是反映淘宝村和淘宝镇的集聚程度及产业集中度。根据2020年阿里研究院发布的《淘宝村百强县名单》，曹县在全国淘宝村百强县中排在第二位。根据曹县政府工作报告，曹县确立的2021年目标任务和工作重点包括：深入推进数字化转型升级，建设工业互联网平台，助力企业"飞出国门"，新增上云企业30家；繁荣新型业态，重点打造E裳小镇、木制品跨境电商产业园和大集舞会共享海仓物流园，推动电商产业向更高层次发展，确保新增"淘宝镇""淘宝村"11个，电商销售额突破200亿元；发展外向型经济，加快跨境电商新业态发展，引导企业建设"海外仓"，新增跨境电商企业60家；等等。

曹县通过政策支持发展淘宝村和电子商务，打破了信息壁垒和市场藩篱，促进了汉服产业提质升级，进而形成产业竞争优势。曹县在既定资源禀赋条件下，以电商赋能产业发展的模式，实现产业升级和形成竞争优势，探索出一条特色鲜明的"曹县模式"。

4.3.6 分类推进县城城镇化的经验启示

古语有言，"不违农时，谷不可胜食也；数罟不入洿池，鱼鳖不可胜食也；斧斤以时入山林，材木不可胜用也"。这些朴素的治国理政的法则，蕴含了事物发展需要因势利导、因地制宜的客观规律，也反映了深刻的经济学道理。新时代推进中国式现代化建设，推进经济高质量发展，需要推进新型城镇化建设。人口流动的变动趋势和县域经济发展实践表明，县城城镇化是新时代新型城镇化建设的重要方式，也是促进城乡融合发展的重要途径。县城城镇化建设的关键在于分类推进，即依据县域资源禀赋条件，识别和挖掘县域比较优势，科学把握功能定位，分类引导县城发展方向。

参照《意见》对县域功能类型的划分，本书选取了昆山、晋江、寿光、安吉、曹县五个分属于大城市周边县城、专业功能县城、农产品主产区县城、生态功能区县城、人口流失县城的五类县城作为典型案例，分析了分类推进县城城镇化的发展战略（见表4-3）。分类推进县城城镇化的发展战略的核心理念是：地方发展需要准确识别自身资源禀赋和比较优势，依据资源禀赋和比较优势选择发展战略。

表4-3 分类推进县城城镇化的发展战略

县城类型	典型案例	资源禀赋	比较优势	发展策略
大城市周边县城	昆山	与大城市相比，具有丰富的土地、劳动力	毗邻大城市的区位优势，低于大城市的成本优势	与大城市经济融合发展，承接产业、人口等转移
专业功能县城	晋江	丰富、廉价的劳动力；具有上百万祖籍晋江的台湾地区同胞	与台湾地区一衣带水的人文与区位优势；低于台湾地区的劳动力成本优势	基于资源禀赋和比较优势选择特定产业或功能；培育支柱产业，强化功能特色
农产品主产区县城	寿光	自然地理条件，人文历史条件	蔬菜产业历史悠久、农民蔬菜种植经验丰富	产业集群、产业现代化与三产融合发展
生态功能区县城	安吉	生态环境，绿水青山	生态环境优势，交通区位优势	保护生态环境，践行"两山"理念
人口流失县城	曹县	农村大量富余劳动力	劳动力成本优势	选择匹配的产业，通过电商赋能，产业集聚发展形成竞争优势

中国地域广阔，县域数量众多、类型丰富，县域资源禀赋和比较优势千差万别。尽管如此，上述五类县城发展的典型案例，对于分类推进县城城镇化具有普遍的范本意义，即为禀赋各异的县域发展提供了一般性参考价值。

（1）县城城镇化的发展思路和途径要符合基本经济发展规律，包括人口流动的变动趋势、市场决定性的资源配置机制，以及市场经济的一般性规律等。分类推进县城城镇化需要尊重人口流动的变动趋势和充分发挥市场在资源配置中的决定性作用。这体现在：人口流动方面，要区分人口集聚区域和人口流失区域，进而进行因势利导的人口流动引导和规划，比如，通过完善市政基础设施吸引人口自由流动，而非通过带有强制规定的行政手段改变人口流动趋势；在产业发展方面，要发展适宜产业，即适合地方资源禀赋和具有比较优势的产业，进而通过劳动分工、产业集聚和技术进步等过程形成竞争优势。

（2）要准确识别县域资源禀赋和充分发挥县域比较优势。县域资源禀赋差异和比较优势差异，是分类推进县城城镇化的基础。地方政府需要准确把握自身有价值的资源禀赋和识别自身比较优势，并进行科学的县域功能类型定位。在此基础上，确定能够结合自身资源禀赋和发挥比较优势的发展战略。需要指出的是，不同县域的资源禀赋和比较优势确实存在较大差异，且一些县域的资源禀赋优于其他县域，但地方政府要具备发展眼光和善用创新思维，将它们转化为促进经济社会发展的强大动能。"明者因时而变，知者随事而制。"比如，曹县人口流失是经济发展的比较劣势，但在电商赋能条件下发展劳动密集型产业，能够有效转变经济发展制约，形成新的发展特色。

（3）要善于发挥有效政府的助推作用。遵从经济发展规律前提下，更好发挥政府作用，有助于更好地实施县城城镇化的分类发展。五类县城发展的典型案例表明，在分类推进县城城镇化的过程中，涉及功能类型定位、城市发展规划、产业发展布局等工作，需要有效政府的积极参与和有力推动。尊重人口流动和市场发展规律的政府干预，发挥地方资源禀赋条件下比较优势的政府干预，将有助于分类推进县城城镇化建设。

4.4 新型城镇化扩大我国居民消费需求的机理

根据文献回顾的相关知识可知，居民消费需求通常受到经济因素、制度因素、人口因素以及包括消费环境在内的其他因素的影响。其中经济因素主要包括居民收入、居民财富和利率等；人口因素主要包括家庭所处生命周期的阶段、赡养率等；制度因素主要包括社会保障的完善程度、金融发展程度等，其中前者通过居民预防性储蓄动机的强弱对居民消费需求产生影响，后者则通过流动性约束的强弱对居民消费需求产生影响；消费环境包括与居民消费相关的软硬件环境，如消费安全、消费者权益保护等有关法律法规，与网络消费密切相关的物流基础设施的发展程度，与信息消费有关的网络基础设施完善程度等。本节主要以消费函数相关理论为基础，研究新型城镇化建设通过上述各要素对居民消费需求产生影响的理论机制。以上分析主要为新型城镇化对城镇居民消费需求的直接影响。除此之外，新型城镇化建设需要大量基础设施投资，这必然会促进经济发展、提高城乡居民收入、优化居民消费环境等，并因此扩大城乡居民的消费需求。新型城镇化通过基础设施投资扩大城乡居民消费需求的这一路径为其间接效应。

4.4.1　新型城镇化建设能够提高我国居民的收入并扩大其消费需求

从经典消费理论可知，收入是影响居民消费需求最重要的要素，因此，新型城镇化建设过程中，居民收入的提升对扩大其消费需求具有直接促进作用。以下将从三个方面说明新型城镇化建设能够直接提高我国城乡居民的收入并扩大我国居民的消费需求。

（1）新型城镇化建设能够直接提高我国农业转移人口的收入。根据2014年政府工作报告中提出的总体规划，以及《国家新型城镇化规划（2014 – 2020）》中提出的新型城镇化发展目标，从2014年开始，政府重点解决"三个1亿人"的问题，即促进约1亿农业转移人口落户城镇；改造约1亿人居住的城镇棚户区和城中村；引导约1亿人在中西部地区就近城镇化。截至2022年，我国的常住人口城镇化率由2012年的53.10%增长到了65.22%；户籍人口城镇化率由2012年的35.3%增长到2021年的46.7%，比2020年增加了1.3个百分点。因此，自2014年以来，平均每年新增了约1700万农业转移人口在城镇落户；平均每年约有1700万农业人口在城镇就业。农业人口进入城镇之后，他们由生产效率较低的农业部门转移到生产效率更高的第二、第三产业工作，提高了我国人力资本的配置效率，为我国经济的快速发展作出了巨大贡献；与此同时，他们的收入也大幅提升。

自改革开放以来，我国经济年均增长速度接近于10%，大量农村剩余劳动力涌入城镇为我国经济发展提供充足而低廉的劳动力是一个重要原因。当前，我国约有一半产业工人来自农村剩余劳动力，他们主要集中于外资企业和私营企业，为我国的私营经济蓬勃发展作出了巨大贡献。此外，农业转移人口进入城镇后，能够通过生产要素的聚集而提高生产效率。根据相关学者的测算，我国城镇规模每扩大1倍，聚集效应能够提高生产效率约10个百分点。刘秉镰、武鹏、刘玉海（2010）基于卡尔多程式化事实并采用随机前沿分析法（stochastic frontier analysis，SFA）测算了我国1997~2007年的全要素生产率（total factor productivity，TFP）。研究发现，中国在此期间的全要素生产率年均增幅高达3.25%，促进GDP增长的贡献水平达34.17%。由农业部门进入生产效率更高的工业和服务业部门工作，以及总体宏观经济的平稳快速增长共同促进了农业转移人口收入的提升。来自国家统计局的数据表明，我国外出农民工2008~2015年的平均月收入分别为1340元、1417元、1690元、2049元、2290元、2609元、2864元和3072元；2009~2015年年均分别增长5.75%、19.27%、21.24%、11.76%、13.93%、9.77%和7.26%。来自《2022年农民工监测调查报告》的数据表明，2022年我国农民工的月平均收入达到了4615元，比2021年增加了183元，增长4.1%。其中，外出农民工月均收入5240元，比上年增加227元，增长4.5%；本地农民工月均收入4026元，比上年增加148元，增长3.8%。外出农民工月均收入增速高于本地农民工0.7个百分点。作为新城镇常住居民，与在家务农相比，农民工的收入显著增加，并因此扩大了他们的消费需求。

（2）新型城镇化建设能够促进产业结构升级，促进第三产业发展并提高居民收入。根据《中国统计年鉴（2023）》的有关数据，我国2022年第一、第二、第三产业增加值占国内生产总值的比重分别为7.3%、39.9%和52.8%。我国服务业增加值占国内生产总值的比重远低于发达国家74%的平均水平，与中等收入国家的平均水平相比也存在6.1个百分点的差距。因此，我国服务业还有很大的发展空间。城镇化水平的提高与服务业快速发展密切相关，城镇化过程中，随着大量农村人口向城镇聚集，他们的生活方式将随之改变，消费水平也随之提高，消费结构将更加优化，所有这些都将扩大居民生活性服务需求。以居民服务业为例，随着城镇化的发展，人口聚集度将提高，他们将对餐饮、居住、娱乐、养老等服务业产生巨大的需求。此外，生产要素的优化配置、三次产业的联动、社会分工的细化，也会扩大生产性服务需求。以物流服务业为例，城镇化过程中随着工业聚集度的提高，大量企业将原材料和产成品的运输和仓储等物流活动外包给专业物流公司，从而使得近些年物流产业在我国得到了快速发展。城镇化带来的创新要素聚集和知识传播扩散，有利于增强创新活力，驱动传统产业升级和新兴产业发展。服务业是就业的最大容器。从世界各主要城市的就业结构来看，服务业的就业比重均超过 70%。例如，纽约 1989 年有 86.7% 的劳动力在服务业就业；巴黎 1988 年的这一比例则为 77.9%；罗马 1981 年的比例则为 80.9%。

新型城镇化建设通过促进产业结构升级和第三产业发展，从而使得更多的劳动力在第三产业就业，即大量就业人口将从收入水平相对较低的第一、第二产业进入收入水平较高的第三产业就业。从我国各行业就业人员平均工资来看，以 2022 年为例，服务业就业人员的平均工资显著高于制造业和农业。如全国当年城镇非私营单位就业人员平均工资为 114029 元，农林牧渔业就业人员的平均工资为 58976 元，仅为全国平均水平的 51.7%；制造业就业人员的平均工资为 97528 元，仅为全国平均水平的 85.5%。批发与零售业就业人员的平均工资为 115408 元；交通运输、仓储和邮政业就业人员的平均工资为 115345 元。

（3）新型城镇化建设促进农村经济发展，提高农村居民收入并扩大其消费需求。新型城镇化建设过程中，有序推进农业转移人口市民化以及加快农业现代化进程能够有效促进我国农村经济的发展，提高农村居民的收入；建设社会主义新农村能够优化农村居民的消费环境，扩大他们的消费需求。

有序推进农业转移人口市民化，将可以有效减少我国农村人口的数量，缓解人多地少的矛盾。当前，我国户均耕地仅 0.6 公顷，远低于发达国家的平均水平，与世界平均水平也存在一定差距。作为一个独立的农业生产单位，户均 0.6 公顷的耕地远远达不到规模化经营的要求，因此，我国农业生产的效率很低，农业劳均增加值仅为 545 美元，远远低于美国、加拿大和澳大利亚等人少地多的国家，也远低于日本、英国和韩国等人多地少但农业高度发达的国家，甚至还低于与我国经济发展水平相当的泰国和印度尼西亚。为了提高我国农业生产的效率，扩大单个农业生产单位的耕地面积势在必行。在耕地面积基本保持不变的条件下，有序推进农业转移人口市民化将可以有效扩大单个农业生产单位的耕地面积，提高农业生产效率。

加快农业现代化进程包括提升现代农业发展水平和完善农产品流通体系两个方面的内容。其中，前者通过发展高产、优质和高效农业，可以增强农业抵抗病虫害及恶劣自然环境的能力，有效提高单位耕地的产量；以家庭经营为主，通过发展包括家庭农场、农业企业流转及专业种植大户等多种形式在内的农业经营方式，可以有效扩大单个农业生产单位的经营规模；通过在耕种收等环节大范围使用机械化，能够大幅度提高单个农业劳动力的生产效率。后者通过加强"农超对接"、"农批对接"、城乡集贸市场等农产品零售市场建设以及农产品期货市场建设，解决农产品销售难的困境。通过建立健全的冷链物流体系、加快培育现代流通方式和新型流通业态以及大力发展快捷高效配送，能够有效解决农产品储存、运输和配送过程中的各种问题。现代农业体系的建立不仅增加了农业的产出效率，同时通过建立完善的农产品销售市场体系，农村居民的收入将随之提高。

社会主义新农村建设通过加强农村基础设施建设能够有效地改善农村居民的消费环境，扩大他们的消费需求。例如，部分农村地区无法保证一天24小时供电，通过实施农村电网改造工程，改善农村居民的用电环境，能够扩大农村居民购买冰箱、洗衣机等家电产品的消费需求；通过农村道路的改扩建，能够激发农村居民购买汽车和农业机械的热情；通过加强农村地区通信基础设施建设，为农村居民购买电脑、网络电视等大宗电子产品提供了良好的环境。

4.4.2 新型城镇化建设通过人口结构变化扩大居民消费需求

经典消费理论表明，人口因素是影响居民消费需求的主要变量之一。根据生命周期持久收入假说（LC - PIH），为了使生命周期内各个阶段的效用不产生大幅剧烈变化，尤其是退休后的效用相对于工作期间不产生大幅下降，理性的消费者将会平滑消费其整个生命周期内的预期收入。因此，在进入人力资本市场之前，他们进行借贷消费；工作年龄期间，他们进行净储蓄以便偿还年轻时的借贷及为养老而储蓄；退休后由于预期收入减少，他们将进行净消费。因此，从宏观层面来讲，当一国的老年抚养比和少儿抚养比发生变化时，该国的消费率就将产生变化。

新型城镇化阶段，我国老年抚养比呈上升趋势，意味着我国65岁及以上老年人口数量占人口总数的比例增加。根据联合国制定的标准，一国老年抚养比达到7%时，该国即进入老龄化社会。根据该标准，我国2014年的老年抚养比比刚进入老龄化社会的国家高出6.7个百分点，几近翻番，因此，我国的老龄化是比较严重的。然而，根据联合国的估计，到2050年，我国将有4.3亿老年人口，接近于每三个人之中就有一个老年人。根据该预测，新型城镇化建设过程中，我国社会的老龄化问题将愈发严峻。老年人口大量增加将带动包括老年人医疗保健业、老年人家庭服务业、老年人日常生活用品、老年人保险业、老年人房地产业、老年人休闲娱乐业、老年人教育业、老年人咨询服务业在内的老人服务业快速发展，促进我国居民消费率快速增加。因此，新型城镇化阶段我国的老年抚养比上升将会扩大我国居民的消费需求。

另外，我国的少儿抚养比下降意味着，平均来讲家庭需要照顾及培养的14周岁以下少儿的比例逐渐减少。当前，尽管学术界对于我国生育率的具体数据还存在分歧，但他们对于我国已经进入低生育期却存在共识，并且城市的生育率低于农村。因此，新型城镇化过程中，随着大量农村人口转变成为城市市民，他们的生育观将市民化，家庭规模也将变得更小。此外，尽管为了提高我国的生育率，在党的十八届五中全会决定全面实施一对夫妻可生育两个孩子政策后，2024年党的二十届三中全会进一步要求"完善生育支持政策体系和激励机制，推动建设生育友好型社会"。但由于传统生育观念的改变以及惯性作用，我国的低生育率仍将维持较长一段时期。需要抚养少儿数量的减少，将会对家庭消费支出产生两个方面的影响。一方面，家庭当前用于婴儿用品和服务方面的支出将减少；另一方面，家庭未来用于子女教育、结婚、买房等方面的支出也将减少。因此，家庭储蓄率将降低，前者将降低家庭当前消费率，而后者则将提升家庭当前消费率，综合效应取决于两者之间的对比。从我国的现实情况来看，后者的效应远高于前者，因此，尽管国内学者对我国的少儿抚养比下降是否能够提高我国的消费率存在争议，但本书认为，新型城镇化阶段，我国的少儿抚养比下降能够促进家庭消费支出增加，提升消费率。李文星、徐长生、艾春荣（2008）的实证研究也得出少儿赡养比与居民消费率成反比的结论。

4.4.3　新型城镇化建设通过降低预防性储蓄扩大居民消费需求

预防性储蓄指的是居民为防备未来不确定性事件的发生而进行的储蓄行为。与欧美国家相比，我国居民的储蓄率明显偏高。例如，美国人均月储蓄率在 1959～2014 年最低仅为 0.8%，最高也只有 5.6%，平均水平为 3.9%；而中国的储蓄率平均为 38%，几乎为美国的 10 倍。现有的大量实证研究表明，我国城乡居民的高储蓄率与我国正处于经济和社会的转型期、城乡居民面临的不确定性增多导致他们具有较强的预防性储蓄动机密切相关。当前，我国的社会保障体系还不健全，居民在医疗、养老等方面面临着较大的风险；我国用于公立教育机构的直接公共支出占 GDP 的比重远低于发达国家的平均水平，世界排名也比较落后，因此，城乡居民面临着未来较大的教育支出的风险。为了抵御可能存在的各种风险，居民不得不进行大量的预防性储蓄。此外，尽管我国经济经历了超过 30 年的高速增长，但最近几年的经济数据表明，我国经济存在较大的下行风险，居民收入增长放缓的压力不断增大，并且医疗、养老、收入再分配等各方面的改革仍在进行中，因此，很多居民对未来的预期并不乐观。所有这些均会增加居民的预防性储蓄行为，降低居民消费率。

新型城镇化建设通过建设更为完善的社会保障制度，能够有效地降低居民的预防性储蓄行为，扩大其消费需求。根据《国家新型城镇化规划（2014－2020 年）》，在过去的几年里，对于城镇居民和农业转移人口，稳步推进义务教育、就业服务、基本养老、基本医疗卫生、保障性住房等城镇基本公共服务覆盖全部常住人口；对于农村居民，扩大公共财政覆盖农村范围，加快公共服务向农村覆盖，全面建成覆盖城乡居民的社会保障体系，推进城乡社会保障制度衔接，加快形成政府主导、覆盖城乡、可持续的基本公共服务体系，推进城乡基本公共服务均等化。因此，随着我国城乡居民都能平等享有基本的公共服务，他们的预防性储蓄动机逐步减弱，居民较高的储蓄率将降低，消费率随之上升。

4.4.4　新型城镇化建设通过放松流动性约束扩大居民消费需求

尽管我国是全世界储蓄率最高的国家之一，然而，我国居民在消费住房、汽车等高价值商品时，仍然存在众多居民具有贷款需求但由于受到了流动性约束而无法借贷的情形。本小节采用中国家庭金融调查（China household finance survey，CHFS）数据来说明我国城乡居民流动性约束的程度。CHFS由中国家庭金融调查与研究中心设计和实施，主要收集我国城乡居民家庭包括财富、收入、消费、人口特征等在内的微观层面相关信息。2011年，中国家庭金融调查与研究中心完成了首次全国性的入户调查，随机抽取了分布于我国25个省份、80个县（市、区）、320个村（居）委会的8438个家庭进行访问，获得了我国首个关于家庭金融的微观调查数据，填补了此领域的数据空白（甘犁等，2013）。

仔细考察中国家庭金融调查的问卷设计可知，如下问题与城乡居民在消费住房和汽车时是否受到了流动性约束密切相关：

［C2001］您家拥有自有的房屋吗？1. 有；2. 没有

［C2002］您家共拥有几套房子？

［C2024］目前，您家为购买/维修/改建/扩建/装修这套房屋，还有没有银行贷款？1. 有；2. 没有

［C2025］为什么没有银行贷款？1. 不需要；2. 需要，但没有申请过；3. 申请被拒绝；4. 以前有银行贷款，但已还清

［C7001］您家有没有自有汽车？包括常见轿车、客车和货车。1. 有；2. 没有

［C7002］您家拥有多少辆轿车、客车和货车？

［C7014］为购买这辆车，您家有没有银行贷款？1. 不需要；2. 需要，但没有申请过；3. 申请被拒绝；4. 以前有银行贷款，但已还清

［C2015］为什么没有银行贷款？1. 不需要；2. 需要，但没有申请过；3. 申请被拒绝；4. 以前有银行贷款，但已还清

如果家庭拥有住房/汽车、没有银行贷款、申请过银行贷款但贷款申请被拒绝，即可认为该家庭受到了流动性约束。调查结果表明，住房消费方面，在全部8438个样本中，有7661个样本拥有住房，其中有6961个样本没有银行贷款。在没有银行贷款的样本中，有5321个样本不需要银行贷款；1183个样本需要银行贷款，但没有申请过；123个样本申请银行贷款被拒绝；325个样本以前有银行贷款，但已还清。因此，有合理的借贷需求但被银行拒绝

的比例，即存在流动性约束的比例为 27.46%。汽车消费方面，在全部 8438 个样本中，有 1226 个样本拥有自有汽车，其中有 1108 个样本没有银行贷款。在没有银行贷款的样本中，有 993 个样本不需要银行贷款；97 个样本需要银行贷款，但没有申请过；9 个样本申请银行贷款被拒绝；9 个样本以前有银行贷款，但已还清。因此，有合理的借贷需求但被银行拒绝的比例，即存在流动性约束的比例为 50%。上述分析表明，根据中国家庭金融调查的结果，我国城乡居民家庭无论是住房消费还是汽车消费均存在较大比例的流动性约束。

新型城镇化建设过程中，通过金融市场化改革，可以有效地放松我国居民消费的流动性约束。根据弗莱文（Flavin，1981）的研究成果，消费者即期消费与其即期收入密切相关，即消费具有"过度敏感性"。同时，弗莱文（1985）的实证研究还发现，流动性约束是消费"过度敏感性"的主要原因之一。当消费者即期收入减少以至于不能满足其消费支出时，如果他们不能从金融市场获得贷款以平滑其消费，那么其即期消费支出只能由即期收入支撑，进而减少即期消费。此外，嘉伯利和帕格诺（Jappelli & Pagano，1989）以及坎贝尔和曼昆（Campbell & Mankiw，1991）的研究表明，金融市场化程度较低国家的信贷约束更严重，消费者对即期消费更敏感，而金融市场化直接作用于受到流动性约束的消费者，使消费者能够更好地利用资本市场实现消费的跨期平滑，即期可支配收入与消费之间的关系被削弱，解决了流动性约束问题；同时，金融市场化使竞争加剧，降低了金融中介成本，特别是家庭的金融中介成本，使得消费者容易获得消费信贷，从而释放出被压抑的消费需求（叶耀明，王胜，2007）。因此，可以预见，随着我国金融市场化程度的提高，居民消费的流动性约束将逐步放松，进而能够扩大居民消费需求。

以上主要从新型城镇化提高我国居民的收入、改变我国城乡居民家庭的人口结构、降低居民的预防性储蓄以及放松居民的流动性约束等视角，分析了新型城镇化扩大我国居民消费需求的机理。除此之外，居民的消费需求还会受到产品和服务的供给、消费环境等因素的影响。当前，随着我国居民消费需求个性化的特征越来越明显，一些产品供需矛盾不断凸显。因此，为消费者提供他们个性化的产品必将能够扩大他们的消费需求。此外，消费环境的改善也将能够扩大居民的消费需求。

4.4.5 新型城镇化建设通过增加有效投资扩大居民消费需求

自我国钢铁、水泥、电解铝、玻璃等行业产能过剩导致产品销售困难、利润下滑与环境污染以来，我国提出了有效投资的概念以提高投资效率、促进经济发展动力变革与质量提升，并将扩大有效投资作为每年政府工作的重要内容之一。2015～2024 年，每年的政府工作报告均对当年增加有效投资进行了部署。

例如，2015 年政府工作报告提出，增加公共产品有效投资。确保完成"十二五"规划重点建设任务，启动实施一批新的重大工程项目。主要是：棚户区和危房改造、城市地下管网等民生项目，中西部铁路和公路、内河航道等重大交通项目，水利、高标准农田等农业项目，信息、电力、油气等重大网络项目，清洁能源及油气矿产资源保障项目，传统产业技术改造等项目，节能环保和生态建设项目。2016 年政府工作报告提出，发挥有效投资对稳增长调结构的关键作用。我国基础设施和民生领域有许多短板，产业亟须改造升级，有效投资仍有很大空间。启动一批"十三五"规划重大项目。完成铁路投资 8000 亿元以上、公路投资 1.65 万亿元，再开工 20 项重大水利工程，建设水电核电、特高压输电、智能电网、油气管网、城市轨道交通等重大项目。2017 年政府工作报告提出，积极扩大有效投资。引导资金更多投向补短板、调结构、促创新、惠民生的领域。完成铁路建设投资 8000 亿元、公路水运投资 1.8 万亿元，再开工 15 项重大水利工程，继续加强轨道交通、民用和通用航空、电信基础设施等重大项目建设。2018 年政府工作报告提出，积极扩大消费和促进有效投资。顺应居民需求新变化扩大消费，着眼调结构增加投资，形成供给结构优化和总需求适度扩大的良性循环。2019 年政府工作报告提出，合理扩大有效投资。紧扣国家发展战略，加快实施一批重点项目。完成铁路投资 8000 亿元、公路水运投资 1.8 万亿元，再开工一批重大水利工程，加快川藏铁路规划建设，加大城际交通、物流、市政、灾害防治、民用和通用航空等基础设施投资力度，加强新一代信息基础设施建设。

2020 年之后，我国仍将扩大有效投资作为当年宏观经济政策的重要内容。2020 年政府工作报告提出，扩大有效投资。重点支持既促消费惠民生又调结构增后劲的"两新一重"建设，主要是：加强新型基础设施建设，发展新一代信息网络，拓展 5G 应用，建设数据中心，增加充电桩、换电站等设施，推广新能源汽车，激发新消费需求、助力产业升级。2021 年政府工作报告提出，扩大有效投资。继续支持促进区域协调发展的重大工程，推进"两新一重"建设，实施一批交通、能源、水利等重大工程项目，建设信息网络等新型基础设施，发展现代物流体系。政府投资更多向惠及面广的民生项目倾斜，新开工改造城镇老旧小区 5.3 万个，提升县城公共服务水平。2022 年政府工作报告提出，积极扩大有效投资。围绕国家重大战略部署和"十四五"规划，适度超前开展基础设施投资。建设重点水利工程、综合立体交通网、重要能源基地和设施，加快城市燃气管道等管网更新改造，完善防洪排涝设施，继续推进地下综合管廊建设。中央预算内投资安排 6400 亿元。政府投资更多向民生项目倾斜，加大社会民生领域补短板力度。要优化投资结构，破解投资难题，切实把投资关键作用发挥出来。2023 年政府工作报告提出，着力扩大消费和有效投资。围绕补短板、调结构、增后劲扩大有效投资。2024 年政府工作报告提出，积极扩大有效投资。发挥好政府投资的带动放大效应，重点支持科技创新、新型基础设施、节能减排降碳，加强民生等经济社会薄弱领域补短板，推进防洪排涝抗灾基础设施建设，推动各类生产设备、服务设备更新和技术改造，加快实施"十四五"规划重大工程项目。鉴于有效投资在促进我国经济平稳、健康发展中的关键性作用，未来几年我国仍将积极扩大有效投资。

学术界目前对有效投资的概念并未形成一致观点。通常认为，能够改善民生、引领消费、促进国内大循环的投资，即为有效投资。梳理 2015 年以来我国政府历年扩大有效投资的重点领域可以发现，新型城镇化建设是扩大有效投资的重点内容。扩大新型城镇化有效投资可以从促进经济发展、改善消费环境以及增加有效供给等方面扩大居民消费需求。

4.4.5.1 新型城镇化增加有效投资、促进经济发展并扩大居民消费需求

新型城镇化建设过程中，城市现代化、城镇工业化和新农村建设需要进行大量基础设施和服务设施等有效投资。基础设施投资方面以城镇道路建设为例，2012 年我国城镇人均道路面积为 14.4 平方米；根据《国家新型城镇化规划（2014－2020）》，我国平均每年大约有 1700 万农村人口进入城镇。

假定 2024 年之后延续该增长趋势，则城镇每年应新增道路面积为 24480 万平方米。以城镇道路每平方米需直接投资 1000 元为例，则我国城镇新增道路每年应直接投资 2448 亿元。考虑到城镇道路还需要建设绿化、交通安全、供电、污水处理等配套设施，那么，我国城镇每年的新增道路投资额将远超 2448 亿元。此外，随着城镇化步伐的推进，城镇除新增道路面积外，每年还需要改扩建以及维护保养大量城镇道路，进而创造众多投资需求。城镇基础设施投资除了道路之外，还包括供水、供电、通信、城市轨道交通、排水、污水处理等。城镇所有这些基础设施的投资总额将是一个非常庞大的数目。

服务设施投资方面以人均住宅建筑面积为例，2012 年我国城镇人均住宅建筑面积为 32.9 平方米，以城镇每年新增人口 1700 万人为例，则城镇每年应新增建筑面积 55930 万平方米的住房需求。除了住房之外，城镇化过程中的医疗、教育、商业等服务设施的投资也将巨大。根据中国社会科学院发表的《2013 城市蓝皮书》的相关数据，我国到 2030 年预计将有高达 3.9 亿农业转移人口变成城市市民，产生的公共成本预计将到达 51 万亿元，年均约 3 万亿元。如果再加上其他非公共成本，则城镇化每年的投资需求将比 3 万亿元高出许多。例如，根据国家开发银行测算的数据，未来 3 年我国城镇化的投融资资金需求量将高达 25 万亿元，年均超过 8 万亿元。因此，城镇化过程中包括公共投资、私人投资、外商投资等在内的投资总额将是一个极其庞大的数目。

上述分析表明，我国新型城镇化建设过程中的有效投资规模庞大。如此大规模的投资必将促进我国经济发展，创造大量就业机会，增加居民收入并扩大居民消费需求。

以一位普通农民老李为例。老李的例子能够很好地说明新型城镇化通过增加有效投资达到扩大居民消费需求的效果。老李是江西东南部偏僻农村的一位普通农民，初中文化，50 多岁。虽然是农民，但他基本不会干农活，也很少在农村生活。初中毕业后，他没有考上高中，于是跟随木工师傅学习木工。学成后外出务工，主要在上海、浙江、广东等地的建筑工地从事制作、安装与拆卸混凝土模板的工作。我国新型城镇化快速发展，城市建筑工程众多，为老李提供了大量就业机会，通常一个工程结束后就能跟随工头开始下一个工程。除了过年，他很少回家，夫妻俩常年在外务工，孩子则由其父母照顾。作为技术工人，老李具有可观的收入。除去日常开销，他本人每月的纯收入通常在万元以上，比较忙的时候甚至能超过2万元。外出务工近30年，老李不但在老家盖起了宽敞、漂亮的三层楼房，太阳能热水器、冰箱、洗衣机等家电一应俱全，享受到了城市居民的生活，而且为大学毕业不久在南昌工作的儿子全款买了房。老李发自内心地感谢他所处的时代。他说，要不是有机会外出务工，别说在省城南昌买房，即使在老家盖房子的愿望可能也无法实现。

4.4.5.2 新型城镇化增加有效投资、改善消费环境并扩大居民消费需求

消费环境是影响消费者心理与行为的各种因素的总和，由消费的自然环境与消费的社会经济环境两大部分构成，是一个内涵非常丰富的概念。新型城镇化建设增加交通、环保等方面的有效投资，既可能改善居民消费的自然环境，也可能改善居民消费的社会经济环境，达到扩大居民消费需求的效果。

以交通基础设施投资为例。良好的交通基础设施是经济发展的重要前提条件，也是居民消费的主要社会经济环境之一。我国政府长期将交通基础设施投资置于固定资产投资的优先位置，投资规模巨大。2017～2022年，我国交通固定资产投资分别达到32020亿元、32236亿元、32450亿元、34783亿元、36220亿元以及38545亿元。截至2022年末，我国的铁路营业里程达到了15.5万公里，其中高速铁路营业里程4.2万公里，稳居世界第一；铁路路网密度达到了161.1公里/万平方千米，比2021年末增加了4.4公里/万平方千米。全国公路里程达到了535.48万公里，比2021年增加了7.41万公里，其中高速公路里程17.73万公里，比2021年增加了0.82公里。2022年末，全国拥有邮政营业网点43.4万处，比上年末增加2.1万处，其中设在农村地区11.7万处、增加0.14万处。快递服务营业网点23.1万处、增加0.3万处，其中设在农村地区7.6万处、增加0.1万处。

交通基础设施日趋完善，极大地促进了电子商务特别是农村电子商务的发展，扩大了城乡居民消费需求。来自国家邮政局的数据表明，2023年我国快递业务量累计完成1320.7亿件，同比增长19.4%。同年，我国的网上零售额达到15.42万亿元，同比增长11%，连续11年成为全球第一大网络零售市场。如今，依托我国纵横交错、不断织密的交通网络，工业品下乡与农产

品进城双向物流通畅无阻，人口占全国总人口一半以上的县乡市场成为拓展工业品消费市场的新增长极。根据麦肯锡发布的报告，预计到 2030 年，中国的个人消费规模将从 2016 年的 29.6 万亿元增加到 65.3 万亿元，其中超过66% 的增长来自包括三线及以下城市、县乡市场在内的下沉市场（沈迟，2019）。另外，依托发达的物流系统，农产品销售难的问题得到根本性缓解，不仅能够为城镇居民提供更加新鲜的蔬菜水果，而且提高了农村居民的收入，促进了农村居民的工业品消费，形成城乡经济良性互动循环。

又如，新型城镇化建设背景下，在"以人为本"发展理念的指引下，我国更加注重人居环境的改善，环保基础设施投资不断增加。环境改善则扩大了居民在休闲娱乐等方面的消费需求。以乡村旅游为例。自 2018 年我国实施农村人居环境整治三年行动以来，特别是 2021 年中共中央办公厅、国务院办公厅印发了《农村人居环境整治提升五年行动方案（2021 - 2025 年）》，我国在农村地区生活污水处理、生活垃圾处理、厕所革命等方面的投资不断增加，农村人居环境显著改善。如今，优美宁静的田园风光每年吸引大量城镇居民，到农村去旅游成为一种新时尚。以江西省婺源县为例，该县直接从事旅游工作的人员突破 8 万人，间接受益者则超过 25 万人，占全县总人口近70%。每年春天，来自全国各地去婺源观赏油菜花的游客络绎不绝，婺源也被誉为"中国最美乡村"。来自《中国休闲农业年鉴》的数据表明，2014～2019 年，我国休闲农业和乡村旅游接待人数分别达到 16 亿、22 亿、21 亿、22 亿、30 亿以及 32 亿人次。

4.4.5.3 新型城镇化扩大有效投资、增加产品与服务供给并扩大居民消费需求

有效供给能够创造新消费需求。新型城镇化建设在交通基础设施、数字基础设施等方面的有效投资能够为城乡居民提供新的产品或服务，创造新的消费场景，从而扩大城乡居民消费需求。以网络信息基础设施投资为例，信息经济时代，网络信息基础设施是经济发展的基础条件之一，也是农村地区就地城镇化的重要前提。近年来，我国大力加强网络信息基础设施建设并取得明显成效，特别是广大农村地区，"信息孤岛"的落后状况得到根本改变。以 5G 建设为例。自 2017 年 6 月我国在广州开通首个 5G 网络基站以来，全

国各省市5G基站的数量呈现快速增长趋势。2019年我国正式开启5G网络的商业化应用，当年开通5G基站达到12.6万个，在多个城市重点市区的室外实现了5G网络的连续覆盖，并协助各地方政府在展览会、重要场所、重点商圈、机场等区域实现了室内覆盖。2020年我国5G网络和终端商用进一步加快发展，全年新开通5G基站超过60万个，基础电信企业发展5G套餐用户累计达3.2亿户，5G终端连接数超过2亿户，超高清视频、云游戏、移动云VR等个人应用场景逐渐丰富，医疗、能源、自动驾驶等垂直行业试点不断深化，越来越多的人感受到5G的速度。2021年我国新增5G基站达65.4万个，5G手机终端连接数达到了5.18亿户。2022年我国新增5G基站88.7万个，年底5G基站总数达到了231.2万个，占全球总量60%以上。5G移动电话用户数达5.61亿户，占移动电话用户数的33.3%，比2021年末提高11.7个百分点。自5G网络开通商用以来，截至2023年底，5G累计投资超过7300亿元。

网络基础设施不断完善，为城乡居民扩大信息消费奠定了坚实的基础。自2013年国务院发布《关于促进信息消费扩大内需的若干意见》以来，我国居民信息消费快速增长，信息消费规模由2013年的2.2万亿元增加至2016年的3.9万亿元，年均增幅达21%，间接带动经济增长10万亿元以上（刘冬辉，孟令杰，陈立梅，2019）。2021年我国居民信息消费规模进一步增加到6.8万亿元；2022年前三季度则超过了5万亿元。

信息消费主要包括信息产品消费和信息服务消费。其中，信息产品包括智能手机、可穿戴设备、数字家庭等各类联网产品；信息服务包括通信服务、互联网信息服务、软件应用服务等。以农村居民消费为例，新型城镇化建设扩大我国农村居民的信息消费需求体现在多个方面。

第一，信息消费改造传统农业。如今，信息技术广泛应用于传统农业，促进了传统农业向智慧农业转变。例如，苹果种植园配备网络化测土设备，气象、二氧化碳浓度、光照强度等各种监控装置，农户可以实时掌握果园的温度、湿度、风向、土壤pH值等各项指标详情；再配备遮阳系统、通风系统、水肥灌溉系统等网络化设备，农户就可以通过手机App对果园进行精准化管理，在提高苹果产量的同时，更重要的是提高了苹果的品质。传统农业向智慧农业转变可极大地扩大农户在数字化农产品设备、网络信息服务等领域的消费需求。

第二，新型城镇化背景下的网络基础设施投资扩大了农村居民信息产品与服务的消费需求。信息产品消费如手机等，信息服务消费如数字宽带、数字电视、数字娱乐、数字医疗、数字培训教育等。根据中国互联网络信息中心（CNNIC）发布的第 53 次《中国互联网络发展状况统计报告》，截至 2023 年 12 月，我国农村网络基础设施基本实现全覆盖，农村数字经济新业态新模式不断壮大。我国农村网民规模达到 3.26 亿人，占全国网民总数的 29.8%；农村地区互联网普及率达到 66.5%；2023 全年全国农村网络零售额达到 2.49 万亿元；农村在线教育普及率为 22.5%，农村在线医疗普及率为 22.8%，数字惠民服务扎实推进，互联网助力农村展现新气象。网民中使用手机上网的比例为 99.9%，有效促进了农村居民的手机消费，而数字教育、数字医疗等服务的发展则扩大了农村居民的信息服务消费需求。

4.5　新型城镇化扩大我国居民消费需求的理论模型

宏观经济学的建模环境通常有分权或分散经济（decentralized economy）、代表性主体经济（representative-agent economy）以及计划者问题或经济（social planner economy）三种。本节将利用代表性主体经济建模环境构建理论模型，从理论上证明我国的新型城镇化建设可以通过提高厂商的产出来扩大我国居民的消费需求。

代表性主体经济的基本原理是把经济假设为鲁滨逊式的个体经济，通过分析新型城镇化建设对整个经济产生的影响，进而得出它对居民消费需求的影响。当新型城镇化建设能够促进经济产出增加时，那么在其他条件不变的情况下，居民消费必然增加；反之亦然。

（1）基本假定。

基本假定 1：假定最终产品生产企业的生产函数为迪克西特－斯蒂格利茨形式的生产函数，其生产投入要素包括劳动力和中间产品：

$$Y = L^{1-\alpha} \int_0^n x_i^\alpha \, \mathrm{d}_i \qquad (4.1)$$

其中，Y 表示最终产品的产量，L 表示劳动投入量，x_i 表示第 i 种中间产品的投入量，n 表示所投入中间产品的品种，α 为常数。

基本假定 2：假定中间品市场是完全竞争市场，因此，中间品生产企业的利润为零。

基本假定 3：假定中间品各品种间存在替代效应，它们不存在异质性。中间品的生产存在范围效应，因此，中间品的生产成本 $r(n)$ 是其品种 n 的减函数，即 $r'(n) < 0$。

基本假定 4：假定中间品品种 n 是城镇化程度 η 的增函数，即随着城镇化程度的提高，中间品品种 n 也随之增大。假设中间品品种与城镇化率之间存在如下函数关系：$n = g(\eta)$，则 $g'(\eta) > 0$。

（2）模型求解。

根据基本假定 1 和基本假定 3，最终产品生产企业的生产函数（4.1）可以化简为如下形式：

$$Y = nL^{1-\alpha}x^\alpha \qquad (4.2)$$

将最终产品的销售价格单位化，则最终产品生产企业的利润为：

$$\pi = nL^{1-\alpha}x^\alpha - npx - wL \qquad (4.3)$$

其中，p 和 w 分别表示中间产品和劳动力的价格。构造拉格朗日函数，以便求解最终产品生产企业利润最大化时应满足的条件：

$$l = nL^{1-\alpha}x^\alpha - npx - wL - \pi$$

因此可以得到：

$$\frac{\partial l}{\partial L} = n(1-\alpha)L^{-\alpha}x^\alpha - w = 0 \qquad (4.4)$$

$$\frac{\partial l}{\partial x} = \alpha nL^{1-\alpha}x^{\alpha-1} - np = 0 \qquad (4.5)$$

由式（4.4）和式（4.5）可得到，最终产品生产企业利润最大化时有如下关系成立：

$$p = \alpha L^{1-\alpha} x^{\alpha-1} \tag{4.6}$$

$$w = (1 - \alpha) n L^{1-\alpha} x^{\alpha-1} \tag{4.7}$$

接下来分析中间品生产企业的行为。中间产品生产企业的利润可以表示为：

$$R = pnx - r(n)nx - h \tag{4.8}$$

其中，R 表示中间品生产企业的利润；$r(n)$ 表示中间品的单位生产成本；h 为中间品生产企业的固定成本。将式（4.6）代入式（4.8），可得到：

$$R = \alpha L^{1-\alpha} x^{\alpha-1} nx - r(n)nx - h \tag{4.9}$$

求解中间品生产企业利润最大化应满足的条件：

$$\frac{\partial R}{\partial x} = \alpha^2 n L^{1-\alpha} x^{\alpha-1} - r(n)n = 0 \tag{4.10}$$

因此可以得到中间品的单位生产成本为：

$$r(n) = \alpha^2 L^{1-\alpha} x^{\alpha-1} \tag{4.11}$$

由基本假定 2 可知，中间品生产企业的利润为 0，因此有：

$$R = \alpha L^{1-\alpha} x^{\alpha-1} nx - r(n)nx - h = 0 \tag{4.12}$$

由式（4.11）和式（4.12）可得：

$$x = \frac{\alpha h}{(1 - \alpha) n r(n)} \tag{4.13}$$

将式（4.13）代入式（4.1）可得：

$$Y = n L^{1-\alpha} \left[\frac{\alpha h}{(1 - \alpha) n r(n)} \right]^{\alpha} \tag{4.14}$$

令 $A = \left(\dfrac{\alpha h}{1 - \alpha} \right)^{\alpha}$，对式（4.14）进行求导，可得：

$$\frac{\partial Y}{\partial n} = A L^{1-\alpha} r(n)^{-\alpha} \left[(1 - \alpha) n^{-\alpha} - \alpha n^{1-\alpha} r(n)^{-1} r'(n) \right] \tag{4.15}$$

由基本假定 3，$r'(n) < 0$ 可知：

$$\frac{\partial Y}{\partial n} > 0 \tag{4.16}$$

由微分法则可知：

$$\frac{\partial Y}{\partial \eta} = \frac{\partial Y}{\partial n} \times \frac{\partial n}{\partial \eta} \tag{4.17}$$

式（4.17）中，由式（4.16）可知等号右侧第一项大于零；由基本假定4可知，等号右侧第二项也为正。因此有 $\frac{\partial Y}{\partial \eta} > 0$ 成立，即随着城镇化程度的提高，最终产品生产企业的产出也将增加。随着整个经济产出的增加，居民的收入必将增加，并因此而扩大了居民的消费需求。

截至2022年，我国的常住人口城镇化率由2012年的53.10%增长到65.22%；户籍人口城镇化率由2012年的35.3%上升到2021年的46.7%。根据《国家新型城镇化规划2021-2035》，在我国的新型城镇化过程中仍将有大量农村人口进入城市和城镇。根据上述理论分析，城镇化水平的提高将可以有效地增加厂商的产出，其主要原因是，资源和生产要素的聚集作用能够降低厂商的生产成本，增加其产出。在新型城镇化建设过程中，产出增加意味着经济发展了，因此能够促进居民收入增加，并扩大居民的消费需求。

第5章　新型城镇化提升居民消费水平实证研究

5.1　新型城镇化提升我国城镇居民消费水平实证研究：微观视角

由于我国当前的城镇化建设并不完全属于学术界所提出的"新型城镇化"的概念——在某些城市，没有当地常住户籍的流动就业人口在他们的就业地仍然不能享有部分社会公共服务，依然存在城乡二元户籍管理制度的特征。因此，由于缺乏相关数据，直接对新型城镇化建设提升我国全体城镇居民的消费水平进行实证研究显然是无法实现的。然而，本实证研究将选取城镇居民的一部分——没有城市户籍但在城市居住半年或半年以上的农民工作为研究对象，采用来自中国家庭金融调查（CHFS）的微观截面数据集对新型城镇化提升我国农民工市民的消费水平进行实证研究。

5.1.1　数据来源

本实证研究的数据集由中国家庭金融调查与研究中心提供。2011年，该中心在国内第一次完成了全国性的入户调查，获得了我国首个家庭微观层面的详细数据，填补了国内空白。截至目前，中国家庭金融调查与研究中心成功实施了2011年、2013年、2015年、2017年、2019年、2021年共六轮调查，第七轮调查正在实施过程中。该调查涉及我国25个省份、80个县（市、区）、320个村（居）委会，最终获得8438个家庭的微观数据（有效样本）。该调查问卷设计科学、质量控制严格，因此获得了高质量的家庭微观层面的数据，在全国产生了重要影响。迄今为止，包括《经济研究》、《管理世界》、

《金融研究》、《公共经济学杂志》（*Journal of Public Economics*）、《经济学刊》（*Journal of Econometrics*）等在内的国内外中英文顶尖期刊都曾发表过用此数据集完成的实证研究。基于本数据集的可靠性，本节采用该数据集进行实证研究能够得到可靠的实证研究结果。

5.1.2　研究设计

5.1.2.1　研究思路及研究样本选择

由第4章的研究可知，新型城镇化能够通过多种机制提升我国城镇居民的消费水平。例如，新型城镇化过程中的城市现代化建设能够大力促进城市金融、现代物流、商业等现代服务业的发展，促进城镇居民收入增加，并因此提升他们的消费水平；现代化城市建设更多地以知识和创新驱动，能够显著促进城市经济发展，增加城镇居民收入，扩大他们的消费需求，等等。

本实证研究将从农民工市民化的视角，实证研究新型城镇化扩大我国城镇居民消费需求。本实证研究的研究思路是：将我国的城镇居民分为两部分，一部分是拥有城市户籍的城镇常住居民，另一部分是没有城市户籍但在城市居住半年及以上的城镇常住居民（农民工市民）；在控制了其他相关因素影响的条件下，对他们的消费支出及其影响因素进行比较和分析。首先，对这两类城镇居民家庭的消费水平进行对比，寻求差异；其次，对影响居民消费支出的主要因素，包括收入、财富、负担系数等变量进行对比，并分析这些变量对两类城镇居民家庭消费支出的不同影响。在新型城镇化阶段，我国的城乡二元结构体制将逐步消除，上述两类城镇居民的消费习惯、收入水平、人口结构等将趋于一致。在以下的分析中将可以得出结论：农民工市民的消费习惯、收入水平、人口结构等向城市户籍人口趋于一致的过程，也就是他们消费水平提升的过程。因此，新型城镇化能够提升城镇居民，特别是第十二届全国人大二次会议上提出的"三个1亿人"的消费水平。

CHFS数据集共包含8438个家庭的观测值（总有效样本）。由于实证研究的对象为城镇居民家庭，因此，应将农村居民家庭的样本予以剔除。具体来讲，对农村居民家庭的界定是，只要户主属于农业户籍并且在家从事农业生产，则认为该类型家庭为农村居民家庭。最后得到城镇居民家庭的有效样本为6094个。在这些有效样本中，进一步区分，可以得到4000户城镇户籍家庭及 2094 户非城镇户籍家庭。

5.1.2.2 变量选取

实证研究采用的是微观截面数据，与采用宏观数据进行实证研究相比，微观计量分析能够对研究对象的异质性进行有效的控制，因此，需要将更多的变量纳入模型之中。

（1）被解释变量。实证研究的被解释变量为城镇居民消费性支出。它指的是被调查样本日常生活的全部支出，包括食品、衣着、居住、家庭设备用品及服务、医疗保健、交通和通信、教育文化娱乐服务、其他商品和服务等八大类。

（2）解释变量。根据 O. P. 阿塔纳西奥、L. 布洛和 R. 汉密尔顿等（Attanasio O. P. , Blow L. & Hamilton R. et al. , 2009）的研究框架，基于生命周期和持久收入假说（LC – PIH）理论，本实证研究选取的解释变量包括如下变量：

①收入。根据中国家庭金融调查与研究中心的研究设计，被调查对象的收入包括工资薪金类收入、财产性收入、经营性收入和转移性收入四大类。然而，CHFS 原始数据中，并不是所有家庭的收入都包含了这四个部分。例如，编号为 201100003 的家庭，其收入就只有转移性收入（退休金）这一项。因此，虽然采用宏观数据的已有研究表明，不同类型收入的边际消费倾向是不同的，但本书并没有对上述四类收入分别进行计量分析，而是首先将它们汇总，之后再进行计量分析。

②财富。本次调查中，被纳入财富统计范围的包括房产、车辆、生产经营性资产（例如，机器、设备等）、存款、债券、黄金、基金等。基于与收入相同的原因，本书将家庭所有的财富进行加总，之后再进行回归分析。

③负担系数。根据国家统计局对负担系数的定义，它指的是家庭中非劳动年龄人口数量（小于等于 14 周岁或大于等于 65 周岁的人口）与劳动年龄人口数量（大于等于 15 周岁且小于等于 64 周岁的人口）的比值。然而，在本书中，部分家庭没有劳动年龄人口，例如，家庭编号为 201100003 的家庭，其家庭包含两个成员，年龄分别为 76 岁及 78 岁。如果按照国家统计局对负担系数的定义，则此类家庭的负担系数为无穷大。为了排除这种情形，本书

对负担系数的定义是非劳动年龄人口数量（小于等于 14 周岁或大于等于 65 周岁的人口）与家庭总人口数量的比值。

④社会保障。根据中国家庭金融调查与研究中心的研究设计，被调查对象的社会保障涉及养老、医疗、就业和住房四个方面，分别对应于养老保险及企业年金、医疗保险、失业保险、住房公积金四项保障。

⑤其他控制变量。纳入模型的其他控制变量包括被调查家庭户主的年龄、婚姻状况、学历、民族以及地域等人口社会学特征变量，以便控制被调查对象的异质性。

5.1.2.3 模型设定及变量说明

根据上述变量选取的分析结果，本实证研究可以构造如下计量分析模型：

$$\ln C_i = \beta_0 + \beta_1 \ln Y_i + \beta_2 (D_i \times \ln Y_i) + \beta_3 \ln W_i + \beta_4 (D_i \times \ln W_i)$$
$$+ \beta_5 DEP_i + A_i \times SEC_i + B_i \times Z_i + \varepsilon_i \tag{5.1}$$

其中，变量 C 指的是家庭消费性支出；Y 指的是家庭各项收入总和；W 指的是家庭各类财富总和；DEP 指的是家庭负担系数。SEC 指的是由各种社会保险所构成的一个列向量，具体包括 dum_secur、dum_med、dum_job、dum_hous 四个虚拟变量。虚拟变量 dum_secur 取值为 1 表示被调查对象参加了社会养老保险，取值为 0 表示没有；虚拟变量 dum_med 取值为 1 表示被调查对象参加了医疗保险，取值为 0 表示没有；虚拟变量 dum_job 取值为 1 表示被调查对象参加了失业保险，取值为 0 表示没有；虚拟变量 dum_hous 取值为 1 表示被调查对象缴纳了住房公积金，取值为 0 表示没有缴纳。Z 是由被调查对象的人口社会学特征组成的列向量，具体包括年龄（age）、年龄的平方（$age2$）、学历、婚姻状况（$marr$）、民族（$nation$）以及地域。学历虚拟变量按照如下规则构建：以大学本科作为参照，被调查对象的学历为没上过学、小学、初中、高中、中专/职高、大专/高职、硕士研究生以及博士研究生时，分别对应于虚拟变量 $edu1 \sim edu8$。当被调查对象为农民工市民时，虚拟变量 D_i 取值为 1；否则取值为 0。参数 β_0、β_1、β_2、β_3、β_4 以及 β_5 为待估计系数。ε_i 为扰动项，表示除了上述各变量之外的其他因素对居民消费支出的影响，并且假定它服从均值为 0、方差 σ_i^2 的正态分布。向量 A 和向量 B 表示由待估计系数构成的行向量。i 表示的是研究样本的个体变量。婚姻状况虚拟变量 $marr$

以被调查对象的户主已婚作为参照。民族虚拟变量 *nation* 以被调查对象为汉族作为参照。

5.1.3 实证分析

5.1.3.1 描述性统计分析

本实证研究涉及主要变量的描述性统计如表 5 - 1 所示。

表 5 - 1　　　　　　　　　　主要变量的描述性统计

项目	C	Y	W	D	DEP	age	marr
样本量	5763	5606	5736	5763	5763	5763	5763
均值	40347	59161	$5.271e+06$	0.340	0.269	48.77	0.163
中值	28164	31000	349325	0	0.200	47	0
标准差	49973	143247	$3.410e+07$	0.474	0.313	15.32	0.369
最小值	156	1	80	0	0	3	0
最大值	$1.356e+06$	$2.771e+06$	$5.110e+08$	1	1	95	1

注：变量 C、Y 以及 W 的单位为元，*age* 的单位为年。
资料来源：中国家庭金融调查与研究中心。

从表 5 - 1 的描述性统计结果可以看出，我国城镇居民家庭平均消费支出为 40347 元，然而，它的中值和标准差分别为 28164 元及 49973 元，从而表明，我国城镇居民家庭平均消费支出存在较大差异。城镇居民家庭的平均年收入为 59161 元，它的中值和标准差分别为 31000 元及 143247 元，这说明，我国城镇居民收入差距也较大。同样，我国城镇居民所拥有的财富也存在较大差别。虚拟变量 D 的均值为 0.340，表明在 5763 个有效样本中，共有 34% 的样本属于农民工市民。DEP 的均值为 0.269，表明平均来讲我国城市居民家庭中，非劳动年龄人口数量（小于等于 14 周岁或大于等于 65 周岁的人口）约占家庭总人口数量的 26.9%。变量 age 的中值为 48.77，表明我国城镇居民家庭的户主平均年龄接近 50 岁。虚拟变量 marr 的中值为 0.163，表明我国城镇居民家庭户主的婚姻状况为已婚的约占 83.7%，其他状况（未婚、同居、分居、离婚以及丧偶）的约占 16.3%。

接下来，分析两类城镇居民家庭的消费水平差异。CHFS 数据表明，农民工市民的消费水平与城市户籍人口的消费水平存在较大差距，例如，前者消费水平的均值、25 分位数、50 分位数及 75 分位数分别为 37093.53 元、14050 元、25917 元及 42001 元；而后者消费水平的均值、25 分位数、50 分位数及 75 分位数则分别为 42021.8 元、18568 元、29625.5 元及 49440 元。与城市户籍人口相比，农民工市民的消费水平提升具有较大的潜力。在新型城镇化过程中，农民工市民的消费水平将逐步与城市户籍人口趋同，因此，他们的消费水平将显著提升。

5.1.3.2 普通计量分析

根据模型（5.1）的设定，首先采用全样本数据进行计量分析，得到基本模型回归结果如表 5-2 所示。

表 5-2 基本模型的回归结果

变量	系数估计值	变量	系数估计值	变量	系数估计值
$\ln Y$	0.137 *** (15.07)	$\ln W$	0.114 *** (18.65)	DEP	-0.114 *** (-3.102)
$D \times \ln Y$	-0.0287 ** (-2.460)	$D \times \ln W$	0.0184 ** (1.991)	age	-0.00334 (-0.750)
$age2$	$-8.95e-05$ ** (-1.982)	$edu1$	-0.523 *** (-8.327)	$edu2$	-0.315 *** (-7.432)
$edu3$	-0.267 *** (-7.591)	$edu4$	-0.156 *** (-4.319)	$edu5$	-0.193 *** (-5.136)
$edu6$	-0.0260 (-0.738)	$edu7$	0.161 ** (1.977)	$edu8$	0.455 ** (2.331)
$marr$	-0.155 *** (-5.594)	dum_secur	0.0916 *** (3.290)	dum_med	-0.0442 (-1.338)
dum_job	0.0859 *** (3.400)	dum_hous	-0.00884 (-0.346)	$nation$	-0.0109 (-0.227)

注：（1）***、** 分别表示 1% 和 5% 的显著性水平，括号内为 t 统计量；（2）地区虚拟变量的回归结果没有汇报；（3）$N=5580$，$R\text{-}squared$ 为 0.479；（4）常数项的估计结果为 8.233 ***，相应的 t 值为 4.15；（5）被解释变量为 $\ln C$。

5.1.3.3 模型估计结果分析

首先，分析收入、财富以及负担系数等变量对两类城镇居民家庭消费支出的影响。表 5-2 的回归结果显示，变量 $\ln Y$ 的回归系数估计值为 0.137 且在1%的水平上显著，从而表明，拥有城市户籍的城镇居民家庭，其消费支出的收入弹性为0.137，即家庭收入每增加1%，家庭的消费支出将增加0.137%。然而，变量 $D \times \ln Y$ 的回归系数估计值为 -0.0287 且在5%的水平上显著，从而表明，没有城市户籍的城镇居民家庭（农民工市民家庭），其消费支出的收入弹性为0.1083，即家庭收入每增加1%，家庭的消费支出仅增加0.1083%。对比城市户籍城镇居民家庭以及农民工市民家庭的消费支出的收入弹性可知，后者收入增加对消费的刺激作用的程度低于前者。

变量 $\ln W$ 的回归系数估计值为0.114且在1%的水平上显著，从而表明，拥有城市户籍的城镇居民家庭，其消费支出的财富弹性为0.114，即家庭财富每增加1%，家庭的消费支出将增加0.114%。然而，变量 $D \times \ln W$ 的回归系数估计值为0.0184且在5%的水平上显著，从而表明，没有城市户籍的城镇居民家庭（农民工市民家庭），其消费支出的财富弹性为0.1324，即家庭财富每增加1%，家庭的消费支出将增加0.1324%。农民工市民家庭财富增加对消费的刺激作用的程度高于城市户籍城镇居民家庭。

综合上述分析可知，影响居民消费支出两个最重要的因素——收入和财富，对两类家庭消费支出的影响程度存在差别：农民工市民收入增加对消费的促进作用的程度小于城市户籍人口，而财富增加对消费的促进作用的程度却大于城市户籍人口。

变量 *DEP* 的回归系数估计值为 -0.114 且在1%的水平上显著，从而表明，城镇居民家庭的负担系数降低能够促进其消费支出增加。变量 *age* 的回归系数估计值并不显著说明，城镇居民家庭的户主年龄对其家庭消费支出并没有显著影响。虚拟变量 *edu*1 ~ *edu*5 的系数估计值为负且均在1%的水平上显著，从而表明，与户主的学历为大学本科相比，户主的学历为没上过学、小学、初中、高中以及中专/职高的城镇居民家庭，其家庭消费支出显著降低。虚拟变量 *edu*6 的系数估计值并不显著，从而表明，与户主的学历为大学本科相比，户主的学历为大专/高职的城镇居民家庭，其家庭消费支出并没有显著变化。虚拟变量 *edu*7 ~ *edu*8 的系数估计值为正且均在5%的水平上显著，从而表明，与户主的学历为大学本科相比，户主的学历为硕士研究生以及博士研究生的城镇居民家庭，其家庭消费支出显著增加。变量 *marr* 的回归系数估计值为 -0.155 且在1%的水平上显著，从而表明，与户主的婚姻状况为已婚相比，户主的婚姻状况为其他的城镇居民家庭，其消费支出显著减少。变量 *dum_secur* 以及 *dum_job* 的系数估计值显著为正表明，参加了社会养老保险以及失业保险的城镇居民家庭，其消费支出显著增加；然而，变量 *dum_med* 以及 *dum_hous* 的系数估计值并不显著说明，是否参加医疗保险以及住房公积金，对城镇居民家庭的消费支出并没有显著影响。变量 *nation* 的系数估计值并不显著说明，与户主为汉族相比，少数民族城镇居民家庭的消费支出并没有显著变化。

其次，考察两类家庭的家庭收入和财富的绝对数量。CHFS 数据表明，整体来讲，农民工市民的收入远低于城市户籍人口。例如，前者的均值为44605.14 元，而后者的均值却为 66640.84 元。财富方面，虽然农民工市民的财富均值高于城市户籍人口，但他们的中位数和 75 分位数分别为 266400 元、1022600 元以及 395475 元、1198600 元，前者远低于后者。因此，绝大多数农民工市民的家庭财富远低于城市户籍人口。

最后，考察两类家庭的人口结构。CHFS 数据显示，城市户籍家庭的负担系数的均值、25 分位数、50 分位数以及 75 分位数均低于农民工市民家庭。上述表 5 - 2 的计量分析结果表明，负担系数与家庭消费支出成反比。因此，当农民工市民的生育观与城市户籍家庭趋同时，其负担系数将降低，进而促进消费支出增加。

5.1.3.4 稳健性检验及进一步分析——分位数回归

上述普通计量分析采用的是均值回归。CHFS 数据的描述性统计分析表明，农民工市民财富的均值为 5782895 元，城市户籍市民财富的均值为 5006772 元，前者高于后者。然而，农民工市民财富的 25 分位数、中位数以及 75 分位数均低于城市户籍市民，因此，农民工市民财富的均值高于城市户籍人口的原因是，大量财富被较少数量的人口占有，即农民工市民的财富拥有量存在较大差异。此外，农民工市民的收入及城市户籍人口收入的标准差分别为 122579.3 元及 152260.3 元，表明他们的收入差距较大。由于均值回归的结果比较容易受到极端值的影响，因此有必要采用分位回归方法对上述回归结果的稳健性进行检验。本实证研究分别在 10 分位、25 分位、中位数、75 分位以及 90 分位进行分位数回归，它们的回归结果如表 5 - 3 所示。

表 5 – 3			分位数回归结果		
变量	(1) QR_10	(2) QR_25	(3) QR_50	(4) QR_75	(5) QR_90
$\ln Y$	0.224 *** (20.72)	0.184 *** (18.85)	0.145 *** (16.14)	0.107 *** (9.678)	0.0977 *** (4.720)
$\ln W$	0.0827 *** (9.346)	0.0938 *** (12.72)	0.0986 *** (15.57)	0.115 *** (15.61)	0.131 *** (9.380)
$D \times \ln Y$	− 0.0510 *** (− 3.510)	− 0.0445 *** (− 3.400)	− 0.0368 *** (− 3.182)	− 0.0273 ** (− 2.039)	− 0.0157 (− 0.672)
DEP	0.0776 (1.302)	− 0.0328 (− 0.646)	− 0.0805 ** (− 1.988)	− 0.113 *** (− 2.735)	− 0.136 * (− 1.934)
$D \times \ln W$	0.0337 *** (3.055)	0.0298 *** (2.966)	0.0258 *** (2.902)	0.0196 * (1.894)	0.0147 (0.803)
控制变量	YES	YES	YES	YES	YES

注：（1）***、**、*分别表示 1%、5% 和 10% 的显著性水平，括号内为 t 统计量；（2）地区虚拟变量的回归结果没有汇报；（3）被解释变量为 $\ln C$；（4）YES 表示控制相关变量的影响。

对比表 5 – 2 及表 5 – 3 的回归结果可以发现，关注变量 $\ln W$、$D \times \ln W$、$\ln Y$、$D \times \ln Y$ 以及 DEP 的回归系数的符号都没有改变，表 5 – 2 回归系数的值全部位于 10 分位数回归和 90 分位数回归之间。控制变量 $edu1 \sim edu3$、$edu6$、marr、dum_hous 以及 nation 的回归系数的符号及其显著性均没有改变，它们回归系数的估计值也变化不大，因此表 5 – 2 的回归结果是稳健的。

此外，从分位数回归的结果可以得出，变量 DEP 的系数估计值除了 10 分位数回归和 25 分位数回归之外，其余三个分位数回归的系数估计值均显著为负，从而表明，对于低消费水平的城镇居民家庭来说，负担系数对其消费水平没有显著影响，然而，对于高消费水平的城镇居民家庭来说，负担系数与其消费水平显著负相关。除了 90 分位数回归之外，变量 $D \times \ln W$ 的系数估计值显著为正，从而表明，对于很高消费水平的城镇居民家庭来说，是否城镇户籍对其消费水平没有显著影响，然而，对于其他消费水平的城镇居民家庭来说，没有城镇户籍城镇居民家庭消费支出的财富弹性显著高于拥有城市户籍的城镇居民家庭。除了 90 分位数回归之外，变量 $D \times \ln Y$ 的系数估计值显著为负数，从而同样表明，对于很高消费水平的城镇居民家庭来说，是否城镇户籍对其消费水平没有显著影响，然而，对于其他消费水平的城镇居民家庭来说，没有城镇户籍城镇居民家庭消费支出的收入弹性显著低于拥有城市户籍的城镇居民家庭。

　　为了进一步分析关注变量 $\ln Y$、$\ln W$、$D \times \ln Y$、$D \times \ln W$ 以及 DEP 对城镇居民家庭消费支出的影响，画出这五个变量分位数回归系数随着分位数的变化图，如图 5-1 所示。从图 5-1（a）变量 $\ln Y$ 分位数回归系数的变化可以看出，随着分位数的增加，即城镇居民消费水平的增加，消费支出的收入弹性依次递减。例如，变量 $\ln Y$ 10 分位数回归和 90 分位数回归的系数估计值分别为 0.224 及 0.0977，且均在 1% 的水平上显著。从图 5-1（b）变量 $\ln W$ 分位数回归系数的变化可以得出，随着分位数的增加，即城镇居民消费水平的增加，消费支出的财富弹性依次增加。

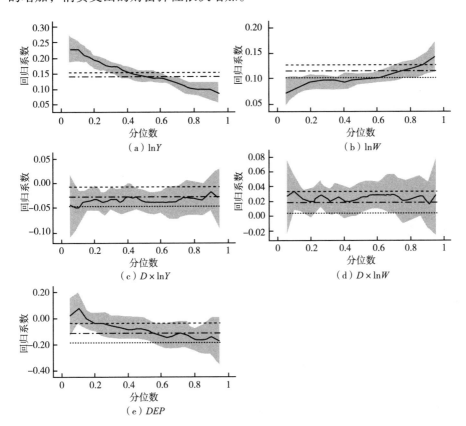

图 5-1　$\ln Y$、$\ln W$、$D \times \ln Y$、$D \times \ln W$ 以及 DEP 分位数回归系数的变化

从图 5 - 1（c）变量 $D \times \ln Y$ 分位数回归系数的变化可以得出，随着分位数的增加，即城镇居民消费水平的增加，没有城镇户籍的城镇常住居民消费支出的收入弹性与拥有城镇户籍的城镇常住居民消费支出的收入弹性之间的差距越来越小，它们之间的差距位于 -0.05 ~ 0。因此，新型城镇化阶段，从提高城镇居民收入的视角，扩大城镇居民消费的主体是低消费水平的家庭。

从图 5 - 1（d）变量 $D \times \ln W$ 分位数回归系数的变化可以得出，随着分位数的增加，即城镇居民消费水平的增加，没有城镇户籍的城镇常住居民消费支出的财富弹性与拥有城镇户籍的城镇常住居民消费支出的财富弹性之间的差距呈现波动性变化——经历了先下降再上升，之后再下降的过程，但总体上居于 0.00 ~ 0.04。因此，大多数没有城镇户籍的城镇常住居民，其财富增加对消费支出的促进作用高于拥有相同财富数量的城镇户籍常住居民，但不同的消费群体之间这种促进作用的程度存在一定的差异：大体上来讲，消费水平处于中间层次的农民工市民的促进作用的程度最大。

因此，以 CHFS 数据集对我国城镇居民家庭进行的实证研究，能够得到如下结论：（1）农民工市民的消费水平低于城市户籍人口；（2）农民工市民的收入低于城市户籍人口，绝大多数农民工市民的财富低于城市户籍人口；（3）除了消费水平很高的农民工市民之外，农民工市民消费支出的收入弹性低于城市户籍人口；（4）除了消费水平很高的农民工市民之外，农民工市民消费支出的财富弹性高于城市户籍人口；（5）农民工市民的负担系数高于城市户籍人口，且大多数城镇居民家庭的负担系数与消费支出成反比；（6）城镇居民的受教育程度与其消费支出成正比。

根据上述实证分析结论，在新型城镇化过程中，当我国的城乡二元结构逐步消除之后，农民工市民将转变为真正的城市市民，他们将通过以下途径提升其消费水平：（1）其消费水平逐步达到甚至超过原城市户籍人口（考虑到他们需要购买住房等大额支出的产品及服务）。（2）他们在就业等方面将能够获得公平的机会，从而提高其收入及家庭财富，并因此提升他们的消费水平；尤其是他们收入的增加对其消费水平的提升具有很大的促进作用。（3）他们的消费习惯将与原城市户籍人口趋同，消费支出的收入弹性将会提升。（4）他们的负担系数将会降低，进而扩大其消费需求。（5）他们的受教育程度将增加并扩大其消费需求。

本实证研究可能存在的不足是：研究结论来自微观截面数据的计量分析。如果能够采用多期的数据和动态面板模型对研究问题进行实证检验，结果将更加稳健。此外，微观数据中，农民个人收入、消费等差异很大，也会对实证研究结果产生一定的影响。在实证研究过程中，为降低数据的差异性对模型设定及参数估计的影响，所设定的模型对原始数据进行了对数化，这样就可以有效地降低原始数据的差异对参数估计的影响。然而，基于我国居民消费的微观计量分析中，由于高质量的跨期数据获取较为困难，从国内已有研究来看，采用微观截面数据研究居民消费的文献也比较常见。例如，张大勇、曹红（2012），李波（2015），高梦滔、毕岚岚、师慧丽（2008）等。就当前而言，由于微观面板数据获取存在困难，实证研究无法构建微观动态面板数据模型。然而，采用动态面板模型研究居民消费问题，将成为笔者以后研究的一个重要方向。

5.2 新型城镇化提升我国城镇居民消费水平实证研究：宏观视角

基于采用微观截面数据研究新型城镇化提升城镇居民消费水平存在的不足，本节采用宏观数据研究新型城镇化提升城镇居民消费水平。与微观数据相比，宏观数据更容易获取，可以进行更为复杂的面板数据分析以及动态面板数据分析。然而，宏观数据也存在缺点，主要表现为无法控制微观个体的差异性。宏观数据与微观数据优缺点可以互补，因此，本书综合微观数据与宏观数据的实证研究结果，可以全方位反映新型城镇化建设对城镇居民消费水平的影响，研究结论更加稳健。

5.2.1 研究思路及数据来源

以 2012 年作为分界点，本书将 2012 年（不含）之前的城镇化建设称为传统城镇化；2012 年以后的城镇化建设称为新型城镇化。为表示传统城镇化与新型城镇化的区别，本书在实证模型中设置一个虚拟变量，如果该虚拟变量取值为 0，表示传统城镇化阶段；取值为 1，则表示新型城镇化阶段。实证分析中，在控制其他变量影响的条件下，如果实证研究结果得出该虚拟变量的估计值显著大于0，表明以传统城镇作为参照，新型城镇化能够扩大城镇居民消费需求。

实证研究数据来自历年《中国统计年鉴》，或除香港、澳门和台湾地区之外的我国31个省份统计年鉴。由于某些变量部分省份早期的数据难以获得，因此实证研究的时间跨度为2004~2022年，总共19年。其中传统城镇化阶段共8年；新型城镇化阶段共11年。

5.2.2 实证分析

5.2.2.1 变量选取及描述性统计

（1）被解释变量。实证分析的被解释变量为31个省份城镇居民家庭的人均消费支出。为消除价格因素对居民消费支出的影响，以2004年为基期，采用城镇居民消费价格指数进行了平减，以便得到城镇居民真实的消费水平。为消除可能存在的异方差对模型回归结果的影响，将城镇居民家庭真实的人均消费支出取自然对数。

（2）核心解释变量。在基准回归分析中的核心解释变量是一个虚拟变量，构建方法如上所述。在进一步的实证分析中，核心解释变量是城镇化率与该虚拟变量的交互效应。

（3）控制变量的选取依据如下：根据经典消费理论，居民消费水平主要受到经济因素、人口因素以及制度因素的影响。选取城镇居民人均可支配收入作为影响城镇居民消费水平的经济因素。与城镇居民家庭的人均消费支出的处理一样，首先以2004年为基期采用城镇居民消费价格指数对其进行了平减，以便得到31个省份2004~2022年城镇居民真实的人均可支配收入。

根据生命周期假说，消费者在就业阶段会适当储蓄以防止年老时由于收入减少导致消费水平过度下降。家庭中如果有未成年家庭成员，则家庭消费也会受到影响。一方面，年幼家庭成员在饮食、娱乐、教育、培训等方面的消费支出是家庭总支出的重要组成部分，因此家庭中如果有未成年家庭成员可能导致居民消费支出增加。另一方面，考虑到未成年家庭成员将来在教育、住房、结婚等方面的大额支出，家庭中如果有未成年家庭成员可能导致居民增加储蓄，为未成年家庭成员将来的花销做准备从而挤出当前的消费。基于上述分析，实证分析选取老年抚养比与少儿抚养比两个人口结构变量作为人口因素变量。

完善的社会保障制度有利于扩大居民消费需求，而居民在就业、医疗、住房等方面的不确定性将增加他们的预防性储蓄动机，并减少当期消费。采用城镇居民参与基本养老保险的比例作为制度因素的代理变量。

（4）中介变量：城镇人均固定资产投资。新型城镇化建设一方面要求"以人为本"，让长期在城市就业的流动人口与当地户籍人口一样，平等享受流入地的基本社会公共服务。另一方面还需要不断进行城镇化，这意味着仍然有大量农村人口流向城市。以上两个方面均要求城市在交通、教育、医疗、社会保障等方面进行大量固定资产投资。不断增加的固定资产投资能够促进经济发展，为城市居民，特别是城市流动人口提供大量就业机会并提高他们的收入，进而扩大城市居民消费需求。因此，新型城镇化建设能够通过城市固定资产投资扩大城市居民消费需求。以上各变量的描述性统计如表5－4所示。

表5－4　　　　　　　　　　主要变量的描述性统计

变量	变量名称	均值	中位数	方差	最小值	最大值	样本量
ucon	城镇居民家庭人均消费支出（元）	13455	13037	5460	5294	34242	589
uinc	城镇居民家庭人均可支配收入（元）	19790	18983	9019	7218	57236	589
pinsur	城镇居民参与基本养老保险的比例	0.241	0.208	0.143	0.027	0.855	589
ydep	少儿抚养比	0.240	0.243	0.0685	0.0964	0.447	589
odep	老年抚养比	0.142	0.134	0.0413	0.0671	0.288	589
ufixinv	城镇人均固定资产投资（元）	34889	30866	19640	7102	117130	589

由表5－4可以看出，我国31个省份城镇居民2004～2022年的人均实际消费支出（以2004年为基期）为13455元。该变量的方差为5460元，表明各地区城镇居民人均实际消费支出的差异程度较大。研究时间段内，31个省份城镇居民的人均实际可支配收入（以2004年为基期）为19790元。该变量的方差为9019元，表明各地区城镇居民人均实际可支配收入的差异程度高于实际消费支出。2004～2022年，31个省份城镇居民参与基本养老保险比例的平均程度为24%。变量pinsur的均值较低，主要是由于2010年之前我国城镇

居民参与基本养老保险的比例较低。以北京为例，作为我国经济最发达的地区之一，北京 2004 年城镇居民参与基本养老保险的比例仅为 30.79%；2010 年为 50.02%，首次突破 50%。少儿抚养比与老年抚养比的均值分别为 0.240 和 0.142。城镇人均固定资产投资的均值为 34889 元，最大值为最小值的 16.49 倍，表明我国各省域城镇人均固定资产投资差异较大。此外，城镇化率与城镇居民人均消费支出的自然对数两者之间的简单相关系数为 0.7973，表明城镇化与城镇居民家庭人均消费支出显著正相关。

5.2.2.2　基准回归分析

在上述变量选取的基础上，首先建立如模型（5.2）所示的基准面板数据模型进行实证研究：

$$lcon_{it} = \alpha + \beta_1 linc_{it} + \beta_2 pinsur_{it} + \beta_3 ydep_{it} + \beta_4 odep_{it} + \beta_5 dum_{it} + \mu_i + \varepsilon_{it}$$

$$(5.2)$$

其中，$lcon$ 表示城镇居民人均实际消费支出的自然对数，$linc$ 表示城镇居民人均实际可支配收入的自然对数，μ 是省份固定效应，ε 是扰动项。虚拟变量 dum 是核心解释变量。其余变量的含义如表 5 - 4 所示。

估计模型（5.2）既可采用固定效应模型估计，也可采用随机效应模型估计，它们的主要区别是随机效应模型要求不可观测的个体固定效应与所有解释变量不相关。固定效应模型的参数估计通常采用两步法。第一步，对模型（5.2）在时间维度上取均值，并将原始模型，即模型（5.2）减去时间维度上取均值之后得到的模型。通过该变换可以消除不可观测的个体固定效应。第二步，如果扰动项的离差与被解释变量的离差不相关，则采用普通最小二乘法（OLS）估计第一步得到的模型，即可得到被解释变量回归系数的一致估计。此外，固定效应模型还可采用虚拟变量回归（LSDV）得到各解释变量回归系数的一致估计。随机效应模型在特定假设条件下可采用的估计方法包括广义最小二乘（GLS）、最大似然估计（MLE）、组间估计等。实际应用中，模型选择可采用豪斯曼检验确定。模型（5.2）基于各种估计方法得到的估计结果如表 5 - 5 所示。为便于比较，采用混合回归方法（PA）得到的参数估计也置于表 5 - 5 之中。

表 5 – 5 基准模型的各种估计结果

变量	模型1	模型2	模型3	模型4
linc	0.805 *** (64.80)	0.873 *** (56.99)	0.847 *** (58.44)	0.853 *** (56.43)
pinsur	0.231 *** (5.520)	−0.0675 (−1.172)	0.0654 (1.311)	0.0384 (0.694)
ydep	−0.157 *** (−2.707)	0.265 *** (3.053)	0.0535 (0.716)	0.0972 (1.157)
odep	−0.304 *** (−3.928)	−0.514 *** (−5.285)	−0.475 *** (−5.155)	−0.485 *** (−5.224)
dum	0.0271 *** (3.147)	0.0301 *** (3.844)	0.0269 *** (3.478)	0.0275 *** (3.573)
Constant	1.558 *** (14.19)	0.890 *** (6.19)	1.153 *** (8.59)	1.097 *** (7.74)
Observations	589	589	589	589
R-squared	0.976	0.983	0.9822	

注：*** 表示1%的显著性水平。模型1为混合回归的估计结果；模型2为固定效应模型的估计结果；模型3为随机效应模型采用广义最小二乘的估计结果；模型4为随机效应模型采用最大似然估计的估计结果。

上述四个模型的参数估计结果显示，核心解释变量 *dum* 的回归系数估计值均在1%的显著性水平上显著，且其大小介于0.0269~0.0301，差异程度较小。

控制变量的影响方面，上述四个模型的参数估计结果显示，城镇居民家庭人均可支配收入 *linc* 的回归系数估计值均在1%的显著性水平上显著，且其大小介于0.805~0.873，差异程度较小，从而表明城镇居民家庭人均可支配收入每增加1%，城镇居民家庭的人均消费支出将增加0.805%~0.873%。城镇居民参与基本养老保险的比例 *pinsur* 对城镇居民家庭人均消费支出的影响存在较大差异。少儿抚养比和老年抚养比两变量对城镇居民家庭人均消费支出的影响同样存在较大差异。

由于上述四个模型的估计结果总体上存在一定差异，故需要进行模型选择检验，以便确定最佳参数估计结果。基于布罗施和帕甘（1980）提出的 LM 检验结果得到，检验统计量的估计值为 962.87，对应的概率 p 值接近于 0，表明检验结果强烈拒绝"不存在个体随机效应"的原假设，即随机效应模型与混合效应模型相比，前者参数估计结果更加可靠，即模型 3 的参数估计结果优于模型 1。豪斯曼检验结果得到，检验统计量的估计值为 24.92，对应的概率 p 值为 0.001，表明在 1% 的显著性水平上应拒绝"个体固定效应与各解释变量不相关"的原假设，即与随机效应模型的参数估计结果相比，固定效应模型的参数估计结果更加可靠，即表 5 - 5 的估计结果中，模型 2 的参数估计结果优于模型 3 和模型 4。

上述模型选择检验的结果表明，表 5 - 5 各模型的参数估计结果中，模型 2 的参数估计结果最优。由模型 2 的参数估计结果可以得出，核心解释变量 dum 的回归系数估计值为 0.0301 且在 1% 的显著性水平上显著。该结果表明，控制城镇居民家庭人均消费支出其他变量影响的条件下，与传统城镇化建设相比，平均来讲，新型城镇化建设增加城镇居民家庭人均消费支出的程度提升了 3.01%。

基于本书第 4 章的研究结论，新型城镇化建设可以通过提升城镇居民收入等多种路径扩大城镇居民消费需求。然而，在实证分析中，由于无法分解城镇居民收入提升的来源，即无法得到城镇居民通过新型城镇化建设获取的收入提升，故将城镇居民收入作为控制变量纳入实证模型之中。尽管如此，仍然得出新型城镇化建设扩大城镇居民家庭消费需求的结论。考虑到新型城镇化建设还可以通过增加城镇居民收入进而提升其消费水平的间接效应，新型城镇化扩大城镇居民消费需求的总体效应远大于 3.01%。

5.2.2.3 异质性分析与动态面板分析

考虑到我国各地区的经济发展水平和发展阶段存在显著差异，各地区的新型城镇化建设水平也不一样，将我国除香港、澳门和台湾地区之外的 31 个省份分为东、中、西部三大区域，分别研究新型城镇化对三大区域城镇居民家庭消费支出的影响。此外，根据居民消费的棘轮效应理论，居民当期的消费水平会受到上期消费水平的影响，因此，在基准模型回归的基础上，采用动态面板数据模型做进一步的回归分析。其中，动态面板模型的设定如下：

$$lcon_{it} = \alpha + \beta_1 linc_{it} + \beta_2 pinsur_{it} + \beta_3 ydep_{it} + \beta_4 odep_{it}$$
$$+ \beta_5 dum_{it} + \beta_6 lcon_{it-1} + \mu_i + \varepsilon_{it} \quad\quad (5.3)$$

异质性分析与动态面板分析的模型估计结果如表5-6所示。

表5-6 异质性与动态面板回归分析结果

变量	东部	中部	西部	动态面板模型
L. lcon				0.164 * (1.919)
linc	0.862 *** (35.37)	0.880 *** (36.59)	0.895 *** (30.87)	0.672 *** (8.749)
pinsur	-0.0712 (-0.959)	0.717 *** (3.660)	-0.346 ** (-2.177)	0.173 ** (2.287)
ydep	0.235 (1.353)	0.528 *** (3.776)	0.134 (0.957)	-0.180 * (-1.944)
odep	-0.439 *** (-3.029)	-1.286 *** (-5.151)	-0.596 ** (-2.205)	-0.323 * (-1.980)
dum	0.0508 *** (4.063)	-0.0199 * (-1.693)	0.0315 ** (2.251)	0.0224 * (1.819)
Constant	1.021 *** (4.453)	0.712 *** (3.216)	0.757 *** (2.767)	1.344 *** (7.188)
Observations	209	152	228	558
R-squared	0.984	0.991	0.979	

注：①东部包括北京、天津、河北、辽宁、上海、江苏、浙江、福建、山东、广东、海南，共11个省份；中部包括山西、吉林、黑龙江、安徽、江西、河南、湖北、湖南，共8个省份；西部包括内蒙古、广西、重庆、四川、贵州、云南、西藏、陕西、甘肃、青海、宁夏和新疆，共12个省份。②*** 、 ** 、 * 分别表示1%、5%和10%的显著性水平。

表5-6所示的异质性分析结果表明，我国东、中、西部新型城镇化建设对城镇居民消费需求的影响存在显著差异。东部地区的效应显著高于西部地区，而中部地区的效应却低于西部地区。东部地区是我国经济发达、流动人

口净流入地区。新型城镇化建设背景下，除了北京、上海、广州等少数城市外，众多城市逐步取消了流动人口落后限制，大量流动人口流向东部地区。以浙江省杭州市为例。2015 年以来，特别是自 2016 年国务院办公厅印发《推动 1 亿非户籍人口在城市落户方案的通知》之后，杭州市净流入人口快速增加。2015 年比上一年增加 12.6 万人；2016 年和 2017 年分别净增加 17 万和 28 万人；2018 年则增加了 33.8 万人；2019 年和 2020 年的增量分别达到 55.4 万和 57.6 万人；2021～2023 年又分别增长 26.8 万、17.2 万以及14.6 万人。大量人口流入为杭州市的经济发展提供了充裕的劳动力，促进了杭州市的经济发展。2015 年杭州市的地区生产总值首次突破 1 万亿元；8 年后的 2023 年则超过 2 万亿元。杭州市经济快速发展提升了居民收入，并扩大了居民消费需求。因此，新型城镇化背景下，东部地区众多流入人口变成了当地城镇市民，他们在住房、教育、交通等方面的消费支出大幅增加。

与东部地区不同，西部地区各省份的新型城镇化建设更多的是就地城镇化。传统城镇化阶段，广西、重庆、四川、贵州、云南与陕西等西部省份均为人口流出大省。然而，自新型城镇化提出"引导约 1 亿人在中西部地区就近城镇化"以来，尤其是随后国家实施了一系列有利于西部新型城镇化建设的重大战略或规划，如西部大开发战略，成渝地区双城经济圈建设被列为国家重大区域发展战略；2010 年国务院发布的《全国城市体系规划纲要》将重庆定位为国家中心城市；2016 年 4 月国家批准发布的《成渝城市群发展规划》将成都定位为国家中心城市；2018 年 2 月国家发展改革委、住建部正式发布的《关中平原城市群发展规划》将西安批准建设为第 9 个国家中心城市；等等。以上一系列国家战略极大地促进了西部地区经济社会发展，新型城镇化建设水平与质量稳步提升。

以重庆市为例。重庆是我国最大的直辖市，人口众多，2015 年常住人口达到 3070.02 万人。然而，2015 年重庆的户籍人口为 3371.84 万人，当年净流出 301.82 万人。近年来，重庆市的人口流动出现了显著变化，主要表现为市内跨区县流动人口明显增多，净流出人口显著减少。来自《重庆统计年鉴》的数据显示，2016～2022 年的七年，重庆市的户籍人分别为 3392.11 万、3389.82 万、3403.64 万、3416.29 万、3412.71 万、3414.66 万、3413.80 万人；常住人口分别为 3109.96 万、3143.51 万、3163.14 万、3187.84 万、3208.93 万、

3212.43 万、3213.34 万人；净流出人口分别为 282.15 万、246.31 万、240.50 万、228.45 万、203.78 万、202.23 万、200.46 万人。上述数据表明，2016 年重庆市的净流出人口首次低于 300 万人，此后重庆市的净流出人口逐渐减少。另外，在净流出人口减少的同时，重庆市的流动人口总量却显著增加。重庆市统计局发布的数据显示，2021 年重庆市的流动人口规模达到 1536.11 万人，比 2015 年增加了 317.37 万人，增长 26.0%。其中，2021 年重庆市内流动人口规模达到 1123.55 万人，为 2015 年的 1.5 倍，年均增速达到 7.2%。市内流动人口占流动人口总量的比重由 2015 年的 60.8% 提高至 2021 年的 73.1%，提高了 12.3 个百分点，这表明越来越多的流动人口倾向于在市内流动。重庆市内流动人口大幅增加是该市就地城镇化不断发展的必然结果，也表明重庆新型城镇化建设极大地促进了该市的经济发展，为居民提供了大量就业机会，从而显著扩大了城镇居民消费需求。

对于中部 8 个省份，新型城镇化建设背景下，尽管它们也取得显著成效，但与东部及西部各省份相比，它们的新型城镇化建设相对滞后，经济发展速度低于西部地区，而经济发展水平又不如东部地区，学术界甚至出现了"中部塌陷"的观点，这与表 5-6 异质性分析所得结果一致。尤其是吉林和黑龙江两省的人口流出较为严重，经济增长速度显著低于全国平均水平。以黑龙江省为例，来自《黑龙江统计年鉴（2023）》的数据表明，黑龙江省连续多年人口负增长。2012 年黑龙江省总人口为 3714 万人；2013 年下降为 3666 万人；2014 年进一步下降为 3608 万人；2022 年则为 3099 万人。新型城镇化建设阶段，黑龙江省总人口下降超过 600 万人。总人口下降的同时，黑龙江省城镇人口也连续多年减少。黑龙江省城镇人口不断下降，新型城镇化水平和质量不高，造成城镇居民消费需求不足。与新型城镇化建设先进地区相比，黑龙江省新型城镇化未有效扩大城镇居民消费需求。

异质性分析结果表明，虽然我国新型城镇化建设显著提高了全体城镇居民家庭的人均消费水平，但不同区域新型城镇化建设扩大城镇居民消费需求的效应存在明显差异，主要表现为中部各省份的效应较弱。为提升中部地区新型城镇化的建设水平并扩大居民消费需求，中部各省份应大力加强就地城镇化建设，提升城市基础设施水平，发展经济为乡城流动人口提供就业机会，努力吸引跨省流动人口回流，进一步提升新型城镇化建设的水平与质量。国家在政策层面可以适当给予中部省份倾斜,以促进它们新型城镇化建设。例如,中部地区的总人口超过西部地区,但中部地区只有两个国家中心城市,西部地区却有三个。

动态面板模型回归方面,由于系统 GMM 法综合了差分 GMM 法与水平 GMM 法的优点,故本书采用系统 GMM 法估计动态面板模型各参数。由于本实证研究的样本量不大,为减少模型估计中工具变量的数量,避免造成弱工具变量问题,限定被解释变量的滞后 3 阶至滞后 4 阶为工具变量。AR(1)与 AR(2)的检验结果表明,模型扰动项差分的一阶和二阶滞后项均存在自相关;但 AR(3)的检验结果发现,模型扰动项差分的三阶滞后不存在自相关。Hasen 检验得出检验统计量的观测值为 30.24,对应的概率 p 值为 0.929,无法拒绝"工具变量均为有效工具变量"的原假设,表明模型估计采用的工具变量不存在弱工具变量问题。

表 5-6 最后一列显示,被解释变量滞后一阶项的回归系数估计值为 0.164,且在 10% 的显著性水平上显著,表明我国城镇居民的消费需求存在棘轮效应,实证分析结果与理论相符。核心解释变量 dum 的回归系数估计值为 0.0224,且在 10% 的显著性水平上显著,仍然可以得出,与传统城镇化建设相比,新型城镇化建设显著提高了城镇居民家庭的人均消费支出。

5.2.2.4 交互效应分析

以上的实证分析,在控制城镇居民家庭人均消费支出相关影响变量的条件下,通过比较传统城镇化与新型城镇化两阶段城镇居民家庭人均消费支出的差异,得出新型城镇化建设显著提升了城镇居民家庭人均消费支出的结论。将城镇化水平 $urbrate$ 变量纳入实证模型之中,通过识别 $urbrate$ 与 dum 的交互效应,进一步分析新型城镇化扩大城镇居民消费需求的效应。模型设定如式(5.4)所示。

$$
\begin{aligned}
lcon_{it} = {} & \alpha + \beta_1 linc_{it} + \beta_2 pinsur_{it} + \beta_3 ydep_{it} + \beta_4 odep_{it} \\
& + \beta_5 urbrate_{it} + \beta_6 urbrate_{it} \times dum_{it} + \mu_i + \varepsilon_{it}
\end{aligned} \tag{5.4}
$$

交互效应分析首先采用 31 个省份构成的全样本进行;其次分别基于东、中、西部三大区域的样本进行;最后运用动态面板模型进行分析。回归结果如表 5-7 所示。

表 5 – 7　　　　　　　　　　交互效应分析结果

变量	全样本	东部	中部	西部	动态面板模型
$L.\ lcon$					0.159 * (1.917)
$linc$	0.855 *** (42.08)	0.794 *** (25.49)	0.977 *** (25.87)	0.787 *** (21.83)	0.663 *** (9.478)
$pinsur$	− 0.122 ** (− 1.984)	− 0.0348 (− 0.436)	0.596 *** (3.029)	− 0.522 *** (− 3.352)	0.0585 (0.760)
$ydep$	0.243 *** (2.784)	0.223 (1.309)	0.636 *** (4.569)	0.164 (1.229)	− 0.119 (− 1.057)
$odep$	− 0.541 *** (− 5.293)	− 0.530 *** (− 3.647)	− 1.062 *** (− 4.284)	− 1.067 *** (− 3.900)	− 0.338 ** (− 2.089)
$urbrate$	0.0979 (1.268)	0.370 *** (3.310)	− 0.465 *** (− 3.254)	0.820 *** (4.468)	0.144 (1.672)
$urbrate \times dum$	0.0638 *** (4.701)	0.0819 *** (4.585)	− 0.0430 * (− 1.929)	0.0444 (1.539)	0.0472 ** (2.080)
$Constant$	1.025 *** (6.092)	1.449 *** (5.725)	− 0.0166 (− 0.0537)	1.505 *** (4.957)	1.406 *** (7.873)
$Observations$	589	209	152	228	558
$R\text{-}squared$	0.983	0.985	0.992	0.981	

注：①东部包括北京、天津、河北、辽宁、上海、江苏、浙江、福建、山东、广东、海南，共 11 个省份；中部包括山西、吉林、黑龙江、安徽、江西、河南、湖北、湖南，共 8 个省份；西部包括内蒙古、广西、重庆、四川、贵州、云南、西藏、陕西、甘肃、青海、宁夏和新疆，共 12 个省份。② *** 、 ** 、 * 分别表示 1%、5% 和 10% 的显著性水平。

重点关注 $urbrate$ 与 dum 的交互效应的回归系数估计值。表 5 – 7 第一列全样本的回归结果显示，$urbrate$ 与 dum 的交互效应的回归系数估计值为 0.0638，且在 1% 的显著性水平上显著。该回归结果表明，控制其他相关影响因素的条件下，新型城镇化扩大城镇居民消费需求的效应比传统城镇化高 6.38%。通过比较表 5 – 7 第二至第四列 $urbrate$ 与 dum 的交互效应的回归系数估计值，仍然可以得出与表 5 – 6 相同的结论，即新型城镇化扩大东部地区城镇居民消费需求的效应高于西部地区，而扩大中部地区城镇居民消费需求的效应最低。表 5 – 7 第五列动态面板模型中，$urbrate$ 与 dum 的交互效应的回归系数估计值为 0.0472，且在 5% 的显著性水平上显著。该回归结果表明，考虑居民消费的棘轮效应之后，新型城镇化扩大城镇居民消费需求的效应有所降低。

5.2.2.5　中介效应分析

以上分析未考虑城市基础设施投资在新型城镇化扩大城镇居民消费需求过程中的中介效应。事实上，无论是为了吸引新流入人口，还是使现有流动人口与城市户籍人口一样平等享有各种社会公共服务，城市均需要大量基础设施投资，如住房、交通、公共服务基础设施投资等。城市基础设施投资能够促进经济发展，为包括流动人口在内的城镇常住居民提供就业机会，增加他们的收入，进而提高城镇居民的消费水平。为检验上述中介效应，本书采用中介效应模型进行实证分析。由于统计口径发生变化，国家统计局并未公布 2018 年以后各省份的城镇固定资产投资完成额。因此，本小节中介效应分析的时间跨度为 2012 ~ 2017 年。研究结果表明，在 2012 ~ 2017 年的新型城镇化建设阶段，控制其他变量影响的条件下，平均来讲，新型城镇化扩大城镇居民消费需求的直接效应占 82.16%；新型城镇化建设通过基础设施投资进而扩大城镇居民消费需求的效应占 17.84%。

5.2.2.6　内生性与稳健性检验

本书实证分析新型城镇化扩大城镇居民消费需求时，在实证模型中加入了控制变量，以控制其他相关因素的影响。尽管如此，模型设定仍可能存在遗漏变量或双向因果等原因产生内生性问题，导致参数估计不一致。为解决这一问题，本书采用工具变量法进行参数估计。参考已有文献的做法（林毅夫，姜烨，2006；李春涛，宋敏，2010），选择 urbrate 变量的滞后一阶项与组间均值作为工具变量进行两阶段最小二乘估计。

采用 urbrate 变量的组间均值作为工具变量进行两阶段最小二乘估计时，第一阶段回归结果的 F 值为 67.49，工具变量的 t 值为 3.32；F 值显著大于 10，表明工具变量的选择不存在弱工具变量风险，工具变量选择合理（李明，张亦然，2019）。第二阶段回归结果中，关注变量的回归系数估计值显著为正，表明控制内生性影响后，新型城镇化依然能够扩大城镇居民消费需求。采用 urbrate 变量的滞后一阶进行两阶段最小二乘估计时，第一阶段回归结果的 F 值为 6.06，工具变量的 t 值为 37.90。第二阶段回归结果中，关注变量的回归系数估计值也显著为正。虽然采用 urbrate 变量的滞后一阶作为工具变量可能存在弱工具变量问题，但综合两个工具变量的回归结果，可以得出消除可能存在的内生性问题后，新型城镇化仍然能够扩大城镇居民消费需求。

采用剔除 2020 年之后的数据进行稳健性检验。基于该研究方法的原因是，由于新冠疫情的暴发，2020 年之后我国经济受到严重冲击。剔除该时间段可以反映新型城镇化对城镇居民消费需求的一般影响，即在通常情况下，新型城镇化对城镇居民消费需求的影响方向与程度。实证研究结果发现，剔除 2020～2022 年三年的研究样本之后，上述各实证研究结果中，核心解释变量的回归系数值只发生小幅变化，其符号均显著为正。稳健性检验结果表明，控制其他相关变量的影响，新型城镇化通常可以扩大城镇居民消费需求，上述各回归结果稳健。

采用宏观面板数据实证研究了新型城镇化建设对城镇居民消费需求的影响，得到如下结论：（1）城镇化率与城镇居民家庭人均消费支出的自然对数两变量之间显著正相关。（2）控制其他相关变量的影响，新型城镇化阶段城镇居民家庭的人均实际消费支出显著高于传统城镇化阶段城镇居民家庭的人均实际消费支出，表明新型城镇化总体上扩大了城镇化居民的消费需求。（3）在基准模型中加入城镇化率与区别新型城镇化与传统城镇化的虚拟变量两者的交互项之后，实证研究发现该交互项的回归系数估计值显著为正，表明新型城镇化阶段每提高 1 个城镇化率扩大城镇居民消费需求的效应显著高于传统城镇化阶段。（4）新型城镇化扩大城镇居民消费需求的效应存在地域差异，东部地区最高，西部地区第二，中部地区最低。（5）新型城镇化建设需要大量基础设施投资，采用中介效应模型的回归结果表明，新型城镇化也能够通过城镇基础设施投资扩大城镇居民消费需求。（6）采用两阶段最小二乘法消除模型设定可能存在的内生性问题之后，以上研究结论依然成立，且研究结果稳健。

5.3 新型城镇化提升我国农村居民消费水平实证研究：微观视角

同样采用中国家庭金融调查与研究中心提供的微观截面数据对新型城镇化提升我国农村居民的消费水平进行实证研究。

5.3.1　研究设计

5.3.1.1　研究思路及研究样本选择

由第 4 章的研究可知，新型城镇化建设可以通过多种途径提升我国农村居民的消费水平。例如，加快新农村建设能够促进农村经济的发展，增加农民的收入并提升他们的消费水平；加强城镇工业化和城市现代化能够吸引更多的农村剩余劳动力从农业部门转向生产效率更高的工业部门和服务业部门工作，提高了农民的收入，扩大了他们的消费需求；等等。本节将从农村居民外出务工能够增加农村居民的收入这一视角，实证研究新型城镇化提高农村居民的消费水平。

CHFS 数据集总共包含了 8438 个家庭微观层面的数据。由于研究对象是农村居民家庭，因此，应剔除所有城镇居民家庭（包括没有城市户籍但在城市居住半年或半年以上的家庭）的样本，最后得到有效研究样本 2119 个。CHFS 数据集中，农村居民家庭外出务工家庭成员的数量存在一定差异。研究样本中，有近一半的家庭没有家庭成员外出务工。在有家庭成员外出务工的农村居民家庭中，以一个或两个家庭成员外出务工为主，它们分别占样本总量的 26.57% 及 17.23%。

5.3.1.2　变量选取

实证研究涉及的被解释变量为农村居民家庭的消费总支出。解释变量包括农村居民家庭纯收入、财富、负担系数、社会保障及其他控制变量。需要说明的是，由于农村居民的社会保障基本不涉及失业保险和住房公积金两项，因此，本实证研究的社会保障仅包含养老保险和医疗保险两项。其他控制变量包括农村居民家庭户主的年龄、婚姻状况、学历、民族以及地域等人口社会学特征变量。由于农村居民家庭户主的学历最高为中专/职高，因此，学历虚拟变量只包含 $edu1 \sim edu4$ 四个虚拟变量。

5.3.1.3　模型设定及变量说明

有效研究样本中，我国农村居民家庭拥有四个和五个家庭成员外出务工的比例分别仅为 1.71% 以及 0.09%。为了使所设定的模型尽量简单以便减少待估计参数的个数，以及降低变量间的多重共线性，提高待估计参数的精度，本实证研究将外出务工家庭成员的数量为三人及以上的农村居民家庭合并为一类。

根据上述变量选取的分析结果，本实证研究首先构造如下计量分析模型：

$$\ln C_i = \beta_0 + \beta_1 \ln Y_i + \beta_2 \ln W_i + \beta_3 DEP_i + \beta_4 D_{1i} + \beta_5 D_{2i}$$
$$+ \beta_6 D_{3i} + A_i \times SEC_i + B_i \times Z_i + \varepsilon_i \tag{5.5}$$

模型（5.5）主要考察虚拟变量 D_{1i}、D_{2i} 以及 D_{3i} 对农村居民家庭消费支出的影响。其中，变量 C 指的是家庭消费性支出，Y 指的是农村居民家庭纯收入之和，W 指的是家庭各类财富总和，DEP 指的是家庭负担系数。SEC 指的是由各种社会保险所构成的一个列向量，具体包括 dum_secur、dum_med 两个虚拟变量。虚拟变量 dum_secur 取值为 1 表示被调查对象参加了新型农村社会养老保险，取值为 0 表示没有；虚拟变量 dum_med 取值为 1 表示被调查对象参加了医疗保险，取值为 0 表示没有。Z 是由被调查对象的人口社会学特征组成的列向量，具体包括年龄（age）、年龄的平方（age2）、学历、婚姻状况（marr）、民族（nation）以及地域。学历虚拟变量按照如下规则构建：以没上过学作为参照，被调查对象的学历为小学、初中、高中以及中专/职高时，分别对应于虚拟变量 edu1 ~ edu4。当农村居民家庭有一个家庭成员外出务工时，虚拟变量 D_{1i} 取值为 1，否则取值为 0。当农村居民家庭有两个家庭成员外出务工时，虚拟变量 D_{2i} 取值为 1，否则取值为 0。当农村居民家庭有三个及以上家庭成员外出务工时，虚拟变量 D_{3i} 取值为 1，否则取值为 0。参数 $\beta_0 \sim \beta_6$ 为待估计系数。ε_i 为扰动项，表示除上述各变量之外的其他因素对农村居民家庭消费支出的影响，并且假定它服从均值为 0、方差 σ_i^2 的正态分布。向量 A 和向量 B 表示由待估计系数构成的行向量。i 表示的是研究样本的个体变量。婚姻状况虚拟变量 marr 以被调查对象的户主已婚作为参照。民族虚拟变量 nation 以被调查对象为汉族作为参照。

此外，为了考察农村居民家庭收入和财富对其消费支出的不同影响，本实证研究构造如下计量分析模型：

$$\ln C_i = \beta_0 + \beta_1 \ln Y_i + \beta_2 \ln W_i + \beta_3 (D_{1i} \times \ln Y_i) + \beta_4 (D_{1i} \times \ln W_i)$$
$$+ \beta_5 (D_{2i} \times \ln Y_i) + \beta_6 (D_{2i} \times \ln W_i) + \beta_7 (D_{3i} \times \ln Y_i)$$
$$+ \beta_8 (D_{3i} \times \ln W_i) + \beta_9 DEP_i + A_i \times SEC_i + B_i \times Z_i + \varepsilon_i \tag{5.6}$$

其中，参数 $\beta_0 \sim \beta_9$ 为待估计参数，其余各变量的含义与模型（5.5）相同。

5.3.2 实证分析

5.3.2.1 描述性统计分析

本实证研究涉及的主要变量的描述性统计如表5-8所示。

表5-8　　　　　　　　　　　主要变量的描述性统计

项目	C	Y	W	D_1	D_2	D_3	DEP	age
样本量	2119	2113	2117	2119	2119	2119	2119	2119
均值	19244	14005	780764	0.266	0.172	0.0755	0.268	53.64
中位数	13195	7850	100250	0	0	0	0.200	54
25分位数	7584	3100	34400	0	0	0	0	45
75分位数	22928	16564	220750	1	0	0	0.400	62
标准差	21292	35234	$1.150e+07$	0.442	0.378	0.264	0.289	11.43
最小值	216	10	24	0	0	0	-0.500	17
最大值	288896	$1.250e+06$	$5.010e+08$	1	1	1	1	92

项目	$marr$	$nation$	$edu1$	$edu2$	$edu3$	$edu4$	dum_secur	dum_med
样本量	2119	2119	2119	2119	2119	2119	2119	2119
均值	0.0868	0.0519	0.414	0.317	0.0708	0.00330	0.275	0.937
中位数	0	0	0	0	0	0	0	1
25分位数	0	0	0	0	0	0	0	1
75分位数	0	0	1	1	0	0	1	1
标准差	0.282	0.222	0.493	0.465	0.257	0.0574	0.447	0.243
最小值	0	0	0	0	0	0	0	0
最大值	1	1	1	1	1	1	1	1

注：①变量 C、Y 和 W 的单位为元，age 的单位为年；②农村居民家庭的消费支出包括自己生产农产品的市场价值，如粮食、蔬菜和瓜果等。

资料来源：中国家庭金融调查与研究中心。

表5-8的描述性统计分析表明，我国农村居民家庭的平均消费支出为19244元，其标准差为21292元，这表明我国农村居民的消费支出也存在较大差异。农村居民家庭的家庭纯收入以及财富总量分别为14005元、780764

元。变量 *age* 的均值为53.64，表明我国农村居民家庭户主的年龄偏大，这可能与大量农村青壮年外出务工有关。变量 *marr* 的均值为0.0868，表明我国农村居民家庭户主的婚姻状态仅有8.68%为未婚、离婚或丧偶。*edu*1 ~ *edu*4 的均值分别为0.414、0.317、0.0708和0.00330，表明我国农村居民家庭户主的受教育状态为小学、初中、高中和中专/职高的比例分别为41.4%、31.7%、7.08%和0.33%。变量 *dum_secur* 的均值仅为0.275，表明我国农村居民参加样本保险的比例较低，仅为27.5%。这可能与我国农村居民的养老方式大多为家庭养老有关。变量 *dum_med* 的均值为0.937，表明我国农村均参加医疗保险的比例较高。此外，比较四类农村居民家庭的消费水平可以发现，没有家庭成员外出务工的农村居民家庭，其消费水平明显低于有家庭成员外出务工的农村居民家庭。

5.3.2.2　计量分析

根据模型（5.2）的设定，采用全样本数据进行回归分析，得到的模型回归结果如表5-9所示。

表5-9　　　　　　　　　　模型回归结果

变量	系数估计值	变量	系数估计值	变量	系数估计值
ln*Y*	0.115 *** (7.925)	ln*W*	0.126 *** (10.12)	*DEP*	− 0.0543 (− 0.743)
D_1	0.0820 ** (2.138)	D_2	0.150 *** (3.270)	D_3	0.124 * (1.794)
age	0.00627 (0.471)	*age*2	− 0.000210 (− 1.637)	*edu*1	0.0733 (1.592)
*edu*2	0.135 *** (2.774)	*edu*3	0.150 ** (2.064)	*edu*4	0.619 *** (3.221)
marr	− 0.301 *** (− 4.258)	*dum_secur*	0.0856 ** (2.005)	*dum_med*	0.0478 (0.710)
nation	0.0708 (1.010)				

注：①*** 、** 、* 分别表示1%、5%和10%的显著性水平，括号内为 *t* 统计量；②地区虚拟变量的回归结果没有汇报；③*N* = 2111，*R*-squared 为0.331；④常数项的估计结果为8.342 ***，相应的 *t* 值为18.62；⑤被解释变量为ln*C*。

表 5 - 9 的回归结果表明，在控制了其他相关因素的影响之后，虚拟变量 D_1、D_2 和 D_3 的系数估计值分别为 0.0820、0.150 和 0.124，且分别在 5%、1% 和 10% 的水平上显著。该回归结果说明，与没有家庭成员外出务工相比，在控制了其他相关因素的影响之后，有家庭成员外出务工的农村居民家庭，其消费水平更高。这可能与没有家庭成员外出务工的农村居民家庭的消费习惯较为保守有关。有家庭成员外出务工的农村居民家庭能够获得更多城市居民消费的相关信息，他们更倾向于模仿城市居民的生活方式，因此，他们的消费习惯更前卫和大胆。

为了分析四类农村居民家庭不同的消费习惯，接下来，根据模型（5.6）的设定，采用全样本数据进行回归分析，得到的模型回归结果如表 5 - 10 所示。

表 5 - 10 模型回归结果

变量	系数估计值	变量	系数估计值	变量	系数估计值
$\ln Y$	0.163 *** (8.450)	$\ln W$	0.0869 *** (5.527)	DEP	-0.0430 (-0.592)
$D_1 \times \ln Y$	-0.0735 *** (-2.785)	$D_1 \times \ln W$	0.0644 *** (3.164)	age	0.00825 (0.615)
$D_2 \times \ln Y$	-0.0860 *** (-2.751)	$D_2 \times \ln W$	0.0785 *** (3.220)	age2	-0.000235 * (-1.815)
$D_3 \times \ln Y$	-0.107 *** (-3.102)	$D_3 \times \ln W$	0.101 *** (3.273)	edu1	0.0678 (1.478)
edu2	0.127 *** (2.636)	edu3	0.140 * (1.910)	edu4	0.574 *** (2.874)
marr	-0.314 *** (-4.524)	dum_secur	0.0821 * (1.927)	dum_med	0.0383 (0.561)
nation	0.0748 (1.045)				

注：① ***、* 分别表示 1% 和 10% 的显著性水平，括号内为 t 统计量；②地区虚拟变量的回归结果没有汇报；③$N = 2111$，$R\text{-}squared$ 为 0.339；④常数项的估计结果为 8.208 ***，相应的 t 值为 18.38；⑤被解释变量为 $\ln C$。

5.3.2.3 模型估计结果分析

对比表 5 - 9 及表 5 - 10 的模型回归结果可知，后者的可决系数比前者稍大，因此，以下的实证结果分析主要基于模型（5.6）的回归结果进行。

首先，表 5-10 中，变量 $\ln Y$ 的回归系数估计值为 0.163，并且在 1% 的水平上显著，从而表明，没有家庭成员外出务工的农村居民家庭，其消费支出的收入弹性为 0.163，即家庭收入每增加 1%，家庭的消费支出将增加 0.163%。然而，变量 $D_1 \times \ln Y$、$D_2 \times \ln Y$ 和 $D_3 \times \ln Y$ 的回归系数估计值分别为 -0.0735、-0.0860 以及 -0.107，且均在 1% 的水平上显著，从而表明，有家庭成员外出务工的农村居民家庭，他们消费支出的收入弹性低于没有家庭成员外出务工的农村居民家庭。有一个家庭成员外出务工的农村居民家庭，其消费支出的收入弹性为 0.0895，即家庭收入每增加 1%，家庭的消费支出将增加 0.0895%。有两个家庭成员外出务工的农村居民家庭，其消费支出的收入弹性为 0.077，即家庭收入每增加 1%，家庭的消费支出将增加 0.077%。有三个及以上家庭成员外出务工的农村居民家庭，其消费支出的收入弹性为 0.056，即家庭收入每增加 1%，家庭的消费支出将增加 0.056%。随着外出务工家庭成员的数量的增加，农村居民家庭消费的收入弹性依次降低，其原因可能与他们的收入水平有关。

有效样本中，没有家庭成员外出务工的农村居民家庭、只有一个家庭成员外出务工的农村居民家庭以及有两位家庭成员外出务工的农村居民家庭，他们家庭纯收入的 10 分位数、25 分位数、中位数、75 分位数、90 分位数以及均值都依次增大。有两个家庭成员外出务工的农村居民家庭与有三个及以上家庭成员外出务工的农村居民家庭相比，后者的 10 分位数、中位数以及 75 分位数均大于前者，从而表明，大部分三个及以上家庭成员外出务工农村居民家庭的纯收入高于两个家庭成员外出务工的农村居民家庭。因此，通常来讲，农村居民家庭的收入随着外出务工家庭成员数量的增加而增加。

其次，变量 $\ln W$ 的回归系数估计值为 0.0869 且在 1% 的水平上显著，从而表明，没有家庭成员外出务工的农村居民家庭，其消费支出的财富弹性为 0.0869，即家庭财富每增加 1%，家庭的消费支出将增加 0.0869%。然而，变量 $D_1 \times \ln W$、$D_2 \times \ln W$ 和 $D_3 \times \ln W$ 的回归系数估计值分别为 0.0644、0.0785 以及 0.101，且均在 1% 的水平上显著，从而表明，有家庭成员外出务工的农村居民家庭，他们消费支出的财富弹性高于没有家庭成员外出务工的农村居民家庭。有一个家庭成员外出务工的农村居民家庭,其消费支出的财富弹性为0.1513,即家庭财富每增加1%,家庭的消费支出将增加0.1513%。有两个家庭成员外出务工的农村居民家庭,其消费支出的财富弹性为0.1654,即家庭财富每增加1%,家庭的消费支出将增加0.1654%。有三个及以上家庭成员外出务工的农村居民家庭,其消费支出的财富弹性为0.1879,即家庭财富每增加1%,家庭的消费支出将增加0.1879%。因此,随着外出务工家庭成员的数量的增加,农村居民家庭消费的财富弹性依次上升。

综合上述分析可知,影响居民消费支出两个最重要的经济因素——收入和财富,对农村居民家庭消费支出的影响程度存在差别。与没有家庭成员外出务工的农村居民家庭相比,有家庭成员外出务工的农村居民家庭,其消费支出的财富弹性更高,但其消费支出的收入弹性降低了。

变量 DEP 的回归系数估计值并不显著,从而表明,负担系数对农村居民家庭的消费支出并没有显著影响。变量 age 的回归系数估计值并不显著同样说明,农村居民家庭的户主年龄对其家庭消费支出并没有显著影响。虚拟变量 $edu2 \sim edu4$ 的系数估计值显著为正,从而表明,与户主的学历为没上过学相比,户主的学历为初中、高中以及中专/职高的农村居民家庭,他们的家庭消费支出显著上升。虚拟变量 $edu1$ 的系数估计值并不显著,从而表明,与户主的学历为没有上过学相比,户主的学历为小学的农村居民家庭,其家庭消费支出并没有显著变化。变量 $marr$ 的回归系数估计值为 -0.314 且在1%的水平上显著,从而表明,与户主的婚姻状况为已婚相比,户主的婚姻状况为其他的农村居民家庭,其消费支出显著减少。变量 dum_secur 的系数估计值显著为正表明,参加了社会养老保险的农村居民家庭,其消费支出显著增加;然而,变量 dum_med 系数估计值并不显著说明,参加医疗保险对农村居民家庭的消费支出并没有显著影响。变量 $nation$ 的系数估计值并不显著说明,与户主为汉族相比,少数民族农村居民家庭的消费支出并没有显著变化。

最后,考察四类农村居民家庭拥有财富的绝对量。研究有效样本中,四类农村居民家庭拥有财富的10分位数、25分位数、中位数和75分位数依次增加。90分位数方面,有家庭成员外出务工的农村居民家庭的财富均大于没有家庭成员外出务工的农村居民家庭;有两个及以上家庭成员外出务工的农村居民家庭的财富均大于只有一个家庭成员外出务工的农村居民家庭；但有两个家庭成员外出务工的农村居民家庭的财富稍微大于有三个及以上家庭成员外出务工的农村居民家庭。此外，有两个家庭成员外出务工的农村居民家庭，其财富的均值高于具有三个及以上家庭成员外出务工的农村居民家庭，然而，考虑到前者的标准差及最大值分别为 2.66e+07 元以及 5.01e+08 元，因此，其原因是此类农村居民家庭的财富差距很大造成的。综合表 5-10 的结果可知，大多数农村居民家庭的财富随着外出务工家庭成员数量的增加而增加，即一般来讲，外出务工家庭成员数量增加能够显著增加农村居民家庭的财富。

5.3.2.4 稳健性检验

为了检验表 5-10 所示模型回归结果的稳健性，本实证研究将研究样本按照户主的年龄进行分类，将户主年龄小于等于 50 岁的农村居民家庭作为一组，户主年龄大于 50 岁的农村居民家庭作为另一组，分别进行回归分析，回归的结果如表 5-11 所示。

表 5-11 　　　　　　　稳健性检验结果

变量	模型（1）	模型（2）
$\ln Y$	0.161*** (5.774)	0.159*** (5.998)
$D_1 \times \ln Y$	-0.0792** (-2.217)	-0.0715* (-1.694)
$D_2 \times \ln Y$	-0.0808*** (-3.193)	-0.105*** (-2.999)
$D_3 \times \ln Y$	-0.109* (-1.875)	-0.104** (-1.977)
$\ln W$	0.0869*** (3.944)	0.0863*** (4.009)
$D_1 \times \ln W$	0.0607** (2.195)	0.0710** (2.183)
$D_2 \times \ln W$	0.0708*** (3.261)	0.0811*** (3.599)

变量	模型（1）	模型（2）
$D_3 \times \ln W$	0.0983 * （1.648）	0.117 ** （2.385）
DEP	0.00289 （0.0225）	− 0.0895 （− 0.954）
控制变量	YES	YES

注：①***、**、* 分别表示1%、5%和10%的显著性水平，括号内为 t 统计量；②地区虚拟变量的回归结果没有汇报；③被解释变量为 $\ln C$；④YES 表示控制了相关变量的影响。

将表5－11的回归结果与表5－10的回归结果进行对比可以发现，影响居民消费需求的主要变量 $\ln Y$、$D_1 \times \ln Y$、$D_2 \times \ln Y$、$D_3 \times \ln Y$、$\ln W$、$D_1 \times \ln W$、$D_2 \times \ln W$、$D_3 \times \ln W$ 以及 DEP，不仅它们的符号和显著性没有改变，它们的估计值也变化不大，从而表明，表5－10的估计结果具有稳健性。

因此，以 CHFS 数据集对我国农村居民家庭的实证研究可以得到如下结论：（1）我国农村居民家庭中，有近一半的家庭没有家庭成员外出务工；（2）没有家庭成员外出务工的农村居民家庭，其消费水平明显低于有家庭成员外出务工的农村居民家庭；（3）与没有家庭成员外出务工相比，在控制了其他相关因素的影响之后，有家庭成员外出务工的农村居民家庭，其消费水平更高；（4）随着外出务工家庭成员的数量的增加，农村居民家庭消费的收入弹性依次降低；（5）随着外出务工家庭成员数量的增加，农村居民家庭消费的财富弹性依次上升；（6）通常来讲，农村居民家庭的收入随着外出务工家庭成员数量的增加而增加；（7）一般来讲，外出务工家庭成员数量增加能够显著增加农村居民家庭的财富；（8）农村居民的受教育程度与其消费支出成正比。

根据上述实证分析结论，在新型城镇化过程中，随着我国城镇工业化以及新农村建设的稳步推进，与2014年我国的城镇化率仅为54.77%以及有近一半的家庭没有家庭成员外出务工相比，今后仍将有大量农村居民外出务工。这将有力地提高我国农村居民的消费水平，其主要途径如下：（1）外出务工农村居民增加，将能够增加农村居民家庭的财富，同时也能够提升农村居民家庭消费的财富弹性，因而能够提升其消费水平；（2）外出务工农村居民增加，将能够增加农村居民家庭的收入，提升其消费水平；（3）外出务工农村居民增加，将能够改变农村居民的消费习惯，使得他们更愿意消费，进而提升其消费水平；(4) 完善的社会保障制度能够扩大我国农村居民的消费需求。

5.4　新型城镇化提升我国农村居民消费水平实证研究：宏观视角

参照第 5.2 节的研究思路与研究方法，采用宏观面板数据实证检验新型城镇化提升我国农村居民消费水平的效应。宏观数据实证分析与微观数据实证分析相结合，能够全面反映新型城镇化对我国农村居民消费水平的影响。

5.4.1　数据来源与预处理

实证研究采用的宏观数据来自历年《中国统计年鉴》，或除我国香港、澳门和台湾地区之外的 31 个省份统计年鉴，或《中国人口和就业统计年鉴》。实证研究的时间跨度为 2000～2022 年，总共 23 年，其中包括传统城镇化阶段共 12 年，新型城镇化阶段共 11 年。

由于原始数据涉及的时间跨度较长，因此某些变量存在缺失值的情形。关于缺失值的处理，主要采用如下方法补齐：（1）采用相近指标替代。例如，某些省份并未公布 2001～2004 年的城镇化率。本书采用《中国人口和就业统计年鉴》公布的非农业人口数除以总人口数替代。（2）采用插值法补充。对于前后两个年份均可以从《中国统计年鉴》或各省份统计年鉴获得的缺失数据，采用插值法补充完整。本小节面板数据实证研究最后形成包含 31 个省份共 23 年的平衡面板数据。由于中介变量的数据截至 2021 年，因此采用中介效应模型进行实证分析的数据为包含 22 年的平衡面板数据。

5.4.2　实证分析

5.4.2.1　变量选取及描述性分析

基于平衡面板数据进行实证研究，实证模型中包含被解释变量、核心解释变量与控制变量三类变量。采用中介效应模型进行中介效应分析时，模型中则还包含中介变量。

（1）被解释变量。实证分析的被解释变量为 31 个省份农村居民家庭的人均消费支出。为消除价格因素的影响，在进行回归分析之前，以 2000 年为基期，对被解释变量进行平减，得到 31 个省份农村居民家庭的人均实际消费支出。为消除异方差可能导致的模型参数估计偏差，对被解释变量取自然对数。

（2）核心解释变量。为实证检验新型城镇化对农村居民消费水平的影响，首先将研究样本分成两类：一类为传统城镇化阶段样本；另一类为新型城镇化阶段样本。控制其他相关变量影响的条件下，比较新型城镇化阶段与传统城镇化阶段农村居民家庭的人均消费支出，即可得出与传统城镇化相比，新型城镇化对农村居民消费需求的影响。该影响可以通过虚拟变量回归实现。此外，为更加详细分析新型城镇化对农村居民消费需求的影响，可以分析上述虚拟变量与城镇化水平的交互效应。如果该交互效应为正，表明控制其他相关变量影响的条件下，新型城镇化扩大农村居民消费需求的效应强于传统城镇化。因此，实证研究的关注变量包括一个虚拟变量以及一个交互效应，具体表现在不同的模型中。

（3）控制变量。实证模型的控制变量包括农村居民家庭的人均纯收入或人均可支配收入，农村居民家庭的老年抚养比与少儿抚养比。尽管已有研究发现，参加新型农村养老保险对农村居民的消费需求具有显著但微弱的促进作用（朱诗娥，杨汝岱，吴比，2019），但由于我国农村养老保险制度于 2009 年才开始实施，且 2012 年之前参保的农村居民家庭较少，较大规模参保则发生于新型城镇化阶段，属于新农村建设的结果，因此，本书将农村养老保险对农村居民消费的影响纳入新型城镇化的影响范畴。采用该方法处理的另一原因是，无法获得 2000～2022 年每个年份各省份详细的农村居民家庭参加养老保险的数据。基于相同的原因，本书也未将农村基本医疗保险纳入控制变量。

（4）中介变量。研究表明，我国农村居民的主要收入来源仍然是农业以及农业与相关产业的融合，如农业与旅游业、农业与农产品加工业、农业与商业等的融合。本书将农业机械总动力作为各省份新型城镇化扩大农村居民消费需求的中介变量，其主要原因是，农业现代化是农村经济发展的基石，农村居民无论是发展设施农业，还是促进农村三产融合，均需以农业现代化作为前提条件。以上各变量的描述性统计如表 5 – 12 所示。

表 5 – 12   主要变量的描述性统计

变量	变量名称	均值	中位数	方差	最小值	最大值	样本量
$rcon$	农村居民家庭人均消费支出（元）	4897	3958	3275	992.4	17664	713
$rinc$	农村居民家庭人均可支配收入（元）	6291	5264	4271	1331	25166	713
$ydep$	少儿抚养比	0.253	0.255	0.0751	0.0964	0.488	713
$odep$	老年抚养比	0.136	0.128	0.041	0.0615	0.288	713
$meche$	农业机械总动力（万千瓦时）	3027	2173	2927	93.97	13353	682
$urbrate$	城镇化率	0.519	0.517	0.161	0.192	0.896	713

由表 5 – 12 可以得出，我国 31 个省份 2000～2022 年农村居民家庭不变价格的人均消费支出的平均值为 4897 元，但该变量的方差达到了 3275 元，表明研究样本期间，我国各省份农村居民消费支出的差异程度较大，这与该变量的最大值是最小值的 17.8 倍所反映的结果一致。2000～2022 年，我国农村居民家庭不变价格的人均可支配收入或人均纯收入的平均值为 6291 元，该变量的方差为 4271 元，表明研究样本期间我国各省份农村居民收入的差异程度也较大。平均来讲，农村居民家庭的少儿抚养比高于老年抚养比。各省份农业机械总动力的均值为 3027 万千瓦时，但该变量的最大值是最小值的 142.1 倍。研究时间段内，我国各省份城镇化率的平均水平为 51.9%。

5.4.2.2　基准回归分析

基于上述变量选择结果，首先建立如式（5.7）所示基准面板数据模型进行实证研究：

$$lcon_{it} = \alpha + \beta_1 linc_{it} + \beta_2 ydep_{it} + \beta_3 odep_{it} + \beta_4 dum_{it} + \mu_i + \varepsilon_{it} \quad (5.7)$$

其中，$lcon$ 表示农村居民家庭人均实际消费支出的自然对数（以 2000 年为基期），$linc$ 表示农村居民家庭人均实际可支配收入的自然对数（以 2000 年为基期），$ydep$ 表示少儿抚养比，$odep$ 表示老年抚养比，μ 是省份固定效应，ε 是扰动项。虚拟变量 dum 是核心解释变量。采用与模型（5.2）相同的估计方法，估计结果如表 5 – 13 所示。

表 5-13   基准模型基于不同估计方法的估计结果

变量	模型1	模型2	模型3	模型4
linc	0.886 *** (61.12)	0.968 *** (55.32)	0.961 *** (56.33)	0.964 *** (56.46)
ydep	-0.0108 (-0.141)	-0.486 *** (-4.503)	-0.390 *** (-3.767)	-0.421 *** (-4.002)
odep	0.742 *** (4.893)	0.991 *** (6.602)	0.961 *** (6.519)	0.971 *** (6.609)
dum	0.153 *** (9.195)	0.0464 *** (3.287)	0.0572 *** (4.109)	0.0536 *** (3.839)
Constant	0.543 *** (4.328)	-0.0165 (-0.111)	0.0129 (0.0882)	0.00213 (0.0145)
Observations	713	713	713	713
R-squared	0.967	0.982		

注：*** 表示1%的显著性水平。

表 5-13 所示的四个模型中，模型1为采用混合回归方法（PA）得到的参数估计结果；模型2为采用固定效应模型（FE）得到的参数估计结果；模型3为采用随机效应模型（RE）且估计方法为广义最小二乘（GLS）得到的参数估计结果；模型4为采用随机效应模型且估计方法为极大似然估计（MLE）得到的参数估计结果。

上述四个模型的参数估计结果显示，核心解释变量 *dum* 的回归系数估计值均在1%的显著性水平上显著为正，且其大小介于 0.0464～0.153。该回归结果表明，与传统城镇化相比，新型城镇化扩大农村居民消费需求的效应更强。

控制变量的影响方面，四个模型中变量 *linc* 的回归系数估计值均在1%的显著性水平上显著为正，其大小介于 0.886～0.968，该变量回归系数估计值在各模型之间的差异程度较小。变量 *ydep* 的回归系数估计值在上述四个模型中存在一定差异，其中模型2～模型4中该变量的回归系数估计值均在1%

的显著性水平上显著为负，且其大小介于 −0.486 ~ −0.39，但模型 1 中该变量的估计结果虽然也为负，但并不显著，系数估计值仅为 −0.0108。变量 *odep* 在上述四个模型中的回归系数估计值均在 1% 的显著性水平上显著为正，其大小介于 0.742 ~ 0.991。

鉴于表 5 – 13 所示四个模型的参数回归结果存在一定差异，故需要比较它们的优劣，以便选择恰当模型回归结果。混合回归模型与随机效应模型之间的对比通常采用布罗施和培甘（Breusch & Pagan，1980）提出的拉格朗日乘数（LM）检验。采用该检验方法得到的检验统计量的观测值为 1886.32，对应的概率 *p* 值近似为 0，检验结果表明应该强烈拒绝"不存在个体随机效应"的原假设，即随机效应模型与混合效应模型相比，随机效应模型的参数估计结果更加可靠，即模型 3 的参数估计结果优于模型 1。固定效应模型与随机效应模型的比较通常采用豪斯曼检验。采用该检验方法的结果发现，检验统计量的观测值为 20.87，对应的概率 *p* 值为 0.0003，该结果表明在 1% 的显著性水平上应拒绝"个体固定效应与各解释变量不相关"的原假设，即与随机效应模型的参数估计结果相比，固定效应模型的参数估计结果更加可靠，即表 5 – 13 的估计结果中，模型 2 的参数估计结果优于模型 3 与模型 4。

综合上述检验结果可得，表 5 – 13 所示采用不同估计方法得到的参数估计结果中，固定效应模型的估计结果最优，应选择该模型回归结果进行实证分析。模型 2 的参数估计结果中，核心解释变量 *dum* 的系数估计值为 0.0464 且在 1% 的显著性水平上显著。该结果表明，控制农村居民家庭人均消费支出其他变量影响的条件下，与传统城镇化建设相比，平均来讲，新型城镇化建设促进农村居民家庭人均消费支出增加的程度提升了 4.64%。

与新型城镇化建设扩大城镇居民消费需求的效应相比，新型城镇化建设扩大农村居民消费需求的效应更强。其原因可能包含两个方面。其一是新型城镇化阶段我国着力实施乡村振兴战略并取得显著成效，因此城乡消费差距逐渐缩小。其二可能与我国农村居民的消费支出基数较低有关。在研究时间段，我国城镇居民人均消费支出的均值为 13455 元，而农村居民人均消费支出的均值仅为 4897 元，前者是后者的 2.75 倍。

模型 2 控制变量的影响方面，变量 *linc* 的系数估计值为 0.968，且在 1% 的显著性水平上显著，表明控制其他相关变量的影响，农村居民人均实际可支配收入每提升 1 个百分点,人均实际消费支出将提升 0.968 个百分点。变量 $ydep$ 的系数估计值为 -0.486,且在 1% 的显著性水平上显著,表明控制其他相关变量的影响,少儿抚养比每提升 1 个百分点,农村居民的人均实际消费支出将下降 0.486 个百分点;变量 $odep$ 的系数估计值为 0.991,且在 1% 的显著性水平上显著,表明控制其他相关变量的影响,老年抚养比每提升 1 个百分点,农村居民的人均实际消费支出将上升 0.991 个百分点。

5.4.2.3 异质性分析与动态面板分析

与我国各地区城镇发展存在较大差异一样,我国区域间的农村发展不平衡也较为显著。为考察新型城镇化建设对各区域农村居民消费支出的异质性影响,将我国除香港、澳门和台湾地区之外的 31 个省份分为东、中、西部三大区域,分别研究新型城镇化对三大区域农村居民家庭消费支出的影响。此外,根据居民消费的棘轮效应理论,我国农村居民当期的消费支出会受到上期消费支出的影响,因此,在基准模型回归的基础上,采用动态面板数据模型做进一步的回归分析。其中,农村居民消费动态面板模型的设定如下:

$$lcon_{it} = \alpha + \beta_1 linc_{it} + \beta_2 ydep_{it} + \beta_3 odep_{it}$$
$$+ \beta_4 dum_{it} + \beta_5 lcon_{it-1} + \mu_i + \varepsilon_{it} \qquad (5.8)$$

其中,变量 $lcon_{it-1}$ 表示滞后一期的农村居民人均消费支出。异质性分析与动态面板分析的参数估计结果如表 5-14 所示。

表 5-14   异质性与动态面板回归分析结果

变量	东部	中部	西部	动态面板模型
$L.lcon$				0.712 *** (17.90)
$linc$	1.001 *** (30.53)	1.019 *** (29.32)	0.908 *** (35.79)	0.249 *** (6.140)
$ydep$	-0.482 ** (-2.233)	-0.242 (-1.254)	-0.552 *** (-3.533)	-0.0549 (-0.752)
$odep$	0.457 * (1.794)	0.987 *** (3.533)	1.829 *** (6.596)	0.0920 (0.615)

变量	东部	中部	西部	动态面板模型
dum	0.0560 ** (2.178)	0.00280 (0.112)	0.0572 *** (2.603)	0.0546 *** (5.598)
Constant	−0.332 (−1.151)	−0.509 * (−1.760)	0.479 ** (2.322)	0.289 *** (2.877)
Observations	253	184	276	682
R-squared	0.976	0.988	0.985	

注：①东部包括北京、天津、河北、辽宁、上海、江苏、浙江、福建、山东、广东、海南，共11个省份；中部包括山西、吉林、黑龙江、安徽、江西、河南、湖北、湖南，共8个省份；西部包括内蒙古、广西、重庆、四川、贵州、云南、西藏、陕西、甘肃、青海、宁夏和新疆，共12个省份。②***、**、*分别表示1%、5%和10%的显著性水平。

首先，关注异质性分析各模型核心解释变量的回归系数估计值。异质性分析中，东部地区核心解释变量 *dum* 的系数估计值为0.056且在5%的显著性水平上显著；西部地区核心解释变量 *dum* 的系数估计值为0.0572且在1%的显著性水平上显著；中部地区核心解释变量 *dum* 的系数估计值为0.0028但统计上并不显著。比较东、中、西部核心解释变量 *dum* 系数估计值的差异可以得到，新型城镇化建设扩大西部地区农村居民消费需求的效应最强，东部地区次之，中部地区最弱。通过比较新型城镇化建设分别对不同区域城镇居民与农村居民消费支出的影响可以看出，新型城镇化扩大西部地区农村居民消费需求的效应显著高于城镇居民，新型城镇化扩大东部地区农村居民消费需求的效应与城镇居民基本相同；无论是城镇居民还是农村居民，新型城镇化扩大中部地区居民消费需求的效应均最弱。

新型城镇化扩大西部地区农村居民消费需求的效应在东、中、西部三大区域中最高，表明我国西部地区的新型城镇化建设最为显著。与西部地区相比，中部地区新型城镇化发展相对滞后，对农村居民消费需求的促进作用不够明显。

动态面板模型回归方面，AR（1）检验的 *z* 值为−4.98，表明模型扰动项存在一阶自相关；AR（2）检验的 *z* 值为0.4，表明模型扰动项不存在二阶自相关。检验结果表明，模型可以采用系统GMM方法进行参数估计。为防止工具变量过多产生弱工具变量问题，回归过程中限定被解释变量的滞后二阶~四阶作为工具变量。Hasen 检验得出检验统计量的观测值为 29.75，对应的概率 p 值为 0.994，无法拒绝"工具变量均为有效工具变量"的原假设，表明模型估计采用的工具变量不存在弱工具变量问题。表 5 - 14 最后一列显示，核心解释变量 dum 的系数估计值为 0.0546 且在 1% 的显著性水平上显著，表明考虑农村居民消费的棘轮效应后，新型城镇化建设对农村居民的消费需求仍然具有促进作用。

5.4.2.4 交互效应分析

将城镇化水平 $urbrate$ 变量纳入基准模型之中，通过分析 $urbrate$ 与 dum 两个变量的交互效应，可以更为详细地分析新型城镇化扩大农村居民消费需求的效应。模型设定如下：

$$lcon_{it} = \alpha + \beta_1 linc_{it} + \beta_2 ydep_{it} + \beta_3 odep_{it} + \beta_4 urbrate_{it}$$
$$+ \beta_5 urbrate_{it} \times dum_{it} + \mu_i + \varepsilon_{it} \quad (5.9)$$

交互效应分析首先采用 31 个省份构成的全样本进行；其次分别基于东、中、西部三大区域的样本进行；最后运用动态面板模型进行分析。回归结果如表 5 - 15 所示。

表 5 - 15　　　　　　　　　交互效应分析结果

变量	全样本	东部	中部	西部	动态面板模型
$L. lcon$					0.764 *** (19.72)
$linc$	0.877 *** (46.33)	0.900 *** (22.48)	0.933 *** (23.03)	0.834 *** (31.02)	0.214 *** (5.592)
$ydep$	-0.385 *** (-3.614)	0.193 (0.792)	-0.378 ** (-1.975)	-0.532 *** (-3.511)	-0.0337 (-0.454)
$odep$	0.761 *** (5.334)	0.0876 (0.348)	1.055 *** (4.031)	0.872 *** (2.741)	0.0167 (0.126)
$urbrate$	0.574 *** (7.721)	0.776 *** (5.292)	0.363 *** (2.912)	0.676 *** (4.056)	-0.0165 (-0.265)
$urbrate \times dum$	0.106 *** (4.965)	0.0863 ** (2.393)	0.0516 (1.127)	0.121 *** (2.825)	0.0565 *** (3.163)

变量	全样本	东部	中部	西部	动态面板模型
Constant	0.462 *** (3.152)	−0.0136 (−0.0449)	0.0501 (0.160)	0.907 *** (4.401)	0.186 * (1.924)
Observations	713	253	184	276	682
R-squared	0.984	0.978	0.988	0.986	

注：①东部包括北京、天津、河北、辽宁、上海、江苏、浙江、福建、山东、广东、海南，共11个省份；中部包括山西、吉林、黑龙江、安徽、江西、河南、湖北、湖南，共8个省份；西部包括内蒙古、广西、重庆、四川、贵州、云南、西藏、陕西、甘肃、青海、宁夏和新疆，共12个省份。②＊＊＊、＊＊、＊分别表示1%、5%和10%的显著性水平。

表 5 – 15 的回归结果表明，在所有五个模型中，变量 urbrate 与变量 dum 交互效应的回归系数估计值均显著为正，除中部地区的系数估计值不显著外，其余各模型的系数估计值均在 1% 或 5% 的显著性水平上显著。据此可以得出，与传统城镇化相比，新型城镇化扩大我国农村居民消费需求的效应更强。具体来讲，第一列中变量 urbrate ×dum 的系数估计值为 0.106 且在 1% 的显著性水平上显著，变量 urbrate 的系数估计值为 0.574 且在 1% 的显著性水平上显著，表明新型城镇化阶段我国的城镇化率每提高 1 个百分点，农村居民的消费需求将扩大 0.68 个百分点，比传统城镇化高 0.106 个百分点。第二 ~ 第四列的回归结果与第一列类似。第五列中变量 urbrate ×dum 的系数估计值为 0.0565 且在 1% 的显著性水平上显著，但变量 urbrate 的系数估计值并不显著。尽管如此，仍然可以得出与传统城镇化相比，新型城镇化扩大农村居民消费需求的效应更强的结论。

5.4.2.5 中介效应分析

促进人口城镇化与土地城镇化协调发展、加快新农村建设是我国新型城镇化建设的重要内容。2023 年 12 月中央经济工作会议指出，要统筹新型城镇化和乡村全面振兴，要把推进新型城镇化和乡村全面振兴有机结合起来，促进各类要素双向流动，推动以县城为重要载体的新型城镇化建设，形成城乡融合发展新格局。以农业机械化为抓手，加快农业现代化发展是乡村振兴的重要路径，因此新型城镇化阶段，我国农业机械化快速发展。2000 年我国农业机械总动力仅为 50145.5 万千瓦时；2021 上升到 113967.62 万千瓦时。高延雷、张正岩、王志刚（2020）基于 2000 ~ 2016 年我国 31 个省份面板数据的实证研究发现，城镇化对农业机械化水平具有显著的正向影响。方师乐、卫龙宝、伍骏骞（2018）利用我国 420 个地级市 2000～2013 年的面板数据同样发现，从动态来看，中国高速的城镇化进程降低了农业人口密度，农业生产条件的改变促进了农业机械化水平的提高。农业机械化水平提升能够提高农业生产效率，促进农民增产增收；与此同时，农业机械化水平提升还具有人力资本效应，即它可以减少农业劳动力投入，增加农村居民外出务工等非农收入，并扩大其消费需求。

　　基于上述理论与实证研究结果，分析农业机械总动力提升在新型城镇化扩大农村居民消费需求中的中介效应。截至目前，可以获得我国 2021 年之前 31 个省份各年份的农业机械总动力数据，因此本小节实证研究的时间跨度为 2012～2021 年。研究结果表明，新型城镇化建设阶段，控制其他变量影响的条件下，平均来讲，农业机械总动力提升扩大了农村居民 5.75% 的消费需求，收入仍然是农村居民消费需求的决定性因素。

5.4.2.6　内生性与稳健性检验

　　参照第 5.2.2.6 节的研究方法，仍然采用 urbrate 变量的滞后一阶项与其组间均值作为工具变量进行两阶段最小二乘估计，以消除模型估计的内生性问题。

　　采用 urbrate 变量的组间均值作为工具变量进行两阶段最小二乘估计时，第一阶段回归结果的 F 值为 45.87，工具变量的 t 值为 4.20。根据已有文献提出的标准（李明，张亦然，2019），本书的 F 值显著大于 10，表明工具变量的选择不存在弱工具变量风险，工具变量选择合理。第二阶段回归结果中，关注变量 urbrate 的回归系数估计值为 2.28 且在 1% 的显著性水平上显著为正，表明控制内生性影响后，新型城镇化建设依然能够扩大农村居民的消费需求。采用 urbrate 变量的滞后一阶项作为工具变量进行两阶段最小二乘估计时，第一阶段回归结果的 F 值为 7.63，工具变量的 t 值为 28.69。第二阶段回归结果中，关注变量的回归系数估计值在 1% 的显著性水平上显著为正。虽然采用 urbrate 变量的滞后一阶项作为工具变量时，第一阶段回归的 F 值并没有大于 10，可能存在弱工具变量问题，但综合两个工具变量的回归结果，可以得出消除可能存在的内生性问题后，新型城镇化建设仍然能够扩大农村居民消费需求。

采用剔除新冠疫情之后的数据进行稳健型检验。实证研究结果发现，剔除 2020~2022 年三年的研究样本之后，上述各实证研究结果中，核心解释变量的回归系数估计值只发生小幅变化，其符号均为正且在 1% 的显著性水平上显著。稳健性检验结果表明，控制其他相关变量的影响，新型城镇化可以扩大农村居民消费需求，上述各模型的回归结果是稳健的。

本小节采用宏观面板数据实证研究了新型城镇化建设对农村居民消费需求的影响，得到如下结论：（1）城镇化率与农村居民家庭人均消费支出的自然对数两变量之间的皮尔逊简单相关系数为 0.8114，表明两变量显著正相关。（2）控制其他相关变量的影响，新型城镇化阶段农村居民家庭的人均实际消费支出显著高于传统城镇化阶段农村居民家庭的人均实际消费支出，表明新型城镇化总体上扩大了农村居民家庭的消费需求。（3）在基准模型中加入城镇化率与区别新型城镇化与传统城镇化的虚拟变量两者的交互项之后，实证研究发现该交互项的回归系数估计值显著为正，表明新型城镇化阶段每提高 1 个城镇化率扩大农村居民消费需求的效应显著高于传统城镇化阶段。（4）新型城镇化扩大农村居民消费需求的效应存在地域差异，西部地区最高，东部地区次之，中部地区最低。（5）新型城镇化建设需大力加强农业机械化。采用中介效应模型的回归结果表明，新型城镇化也能够通过农业机械化提升扩大农村居民的消费需求。（6）采用两阶段最小二乘法消除模型设定可能存在的内生性问题之后，以上研究结论依然成立，且研究结果稳健。

第6章　新型城镇化优化居民消费结构实证研究

6.1　我国城镇居民消费结构变动趋势分析

1993～2022年，我国城镇居民的人均消费总支出呈现较快增长趋势。1993年城镇居民人均消费水平仅为2110.81元；1995年突破3000元，达到3538元；1997年超过4000元；2000年则超过5000元，达到5027元；2007年城镇居民人均消费水平首次破万，达到10196元；2015年和2021年则分别超过2万元和3万元。我国城镇居民的人均消费水平从1万元增加到2万元，用时8年；从2万元增加到3万元，用时仅6年。1993～2022年，我国城镇居民的人均消费支出总共增长了14.4倍，平均名义增速高达9.63%。但从历年增长速度构成的时间序列来看，各年的增长速度呈现较大的差异，既有高速增长阶段，也有负增长时期。其中，增长速度最快的是2002年，在2001年的基础上实际增长了14.9%；增长速度最慢的是2020年，受到新冠疫情的影响，在前一年基础上实际的增速为−6%。

具体到八大类商品的消费支出上，1993年我国城镇居民的人均食品消费支出为1058.2元，占当年消费总支出的50.13%，即城镇居民超过一半消费支出用于食品消费。随着我国经济的不断发展，城镇居民食品消费支出的绝对额逐渐增加。2002年城镇居民的人均食品消费支出达到了2216元，是1993年的2.09倍，占当年城镇居民消费总支出的36.39%。2007年城镇居民人均食品消费支出首次突破3000元，达到了3423元，在上一年的基础上实际增长了10.2%，但它占城镇居民人均消费总支出的比重降为33.57%。2009年城镇居民人均食品消费支出超过4000元大关，达到了4136元，占城镇居民人均消费总支出的比重进一步降为 32.94%。2011 年、2014 年、2017 年和 2021 年我国城镇居民人均食品消费支出分别突破 5000 元、6000 元、7000 元和 8000 元大关，占当年城镇居民人均消费总支出的比重分别为 32.29%、30.05%、28.64% 和 28.63%。以上数据表明，研究时间段内，虽然我国城镇居民的人均食品消费支出不断增加，但它占消费总支出的比重逐渐下降。

衣着消费方面，1993 年我国城镇居民人均衣着消费支出为 300.61 元，占当年城镇居民人均消费总支出的 14.24%。十年后的 2003 年城镇居民人均衣着消费支出达到了 600 元，占当年城镇居民人均消费总支出的比重降为 9.11%。2008 年城镇居民人均衣着消费支出突破 1000 元，占当年城镇居民人均消费总支出的比重进一步降为 8.96%。2012 年城镇居民人均衣着消费支出达到 1535 元，占当年城镇居民人均消费总支出的比重为 7.95%。此后，城镇居民人均衣着消费支出缓慢增长，但其占当年城镇居民人均消费总支出的比重逐步降低。2022 年城镇居民人均衣着消费支出 1735 元，占当年城镇居民人均消费总支出的比重为 5.71%。与食品消费支出类似，研究时间段内我国城镇居民人均衣着消费支出不断增长，但它占消费总支出的比重同样逐渐下降。

居住消费方面，1993 年我国城镇居民人均居住消费支出仅为 140.01 元，占当年城镇居民人均消费总支出的 6.63%。1996 年城镇居民人均居住消费支出达到 300.85 元，占当年城镇居民人均消费总支出的比重上升为 7.68%。1998 年城镇居民人均居住消费占消费总支出的比重达到 10%，当年的人均居住消费支出为 434 元。2004 年城镇居民人均居住消费支出 1107 元，占当年城镇居民人均消费总支出的比重上升到 15.21%。2010 年城镇居民人均居住消费占消费总支出的比重首次超过 20%，达到了 20.37%，当年城镇居民人均居住消费支出达到 2816 元。2013 年城镇居民人均居住消费支出突破 4000 元，达到了 4301 元，占城镇居民人均消费总支出的比重首次超过 23.26%。2016 年、2018 年和 2021 年城镇居民人均居住消费支出分别超过 5000 元、6000 元和 7000 元，各占当年消费总支出的 22.16%、23.95% 和 24.43%。上述结果表明，我国城镇居民人均居住消费支出增长较快，在消费总支出中的比重不断上升。

生活用品及服务消费方面，1993 年我国城镇居民人均生活用品及服务消费支出 194.96 元，占当年城镇居民人均消费总支出的 8.76%。1997 年城镇居民人均生活用品及服务消费支出增加到 316.89 元，占当年城镇居民人均消费总支出的比重缓慢下降到 7.57%。2003 年城镇居民人均生活用品及服务消费支出首次突破 400 元，达到了 404 元，占当年城镇居民人均消费总支出的比重进一步下降到了 6.13%。2007 年城镇居民人均生活用品及服务消费支出为 586 元，占当年城镇居民人均消费总支出的比重为 5.75%。2012 年城镇居民人均生活用品及服务消费支出超过 1000 元，占当年城镇居民人均消费总支出的比重又缓慢上升，达到了 6.2%。2017 年城镇居民人均生活用品及服务消费支出为 1525 元，占当年城镇居民人均消费总支出的比重为 6.24%。2022 年城镇居民人均生活用品及服务消费支出增加到 1800 元，占当年城镇居民人均消费总支出的比重为 5.92%。上述数据表明，我国城镇居民人均生活用品及服务消费支出的绝对额增长较快，但它在消费总支出中的比重基本稳定，特别是自 2002 年以来，它的比重维持在 6% 左右。

交通通信消费方面，1993 年我国城镇居民人均交通通信消费支出仅为 80.63 元，占当年城镇居民人均消费总支出的 3.82%。1998 年城镇居民人均交通通信消费支出增加到 204 元，占当年城镇居民人均消费总支出的 4.7%。2003 年城镇居民人均交通通信消费支出占当年消费总支出的比重首次超过 10%，达到了 10.35%，当年的消费支出也由上一年的 599 元增加到 682 元。2006 年城镇居民人均交通通信消费支出达到了 1056 元，首次超过千元，在人均消费总支出中的占比为 11.93%。2012 年城镇居民人均交通通信消费支出超过 2000 元，达到了 2139 元，在人均消费总支出中的占比增加到 12.5%。2016 年城镇居民人均交通通信消费支出超过 3000 元，达到了 3174 元。2022 年城镇居民人均交通通信消费支出为 3909 元，接近 4000 元。

教育文化娱乐消费方面，1993 年我国城镇居民人均教育文化娱乐消费支出仅为 56.89 元，占当年城镇居民人均消费总支出的 2.69%。1995 年城镇居民人均教育文化娱乐消费支出突破百元，达到了 110.11 元，占当年消费总支出的 3.11%。2000 年城镇居民人均教育文化娱乐消费支出 651 元，占当年消费总支出的 12.95%。2005 年城镇居民人均教育文化娱乐消费支出突破千元，达到 1033 元，占当年消费总支出的 12.8%。2014 年城镇居民人均教育文化娱乐消费支出 2142 元，占当年消费总支出的 10.73%。此后，我国城镇居民的人均教育文化娱乐消费支出逐年增加，但占当年消费总支出的比重基本维持在 11% 上下。

医疗保健消费方面，1993 年我国城镇居民人均医疗保健消费 194.01 元，占当年城镇居民人均消费总支出的 9.19%。1997 年城镇居民人均医疗保健消费占消费总支出的比重为 10.71%，当年的支出金额为 448.38 元。2012 年城镇居民人均医疗保健消费支出首次突破千元，达到了 1099 元，但其在消费总支出中的占比却降低为 6.42%。2018 年城镇居民人均医疗保健消费支出 2046 元，占当年消费总支出的比重为 7.84%。此后，我国城镇居民的人均医疗保健消费支出逐年增加，但占当年消费总支出的比重基本维持在 8% 上下。

其他用品及服务消费方面，1993 年我国城镇居民人均其他用品及服务消费 95.5 元，占当年城镇居民人均消费总支出的 4.52%。2000 年城镇居民人均其他用品及服务消费为 163 元，在当年城镇居民人均消费总支出中的占比为 3.24%。2004 年、2008 年、2011 年、2014 年、2017 年、2019 年和 2022 年城镇居民人均其他用品及服务消费分别超过 200 元、300 元、400 元、500 元、600 元、700 元和 800 元，但它占当年消费总支出的比重基本维持在 2%~3%。

接下来比较城镇居民人均八大类商品消费支出各占总消费支出比重的变动情况。数据分析发现，食品消费始终是八大类商品消费支出占比最大的商品，但其占比由 1993 年的 50.13% 下降到 2022 年的 29.48%，下降了 20.65 个百分点。衣着消费支出占比由 1993 年的 14.24% 下降到 2022 年的 5.71%，下降了 8.53 个百分点。1993 年衣着消费支出在城镇居民人均消费总支出中的排名位居第二，2022 年的排名降至第七位，仅高于其他用品及服务消费支出的排名。1993 年居住消费占城镇居民消费总支出的比例为 6.63%，2022 年该比例上升为 25.15%，在此期间上升了 18.52 个百分点，在八大类商品中排名由第五位上升到第二位。1993~2022 年，生活用品及服务消费占消费总支出的比例降低了 2.84 个百分点，在八大类商品消费支出占消费总支出比例的排名由第四位降为第六位。1993 年交通通信消费支出在八大类商品消费支出排名中居第七位，仅高于教育文化娱乐消费支出。2022 年它占消费总支出的比重增加了 9.04 个百分点，在城镇居民人均消费总支出中的排名上升至第三位。1993 年教育文化娱乐消费在八大类商品消费支出中的排名最低，

2022 年则上升至第四位，在此期间它在消费总支出中的占比上升了 7.35 个百分点。1993 年医疗保健消费支出占消费总支出的比例为 9.19%，排名八大类消费支出的第三位。2022 年它占消费总支出的比例降为 8.16%，在八大类消费支出中的排名降为第五位。1993 年其他用品及服务消费支出排在八大类消费支出中的第六位，2022 年它的排名降为最后一名。

从城镇居民人均八大类商品的消费支出发展变化可以得出，在 1993 ~ 2022 年，我国城镇居民的消费结构发生了明显的变化。他们的消费结构已经由把主要的收入用于食品与衣着消费的生存型消费结构，转变为把大部分收入用于居住、交通通信、医疗保健、教育文化娱乐消费的发展型及享受型消费结构。

6.2 我国农村居民消费结构变动趋势分析

随着城镇化水平的不断提高，我国农村居民的人均消费水平呈现较快增长趋势。1993 年农村居民的人均消费支出为 770 元；1994 年达到 1017 元；2003 年突破 2000 元；2006 年达到 3072 元；两年后则超过 4000 元；2016 年农村居民的人均消费支出首次超过万元，达到 10130 元；2023 年则为 18175 元。过去 30 年间，我国农村居民的人均消费支出总共增长了 23.61 倍，名义增长率为 11.11%，高于同期城镇居民人均消费支出 9.63% 的名义增速。

具体到农村居民人均八大类商品的消费支出上，1993 年农村居民人均食品消费支出 446.8 元，占当年消费总支出的 58.05%。2004 年农村居民人均食品消费支出超过千元，达到 1055 元，但食品消费在当年消费总支出中的占比降为 45.36%。2011 年农村居民人均食品消费支出 2186 元，在当年消费总支出中的占比进一步降为 37.10%。2021 年农村居民人均食品消费支出突破五千元大关。与 1993 年相比，2023 年我国农村居民消费支出最大的商品类别仍然是食品，但食品在消费总支出中的占比大幅下降，由 1993 年的 58.05% 下降到 2023 年的 32.35%，下降了 25.7 个百分点，下降幅度高于城镇居民食品消费占比的降幅，但农村居民食品消费支出在消费总支出中的占比一直高于城镇居民，表明我国城镇居民的消费结构优于农村居民。

居住消费始终是农村居民消费支出排名第二的商品类别，但其在消费总支出中的占比不断上升，由1993年的13.87%上升到2023年的20.32%，30年间增加了6.45个百分点。在消费支出金额方面，1993年我国农村居民人均居住消费支出106.8元；2006年农村居民人均居住消费支出超过500元，达到了544元；2010年则超过千元，达到1042元。此后，农村居民人均居住消费支出较快增长，2023年为3694元，是1993年的34.59倍。1993～2023年的30年间，农村居民人均居住消费支出的年均名义增长率达到12.54%。

衣着消费方面，1993年我国农村居民人均衣着消费仅为55.3元，占当年人均消费总支出的7.18%。2001年农村居民人均衣着消费达到100元，在人均消费总支出中的占比下降为5.55%。2007年农村居民人均衣着消费201元，占当年人均消费总支出的5.68%。2008～2023年，农村居民人均衣着消费缓慢增长，2014年为510元，2023年达到921元，但它在农村居民人均消费总支出中的占比相对稳定，始终维持在5%～6%。1993～2023年，农村居民人均衣着消费增长了16.65倍，年均名义增长率为9.83%，显著低于在此期间居住消费的年均增长率。

生活用品及服务消费方面，1993年我国农村居民的人均消费支出44.7元，占当年人均消费总支出的5.81%。2005年农村居民人均生活用品及服务消费支出首次过百，达到122元，在当年农村居民人均消费总支出中的占比小幅下降为4.44%。2009年农村居民人均生活用品及服务消费支出超过200元。2012～2023年，农村居民人均生活用品及服务消费支出缓慢增长，2023年达到992元，占当年人均消费总支出的5.46%。过去30年间，农村居民人均生活用品及服务消费支出增长了22.19倍，年均名义增长率为10.89%，增长率低于居住消费，但高于衣着消费。

交通通信消费方面，1993年我国农村居民的人均消费支出仅为27.2元，占当年人均消费总支出的比重为3.53%。2001年农村居民人均交通通信消费支出突破百元，达到113元，占当年人均消费总支出的比重上升至6.27%。2010年农村居民人均交通通信消费支出超过500元，占当年人均消费总支出的比重进一步上升为10.27%。2014年农村居民人均交通通信消费支出突破千元，达到1013元，在当年人均消费总支出中的比重达到12.08%。2023年农村居民人均交通通信消费支出 2480 元，占当年人均消费总支出的比重为 13.65%。1993~2023 年，农村居民的人均消费支出持续增长，总共增长了 91.18 倍，年均名义增长率高达 16.23%，远高于同期食品消费、衣着消费、居住消费以及生活用品及服务消费的增长率。交通通信消费支出在农村居民人均消费总支出中的占比也不断增加，过去 30 年间总共上升了 10.12 个百分点。

教育文化娱乐消费方面，1993 年我国农村居民的人均消费支出为 58.4 元，占当年人均消费总支出的比重为 7.58%。1995 年农村居民人均教育文化娱乐消费支出超过百元，达到了 102.4 元，占当年人均消费总支出的比重上升为 7.82%。1998 年农村居民人均教育文化娱乐消费支出占当年人均消费总支出的比重上升为 10.22%。2005 年农村居民人均教育文化娱乐消费支出 374 元，占当年人均消费总支出的比重进一步上升为 13.6%。2016 年农村居民的人均教育文化娱乐消费支出突破千元，达到 1070 元，但其占当年人均消费总支出的比重却下降为 10.56%。2017~2023 年，农村居民人均教育文化娱乐消费支出逐渐增加，但其占当年人均消费总支出的比重基本稳定在 10%~11%。1993~2023 年，农村居民人均教育文化娱乐消费支出增长了 33.41 倍，年均名义增长率为 12.41%。

医疗保健消费方面，1993 年我国农村居民的人均消费支出为 17.4 元，占当年人均消费总支出的比重为 2.26%。2002 年农村居民的人均医疗保健消费支出增加到 107 元，占当年人均消费总支出的比重上升至 5.58%。2006 年农村居民人均医疗保健消费支出突破 200 元，占当年人均消费总支出的比重继续上升至 6.61%。2012 年农村居民人均医疗保健消费支出超过 500 元，达到了 560 元，占当年人均消费总支出的比重进一步上升至 8.4%。2017 年农村居民人均医疗保健消费支出首次突破千元大关，达到了 1059 元，占当年人均消费总支出的 9.67%。2023 年农村居民人均医疗保健消费支出 1916 元，占当年人均消费总支出的 10.54%。过去 30 年间，农村居民人均医疗保健消费支出增长了 110.11 倍，年均名义增长率为 16.97%，其增速位居农村居民八大类商品之首。医疗保健消费支出在农村居民人均消费总支出中的占比也不断增加，过去 30 年间总共上升了 8.28 个百分点。

其他用品及服务消费方面，1993 年我国农村居民的人均消费支出为 13.1

元，占当年人均消费总支出的比重为 1.7%。2000 年农村居民人均其他用品及服务消费支出 51 元，占当年人均消费总支出的比重增长到 2.98%。此后，农村居民人均其他用品及服务消费支出缓慢增加，2011 年首次突破百元；2017 年突破 200 元；2023 年为 341 元。2003~2023 年，农村居民人均消费支出占当年人均消费总支出的比重始终低于 2%。

接下来分析农村居民八大类商品消费各占当年人均消费总支出的比重的发展变化趋势。过去 30 年间，虽然食品消费一直是农村居民人均消费支出中占比最高的商品大类，但其占比一直呈现下降趋势，由 58.03% 下降至 32.35%。居住消费始终是农村居民八大类商品消费支出中排名第二位的商品大类，但其占比一直呈现上升趋势，由 13.87% 增加到 20.32%。交通通信消费支出增长较快，1993 年它在农村居民八大类商品消费支出中排名第六位，2023 年上升至第三位。医疗保健消费支出的增速也较快，1993 年它在农村居民八大类商品消费支出中排名第七位，2023 年上升至第五位。1993 年衣着消费支出在农村居民八大类商品消费支出中排名第四位，2023 年下降至第七位。过去 30 年间，教育文化娱乐消费支出在农村居民人均消费总支出中的占比上升了 3.15 个百分点，排名由第三位下降至第四位。以上分析表明，农村居民八大类商品消费在人均消费总支出中的排名发生了显著变化。

6.3　居民消费结构实证研究模型简介

居民消费结构实证研究模型主要由国外学者提出，目前常用的有三个模型，它们分别是线性支出系统（lniear expenditure system，LES）模型、扩展线性支出系统（extended lniear expenditure system，ELES）模型，以及几乎完美需求系统（almost ideal demand system，AIDS）模型。其中，线性支出系统模型由斯通（Stone）于 1954 年在《经济学期刊》（*The Economic Journal*）发表的研究《线性支出系统与需求分析：基于英国需求模式的应用》（Linear Expenditure System and Demand Analysis：An Application to the Pattern of British Demand）中首次提出，其基本思想是将消费者的消费支出分为基本需求支出和增加需求支出两类，后者是消费者所有消费支出减去基本需求支出之后的剩余部分。由于增加需求支出是在所有商品的基本需求得到满足之后增加的商品数量，因此，该模型能够反映消费者收入变化、各种商品价格变化对消费支出的影响，以及全面反映消费者对各种商品消费支出的变动情况，即能够较好地用于消费结构分析。

然而，该模型的不足之处在于，它假定消费者的消费支出是外生变量，从而给模型的参数估计造成很大的困难。于是路迟（Lluch）于 1973 年在《扩展线性支出系统》（The extended linear expenditure system）一文中提出了对线性支出系统模型进行扩展的方法。他的做法是，采用消费者的总收入替代线性支出系统模型中的总预算支出，采用边际消费倾向替代线性支出系统模型中的预算支出份额，从而得到扩展线性支出系统模型。该模型的数学表示方法为：

$$P_i X_i = P_i X_i^0 + \beta_i \left(Y - \sum_{i=1}^{n} P_i X_i^0 \right) \tag{6.1}$$

其中，P_i 表示第 i 类商品或服务的价格，X_i 及 X_i^0 分别表示第 i 类商品或服务的需求总量及基本需求量，Y 表示消费者的可支配收入，n 表示消费者消费的商品种类。

由式（6.1）可以得出，$P_i X_i$ 表示消费者第 i 类商品需求总量的消费支出；$P_i X_i^0$ 表示消费者第 i 类商品基本需求量的消费支出。因此，$\sum_{i=1}^{n} P_i X_i^0$ 表示消费者对所有商品种类基本需求的消费总支出；$\left(Y - \sum_{i=1}^{n} P_i X_i^0 \right)$ 则表示消费者在满足基本需求之后的商品消费支出。β_i 表示消费者满足基本需求后各商品种类的边际消费倾向。将式（6.1）变形可得如下计量模型：

$$P_i X_i = \alpha_i + \beta_i Y + \varepsilon_i \tag{6.2}$$

其中，ε_i 表示随机扰动项，α_i 表示截距项，其余参数含义同式（6.1）。通过对式（6.2）进行参数估计，可得到 α_i 以及 β_i 的参数估计值。此外，由式（6.2）可以得到某一类商品 i 消费的收入弹性为：

$$\eta_i = \frac{\partial X_i}{\partial Y} \times \frac{Y}{X} = \frac{\beta_i Y}{P_i X_i} \qquad (6.3)$$

价格弹性为:

$$E_{ii} = \frac{\partial X_i}{X_i} \bigg/ \frac{\partial P_i}{P_i} = \frac{(1 - \beta_i) P_i X_i^0}{P_i X_i} - 1 \qquad (6.4)$$

第 i 类商品价格变化对第 j 类商品需求的弹性,即交叉价格弹性为:

$$E_{ij} = \frac{\partial X_i}{X_i} \bigg/ \frac{\partial P_j}{P_j} = -\frac{\beta_i P_i X_j^0}{P_i X_i} \qquad (6.5)$$

将参数估计值代入式(6.3)至式(6.5)就可以得出消费者收入变化对各类商品消费需求的变动情况,即得出消费者消费结构的变化。

上述分析表明,扩展线性支出系统模型具有坚实的理论基础,它通过求解消费者预算约束条件下的效用最大化模型,进而得出消费者的马歇尔需求函数。通过构建计量模型,扩展线性支出系统模型能够比较方便地分析消费者收入变动对他们消费结构变动的影响。

然而,安格斯·迪顿(Angus Deaton)及约翰·米尔鲍尔(John Muellbauer)同样通过求解消费者预算约束条件下的效用最大化模型,于 1980 年提出了几乎完美需求系统模型。与路迟(1973)采用的方法不同,安格斯·迪顿和约翰·米尔鲍尔理论分析得到的是消费者的希克斯需求函数,即在给定消费品的一组价格的条件下,消费者为达到特定的效用水平,他们作出成本最小化决策时的商品需求函数。几乎完美需求系统模型的一般函数形式为:

$$\omega_i = \alpha_i + \sum_j (\gamma_{ij} \log p_j) + \beta_i \log \frac{x}{p} \qquad (6.6)$$

其中, $i, j = 1, 2, \cdots, n$。

式(6.6)中各参数的含义如下: ω_i 表示消费者第 i 类产品的消费支出在消费总支出中的占比, p_j 表示第 j 类产品的价格, x 表示消费者的人均消费支出, p 为消费价格指数。 α_i、γ_{ij} 以及 β_i 为待估计参数。其中价格指数 p 的计算公式为:

$$\log p = c_0 + \sum_i c_i \log p_i + \frac{1}{2} \sum_i \sum_j b_{ij} \log p_i \log p_j \qquad (6.7)$$

式（6.6）中各参数应满足如下约束条件：收支平衡 $\sum_i \alpha_i = 1$，$\sum_i \beta_i = 0$，$\sum_i \gamma_{ij} = 1$；齐次性 $\sum_j \gamma_{ij} = 0$；对称性 $\gamma_{ij} = \gamma_{ji}$ 以及负性 $\gamma_{ij} \leq 0$。

通常情况下，根据式（6.7）估算价格指数 p 难度很大，因此，在使用几乎完美需求系统模型进行消费者消费结构分析时往往采用价格指数的近似值。常见的价格指数近似值有 *Stone* 价格指数、*Tornqvist* 价格指数、*Paasche* 价格指数以及 *Lasopevres* 价格指数。在上述四个价格指数近似值中，由于 *Stone* 价格指数计算简单且与价格指数 p 非常接近，因此它被广泛运用于式（6.6）中，以便替代价格指数 p。

Stone 价格指数的计算公式为：

$$\log p^* = \sum_i \omega_i \log p_i \tag{6.8}$$

于是式（6.6）变为：

$$\omega_i = \alpha_i + \sum_j (\gamma_{ij} \log p_j) + \beta_i \log \frac{x}{p^*} \tag{6.9}$$

通常将式（6.9）叫作线性几乎完美需求系统（linear approximated/almost ideal demand system，LA/AIDS）模型。

6.4　模型扩展

线性几乎完美需求系统（LA/AIDS）模型具备坚实的理论基础，再加上它简单易用，因此在研究消费者消费结构中得到了广泛的运用。然而，近些年来研究人员并不仅仅满足于将 LA/AIDS 模型运用于消费者消费结构分析，而将该模型进行扩展，以便研究影响消费者消费结构转变的影响因素。例如，黄容、潘明清（2014）采用扩展的 LA/AIDS 模型研究了劳动力流动对农村居民消费结构的影响。研究发现，劳动力流动将会增加农村居民在衣着、文教娱乐及服务、医疗等消费项目上的支出，在食品、居住两个消费项目上的开支将会减少，而对家庭设备用品及服务上的支出则没有显著影响。本节将对 LA/AIDS 模型进行扩展，以便实现以下两个目的：（1）将影响居民消费结构转变的因素——城镇化水平纳入模型，以便分析城镇化对城镇居民消费结构的影响；（2）将式（6.9）中难以获取实证数据的变量转变为容易获取数据的变量。之后采用扩展模型对新型城镇化提高我国城乡居民消费结构进行实证研究。

假定城镇化水平对居民消费结构的影响是线性的，以便它能够方便地纳入 LA/AIDS 模型之中。因此，LA/AIDS 模型可以扩展如下：

$$\omega_i = \alpha_i + \sum_j (\gamma_{ij} \log p_j) + \beta_i \log \frac{x}{p^*} + \lambda_i ur \qquad (6.10)$$

其中，ur 表示城镇化率；其他变量含义同式（6.9）。

为消除序列相关，参照已有文献的做法（李皇照，方正玺，2008；王志刚，许前军，2012；胡日东，钱明辉，郑永冰，2014；马慧芳，德娜·吐热汗，2020），本实证研究首先对式（6.10）进行一阶差分，从而得到：

$$\Delta \omega_i = \sum_j (\gamma_{ij} \Delta \log p_j) + \beta_i \Delta \log \frac{x}{p^*} + \lambda_i \Delta ur \qquad (6.11)$$

将式（6.11）进行化简，其中：

$$\Delta \log p_j = \log p_{j,t} - \log p_{j,t-1} = \log \left(\frac{p_{j,t}}{p_{j,t-1}} \right) = \log k_{j,t} \qquad (6.12)$$

其中，$k_{j,t}$ 表示第 j 种商品在 t 时刻的消费价格指数。

$$\Delta \log \frac{x}{p^*} = \log \frac{x_t}{p_t^*} - \log \frac{x_{t-1}}{p_{t-1}^*} = \log \frac{x_t}{x_{t-1}} - \log \frac{p_t^*}{p_{t-1}^*} \qquad (6.13)$$

其中：

$$\begin{aligned} \log \frac{p_t^*}{p_{t-1}^*} &= \log p_t^* - \log p_{t-1}^* = \sum_i \omega_{i,t} \log p_{i,t} - \sum_i \omega_{i,t-1} \log p_{i,t-1} \\ &= \sum_i \omega_{i,t} \log p_{i,t} - \sum_i \omega_{i,t} \log p_{i,t-1} + \sum_i \omega_{i,t} \log p_{i,t-1} - \sum_i \omega_{i,t-1} \log p_{i,t-1} \\ &= \sum_i \omega_{i,t} (\log p_{i,t} - \log p_{i,t-1}) + \sum_i (\omega_{i,t} - \omega_{i,t-1}) \log p_{i,t-1} \qquad (6.14) \end{aligned}$$

其中，由于消费者消费惯性的作用，$\omega_{i,t}$ 与 $\omega_{i,t-1}$ 近似相等。因此，式（6.14）可以化简为：

$$\log \frac{p_t^*}{p_{t-1}^*} \approx \sum_i \omega_{i,t}(\log p_{i,t} - \log p_{i,t-1}) = \sum_i \omega_{i,t}\log\left(\frac{p_{i,t}}{p_{i,t-1}}\right) = \sum_i \omega_{i,t}\log k_{i,t}$$

$$(6.15)$$

将式（6.15）代入式（6.13）可得：

$$\Delta\log\frac{x}{p^*} = \log\frac{x_t}{p_t^*} - \log\frac{x_{t-1}}{p_{t-1}^*} = \log\frac{x_t}{x_{t-1}} - \sum_i \omega_{i,t}\log k_{i,t} \qquad (6.16)$$

将式（6.12）及式（6.16）代入式（6.11）并加上时间角标 t 可得：

$$\Delta\omega_{i,t} = \sum_j (\gamma_{ij}\log k_{j,t}) + \beta_i(\Delta\log x_t - \sum_i \omega_{i,t}\log k_{i,t}) + \lambda_i\Delta ur_t \quad (6.17)$$

其中，$\Delta\omega_{i,t}$、$k_{j,t}$、x_t、$k_{i,t}$、Δur_t 的含义分别是商品 i 在 t 年时的消费占比变化、商品 j 在 t 年的消费价格指数、第 t 年人均消费总支出、商品 i 在 t 年的消费价格指数以及第 t 年的城镇化率变化。本实证研究将以式（6.17）为基础。

由式（6.17）可得到实证研究的计量模型为：

$$\Delta\omega_{i,t} = \sum_j (\gamma_{ij}\log k_{j,t}) + \beta_i(\Delta\log x_t - \sum_i \omega_{i,t}\log k_{i,t}) + \lambda_i\Delta ur_t + \varepsilon_{i,t}$$

$$(6.18)$$

其中，$\varepsilon_{i,t}$ 为随机扰动项，并且假设其为白噪声；γ_{ij}、β_i 以及 λ_i 为待估计参数。

6.5 新型城镇化对城镇居民消费结构的影响：基于 LA/AIDS 模型的实证研究

6.5.1 变量选取与数据来源

根据模型（6.18），本小节的实证研究模型主要包括城镇居民人均消费总支出、人均食品消费支出、人均衣着消费支出、人均居住消费支出、人均生活用品及服务消费支出、人均交通通信消费支出、人均教育文化娱乐消费支出、人均医疗保健消费支出、人均其他商品及服务消费支出，以及城镇化率等变量，分别用 *total*、*food*、*cloth*、*jz*、*jtsb*、*jttx*、*jywh*、*ylbj*、*qt* 和 *urbrate* 表示。此外，由于模型中还包含上述八大类消费品的消费价格指数，因此，它们也被包含在实证模型之中，并分别用 *p*1、*p*2、*p*3、*p*4、*p*5、*p*6、*p*7 和 *p*8 表示。以上所有变量的数据均来自我国除香港、澳门和台湾地区之外的 31 个省份的历年统计年鉴。

6.5.2　参数估计及结果分析

采用模型（6.18）进行计量分析，参数估计结果如表 6 – 1 所示。由于居民消费结构涉及八大类商品，因此，回归结果共包含八个方程，如表 6 – 1 各列所示。实证研究对待估参数施加了收支平衡及齐次性约束两个条件，采用似不相关回归（seemingly unrelated regression estimation，SUR）对各参数进行估计。

表 6 – 1　　　　　　　　　　城镇居民消费结构参数估计结果

变量	食品	衣着	居住	家庭设备	交通通信	文化娱乐	医疗保健	其他
ln*p*1	0.0062 (1.09)	0.0226 (0.86)	− 0.0235 (− 1.03)	0.0036 (0.98)	− 0.0017 (− 0.26)	− 0.0238 *** (− 3.96)	0.0209 (1.09)	0.0009 (0.23)
ln*p*2	0.0086 (0.22)	0.0213 (0.49)	0.0036 (0.69)	− 0.0695 *** (− 3.56)	0.0025 (1.09)	− 0.0025 (− 0.36)	0.0726 *** (4.96)	− 0.0301 (− 1.09)
ln*p*3	− 0.0003 * (− 1.79)	− 0.0219 (− 1.08)	− 0.0538 *** (− 3.99)	0.0129 (1.09)	− 0.0536 ** (− 2.08)	0.0037 (0.97)	0.0036 (0.96)	− 0.0029 (− 0.28)
ln*p*4	0.0007 * (1.90)	− 0.0008 (− 1.18)	− 0.0086 (− 0.36)	0.0006 (0.93)	− 0.0036 (− 0.25)	− 0.0026 (− 0.36)	0.0065 (1.09)	− 0.0088 (− 0.96)
ln*p*5	0.0186 (0.66)	0.0109 ** (2.02)	− 0.0139 *** (− 3.98)	− 0.0015 (− 0.39)	0.0276 ** (2.36)	− 0.0324 *** (− 4.98)	− 0.0036 (− 0.82)	− 0.0056 (− 1.03)
ln*p*6	− 0.0058 (− 0.26)	− 0.0027 (− 0.18)	− 0.0128 ** (− 1.79)	0.0886 *** (3.95)	− 0.0128 * (− 1.87)	− 0.0226 *** (− 2.86)	− 0.0367 ** (− 2.19)	− 0.0025 (− 0.96)
ln*p*7	0.0098 (0.98)	0.0023 (0.86)	0.0098 (1.18)	− 0.0315 (− 1.07)	− 0.0025 (− 0.13)	− 0.0009 (− 0.85)	− 0.0198 (− 1.12)	0.0129 (1.29)
ln*p*8	0.0062 (0.56)	0.0078 (1.09)	− 0.0759 *** (− 3.99)	− 0.0337 ** (− 2.26)	0.0268 * (1.77)	0.0539 *** (3.96)	− 0.0018 (− 0.96)	0.0026 (0.89)

变量	食品	衣着	居住	家庭设备	交通通信	文化娱乐	医疗保健	其他
urbrate	−0.3811***	−0.0156***	0.3357***	−0.0165	0.0012*	0.0785*	0.1331*	0.0017
	(−2.90)	(−5.30)	(4.17)	(−0.18)	(1.81)	(1.69)	(1.85)	(0.05)
$\ln(x/p)$	0.0325*	0.0263	0.0053***	0.03631**	0.0196	0.0136	0.0321**	0.0057
	(1.79)	(1.13)	(4.99)	(2.46)	(1.18)	(0.96)	(2.29)	(0.85)
R-squared	0.86	0.85	0.68	0.79	0.69	0.76	0.83	0.65

注：***、**、*分别表示1%、5%和10%的显著性水平；括号内为 z 值。

从表6-1的模型估计结果可以得出新型城镇化对我国城镇居民八大类商品消费支出的影响。

（1）表6-1第二列中，变量 *urbrate* 的回归系数估计值为−0.3811，且在1%的水平上显著，新型城镇化阶段，随着我国城镇化水平的提高，城镇居民用于食品类商品的消费支出缓慢增加，但在其他因素不变的条件下，城镇化率每提高1个百分点，城镇居民用于食品类商品的消费支出占消费总支出的比例将减少0.3811个百分点。2012年我国的城镇化率为53.1%，十年后上升至65.22%，在此期间共上升了12.12个百分点。与此同时，城镇居民人均食品消费支出占消费总支出的比例由31.99%下降至29.48%。此外，表6-1第二列还表明，价格因素也会对城镇居民食品消费支出产生影响。如居住价格升高将对城镇居民的食品消费支出产生挤出效应，但由于食品消费属于城镇居民的基本消费需求，故挤出效应的强度较弱。

（2）表6-1第三列中，变量 *urbrate* 的回归系数估计值为−0.0156，且在1%的水平上显著，表明新型城镇化阶段，随着我国城镇化水平的提高，尽管城镇居民用于衣着类商品的消费支出有所增加，但从计量分析结果来看，新型城镇化对衣着类商品消费支出的影响较小，城镇居民人均衣着消费支出占消费总支出的比例略微下降。此外，衣着价格对城镇居民人均衣着消费支出的影响在统计上并不显著。其他变量对城镇居民衣着消费支出的影响大多也不显著，说明城镇居民衣着消费的弹性较低。该结果与上述城镇居民食品消费支出的分析结果类似。

（3）表6-1第四列中，变量 *urbrate* 的回归系数估计值为0.3357，且在1%的水平上显著，表明新型城镇化阶段，随着我国城镇化水平的提高，城镇居民用于居住类商品的消费支出大幅增加。控制其他变量的影响，城镇化率每提高 1 个百分点，城镇居民用于居住类商品的消费支出占消费总支出的比例将增加 0.3357 个百分点。居住类商品价格也是影响城镇居民居住消费支出的重要因素。此外，其他类别商品价格也会影响城镇居民的居住消费支出，它们之间大多为负向交叉弹性。

（4）表 6-1 第五列中，变量 $urbrate$ 的回归系数估计值为 -0.0165，在统计上并不显著，表明新型城镇化阶段，随着我国城镇化水平的提高，城镇居民用于生活用品及服务的消费支出占人均消费总支出的比重并没有显著变化。统计数据表明，2012 年我国城镇居民人均生活用品及服务的消费支出为1061 元，2022 年增加到 1800 元。在此期间，虽然城镇居民人均生活用品及服务的消费支出增加了 739 元，但它在城镇居民人均消费总支出中的占比仅有微小变化。

（5）表 6-1 第六列中，变量 $urbrate$ 的回归系数估计值为 0.0012，且在 10% 的水平上显著，表明新型城镇化阶段，随着我国城镇化水平的提高，城镇居民用于交通通信的消费支出占人均消费总支出的比重有所增加，但增幅较小。2012～2022 年，虽然城镇居民人均交通通信的消费支出由2139 元增加到 3909 元，增加了 1770 元，年均名义增长率达到了 6.21%。但由于在此期间，城镇居民的人均消费总支出由 17107 元增加到 30391 元，年均名义增长率达到了 5.91%，与城镇居民人均交通通信消费支出的名义增速较为接近，因此，城镇居民的交通通信消费支出占人均消费总支出的比重仅稍微增长。

（6）表 6-1 第七列中，变量 $urbrate$ 的回归系数估计值为 0.0785，且在10% 的水平上显著，表明新型城镇化阶段，随着我国城镇化水平的提高，城镇居民用于教育文化娱乐的消费支出占人均消费总支出的比重有所增加。控制其他因素的影响，平均来讲，城镇化率每提升 1 个百分点，城镇居民用于教育文化娱乐的消费支出占人均消费总支出的比重将上升 0.0785 个百分点。2012 年以来，随着城镇居民生活质量的逐步提升，他们用于教育文化娱乐的消费支出不断增加。

（7）表 6-1 第八列中，变量 $urbrate$ 的回归系数估计值为 0.1331，且在10% 的水平上显著，表明新型城镇化阶段，随着我国城镇化水平的不断提高，城镇居民用于医疗保健的消费支出占人均消费总支出的比重缓慢增加。控制其他因素的影响，平均来讲，城镇化率每提升 1 个百分点，城镇居民用于医疗保健的消费支出占人均消费总支出的比重将上升 0.1331 个百分点。医疗保健消费支出是新型城镇化阶段居民八大类商品消费支出中增长较快的商品类别。2012 年，城镇居民人均医疗保健消费支出为 1099 元，2022 年增加到 2481 元，年均名义增长率达到了 8.48%。因此，城镇居民用于医疗保健的消费支出占人均消费总支出的比重也有所提高。

（8）表 6-1 第九列中，变量 *urbrate* 的回归系数估计值为 0.0017，不仅数值较小，而且在统计上并不显著，表明新型城镇化阶段，随着我国城镇化水平的不断提高，城镇居民用于其他用品及服务的消费支出占人均消费总支出的比重没有发生显著变化。2012~2022 年，其他用品及服务消费支出在城镇居民八大类商品消费中不仅数额最低，所占比重也最小，在此期间，虽然其他用品及服务消费支出由 479 元增加到 814 元，但其占城镇居民消费总支出中的比重始终较低。

以上分析与描述性统计的结果基本一致，即上述结果同样表明，新型城镇化阶段，随着我国城镇化水平的逐步提高，城镇居民的消费结构逐步由生存型向发展及享受型优化转变：满足基本生活需求的食品及衣着类商品的消费支出占比不断降低，改善和提高生活质量的居住消费支出、医疗保健消费支出以及教育文化娱乐消费支出的占比不断上升。

6.6 新型城镇化对城镇居民消费结构的影响：基于面板数据模型的实证研究

第 6.5 节采用扩展的线性几乎完美需求系统（LA/AIDS）模型实证研究了新型城镇化对城镇居民消费结构的影响，研究得出了新型城镇化阶段我国城镇居民八大类消费支出的变动情况，即可以得出城镇居民八大类商品消费支出占消费总支出的变化趋势。该模型的优点包括满足消费选择公理、能够进行齐次性与对称性检验等；但该模型也存在没有控制其他相关变量影响以及研究时间跨度较短等不足。为弥补该不足，本节加入城镇居民人均可支配收入等居民消费相关控制变量，采用更长时间段的宏观面板数据模型实证研究新型城镇化对我国城镇居民消费结构的影响。两种研究方法相互补充，能够从多个视角全面地考察新型城镇化对城镇居民消费结构的影响。

6.6.1　数据来源

采用我国 2004~2022 年除香港、澳门和台湾地区之外的 31 个省份的面板数据进行实证分析。数据来源于各省相应年份统计年鉴。由于部分省份某些类别消费支出的数据缺失，因此实证研究采用的数据是非平衡面板数据。

6.6.2　实证分析

6.6.2.1　变量选取及描述性统计

（1）被解释变量。实证分析的被解释变量为 31 个省份城镇居民人均八大类消费支出，包括食品消费支出（uf）、衣着消费支出（uc）、居住消费支出（uh）、生活用品及服务消费支出（ul）、交通通信消费支出（ut）、教育文化娱乐消费支出（ue）、医疗保健消费支出（um）、其他用品及服务消费支出（uo）。此外，还将食品消费与衣着消费二者之和作为基本消费需求（bc），居住消费、生活用品及服务消费、交通通信消费三者之和作为中级消费需求（mc），教育文化娱乐消费与医疗保健消费二者之和作为高级消费需求（hc），以便分析新型城镇化对不同级别居民消费需求的影响。

（2）核心解释变量。在基准回归分析中的核心解释变量是一个虚拟变量，构建方法与第 5.2.2 节相同。在进一步的实证分析中，核心解释变量是城镇化率与该虚拟变量的交互效应。

（3）控制变量与中介变量的选取也与第 5.2.2 节相同。为消除价格因素对城镇居民各类商品消费支出的影响，以 2004 年为基期，采用城镇居民消费价格指数进行了平减，以便得到城镇居民各类商品消费支出的真实值。为消除可能存在的异方差对模型回归结果的影响，将城镇居民各类消费支出取自然对数。此外，城镇居民人均可支配收入（ui）、人均固定资产投资（$ufix$）也以 2004 年为基期进行了平减，且模型中同样对它们取自然对数。以上各变量的描述性统计如表 6-2 所示。

表 6 - 2 主要变量的描述性统计

项目	uf	uc	uh	ul	ut	ue	um	uo	ui
均值	3219	1479	2256	950.9	2484	1848	1068	388.7	19684
中位数	3047	1489	1359	939.3	2387	1839	948.1	355.1	18858
标准差	781.3	627.6	1984	417.9	1337	818.8	503.2	163.5	8732
最小值	1855	300.2	468.2	208.8	498.4	353.2	222.2	117.7	7218
最大值	5777	5682	12211	2285	6952	5173	3175	1216	54228
样本量	573	573	573	573	570	573	573	573	589
项目	ufix	bc	mc	hc	pinsur	ydep	odep	urbrate	
均值	34920	4698	5689	2917	0.241	0.240	0.142	0.548	
中位数	30669	4518	5181	2885	0.208	0.243	0.134	0.540	
标准差	19902	1124	3528	1244	0.143	0.0685	0.0413	0.149	
最小值	7102	2506	1332	575.5	0.0270	0.0964	0.0671	0.208	
最大值	121224	8851	19580	7518	0.855	0.447	0.288	0.896	
样本量	434	573	570	573	589	589	589	589	

由表 6 - 2 的描述性统计结果可以得出，我国 31 个省份城镇居民 2004 ~ 2022 年的年人均实际食品消费支出（以 2004 年为基期）为 3219 元，中位数为 3047 元，标准差为 781.3 元，表明各省份城镇居民在此期间的年人均实际食品消费支出差异不大。城镇居民 2004 ~ 2022 年的年人均实际衣着消费支出（以 2004 年为基期）为 1479 元，中位数为 1489 元，标准差为 627.6 元，表明各省份城镇居民在此期间的年人均实际衣着消费支出同样差异不大。城镇居民 2004 ~ 2022 年的年人均实际居住消费支出、生活用品及服务消费支出、交通通信消费支出、教育文化娱乐消费支出、医疗保健消费支出、其他用品及服务消费支出（以 2004 年为基期）分别为 2256 元、950.9 元、2484 元、1848 元、1068 元、388.7 元。城镇居民 2004 ~ 2022 年的年人均实际可支配收入为 19684 元。城镇居民 2004 ~ 2022 年的年人均实际基本消费需求支出、人均实际中级消费需求支出与人均实际高级消费需求支出（以 2004 年为基期）分别为 4698 元、5689 元及 2917 元。其中，城镇居民的年人均实际中级消费需求支出与高级消费需求支出的标准差较大，表明各省份城镇居民的年人均实际中级消费需求支出与高级消费需求支出差异程度较大。

6.6.2.2　基准回归分析

基于上述变量，首先建立如式（6.19）所示的基准面板数据模型进行实证研究：

$$lucon_{it} = \alpha + \beta_1 lui_{it} + \beta_2 pinsur_{it} + \beta_3 ydep_{it} + \beta_4 odep_{it} + \beta_5 dum_{it} + \mu_i + \varepsilon_{it}$$

$$(6.19)$$

其中，$lucon$ 表示城镇居民人均实际八大类商品的消费支出、人均实际基本消费需求支出、人均实际中级消费需求支出与人均实际高级消费需求支出的自然对数，lui 表示城镇居民人均实际可支配收入的自然对数，$pinsur$ 表示城镇居民参加基本养老保险的比例，$ydep$ 表示少儿抚养比，$odep$ 表示老年抚养比，μ 是省份固定效应，ε 是扰动项。虚拟变量 dum 是核心解释变量。

采用固定效应估计模型（6.19），模型估计结果如表 6-3 与表 6-4 所示。

表6-3　　　　　　　　　　　　　　基准模型回归结果

变量	luf	luc	luh	lul	lut	lue
lui	0.303 *** (6.336)	1.112 *** (11.06)	1.254 *** (9.977)	1.321 *** (18.55)	1.548 *** (24.21)	0.994 *** (18.07)
$pinsur$	−0.329 (−1.630)	−0.909 ** (−2.139)	1.711 *** (3.058)	−0.656 *** (−3.258)	−0.946 *** (−3.719)	−1.352 *** (−6.296)
$ydep$	−0.304 (−0.948)	−0.918 (−0.877)	2.563 ** (2.255)	−0.150 (−0.216)	−0.894 * (−1.916)	−0.490 (−1.163)
$odep$	−0.287 (−1.148)	−3.115 *** (−4.038)	0.471 (0.408)	−1.117 ** (−2.447)	−0.562 (−1.380)	−0.304 (−0.742)
dum	−0.0324 *** (−3.123)	−0.101 *** (−3.503)	0.167 *** (4.785)	−0.0245 (−1.124)	0.0382 (1.661)	0.129 *** (6.265)
$Constant$	5.293 *** (11.58)	−2.723 ** (−2.330)	−6.032 *** (−4.462)	−5.806 *** (−7.703)	−6.991 *** (−11.47)	−1.894 *** (−3.730)
$Observations$	573	573	573	573	570	573
$R\text{-}squared$	0.520	0.720	0.857	0.937	0.951	0.886

注：*** 、** 、* 分别表示 1%、5% 和 10% 的显著性水平；括号内为 t 值。

表 6-3 的回归结果显示，模型（luf）中，变量 dum 的回归系数估计值显著为负，表明控制省份固定效应、城镇居民人均可支配收入、城镇居民社

会保障情况、城镇居民家庭人口结构特征等变量的影响后，与传统城镇化阶段相比，新型城镇化阶段城镇居民食品消费支出的增速降低了。然而，该回归结果并不意味着新型城镇化不能扩大城镇居民的食品消费需求。首先，由第4章的理论分析可知，新型城镇化能够通过增加居民收入扩大其消费需求。本实证研究将城镇居民人均可支配收入作为控制变量，并未将新型城镇化通过增加城镇居民收入而扩大其消费需求的效应纳入变量 dum 的效应之中。其主要原因是，城镇居民的可支配收入来源广泛，无法从可支配收入中分离出究竟有多大比例是由新型城镇化建设带来的。其次，从由 2012～2022 年城镇居民食品消费支出构成的时间序列数据来看，随着城镇化水平的提高，城镇居民人均食品消费支出由 5472 元增加到 8958 元，十年仅增长了 3486 元，年均名义增长率仅为 5.05%，扣除价格上涨因素的影响，则过去十年城镇居民人均食品消费支出的增速更低。上述两个方面原因的综合导致变量 dum 的系数估计值显著为负。

模型（luc）中，变量 dum 的回归系数估计值也显著为负，表明控制省份固定效应、城镇居民人均可支配收入、城镇居民社会保障情况、城镇居民家庭人口结构特征等变量的影响后，与传统城镇化阶段相比，新型城镇化阶段城镇居民衣着消费支出的增速下降了，衣着消费支出在城镇居民消费总支出的占比同样下降了。2012～2022 年，我国城镇居民人均衣着消费波动增长，在此期间总体增长较慢，年均名义增长率仅为 1.23%，扣除价格上涨因素的影响，则过去十年城镇居民人均衣着消费支出仅仅稍微增长。基于与模型（luf）类似的原因，在模型（luc）中，变量 dum 的回归系数估计值也显著为负。

模型（luh）中，变量 dum 的回归系数估计值为 0.167，且在 1% 的水平上显著，表明控制省份固定效应、城镇居民人均可支配收入、城镇居民社会保障情况、城镇居民家庭人口结构特征等变量的影响后，与传统城镇化阶段相比，新型城镇化阶段城镇居民的居住消费支出显著增加了。该回归结果与第6.1节描述的我国城镇居民人均居住消费支出的变动趋势吻合。表 6–3 的回归结果还表明，即使不考虑新型城镇化建设增加城镇居民收入进而扩大城镇居民的居住消费需求，新型城镇化也能增加城镇居民的人均居住消费支出。

模型（lul）中，变量 dum 的回归系数估计值为 −0.0245，该估计值不仅数值较小，而且在统计上并不显著，表明控制省份固定效应、城镇居民人均可支配收入、城镇居民社会保障情况、城镇居民家庭人口结构特征等变量的影响后，与传统城镇化阶段相比，新型城镇化阶段城镇居民生活用品及服务消费支出在消费总支出中的占比并没有显著增加或减少。国家统计局发布的数据表明，城镇居民生活用品及服务消费支出的增速在 2012 年之前增长较快，如 2005～2011 年，城镇居民人均生活用品及服务消费支出的增速分别为 9.2%、10.9%、20.6%、13.8%、13.2%、14.8% 与 12.6%；2012 年之后，城镇居民生活用品及服务消费支出的增速则较为缓慢，如 2015 年的增速为 5.9%，2019 年为 3.7%，2020 年则为 -2.9%。因此，与传统城镇化阶段相比，扣除价格因素的影响，新型城镇化阶段城镇居民生活用品及服务消费支出增长较为缓慢。

模型（lut）中，变量 dum 的回归系数估计值为 0.0382，该估计值较小，但由 t 值为 1.661 可知，它在 15% 的水平上显著，表明控制省份固定效应、城镇居民人均可支配收入、城镇居民享有社会保障的比例、城镇居民家庭人口结构特征等变量的影响后，与传统城镇化阶段相比，新型城镇化阶段城镇居民的交通通信消费支出在消费总支出中的占比有所增长，但增长幅度不太大。近年来，我国城乡居民的出行消费增长较快，民用汽车拥有量从 2012 年的 10933.09 万辆增加到 2022 年的 31184.44 万辆，十年间增长了 1.85 倍，年均增长率达到 11.05%。随着我国网络通信基础设施不断完善，城乡居民的通信消费支出较快增长，信息消费成为我国城镇居民消费需求新的增长点。城镇居民交通通信消费支出在消费总支出中的占比并没有较大增长的主要原因是，在此期间，城镇居民的消费总支出增长较快。

模型（lue）中，变量 dum 的回归系数估计值为 0.129，且在 1% 的水平上显著，表明控制省份固定效应、城镇居民人均可支配收入、城镇居民享有社会保障的比例、城镇居民家庭人口结构特征等变量的影响后，与传统城镇化阶段相比，新型城镇化阶段城镇居民的人均教育文化娱乐消费支出在消费总支出中的占比呈增长趋势。2012～2022 年，从由城镇居民人均教育文化娱乐消费支出构成的时间序列数据来看，除了 2020～2022 年因新冠疫情影响导致城镇居民人均教育文化娱乐消费支出在消费总支出中的占比下降之外，其余年份该占比均呈上升趋势。受新冠疫情影响，2020 年城镇居民人均教育文化娱乐消费支出出现大幅下降；2021 年强力反弹；2022 年则又出现较大幅度下降，降幅达到 8.2%。

需要说明的是，在上述六大类商品中，城镇居民可支配收入始终是影响各类商品消费支出的决定性因素，城镇居民可支配收入增加将会扩大城镇居民上述六大类商品的消费需求，但各大类商品的效应有所不同。

表 6 – 4　　　　　　　　　　　　基准模型回归结果

变量	lum	luo	bc	mc	hc
lui	1.000 *** (16.01)	0.530 *** (7.725)	0.534 *** (9.744)	1.400 *** (32.44)	0.988 *** (22.43)
pinsur	− 0.278 (− 0.959)	0.0967 (0.361)	− 0.608 ** (− 2.636)	0.200 (1.091)	− 0.885 *** (− 4.857)
ydep	0.193 (0.488)	− 1.669 *** (− 3.454)	− 0.317 (− 0.605)	0.622 (1.335)	− 0.272 (− 0.924)
odep	1.161 ** (2.574)	− 1.337 *** (− 2.830)	− 0.901 ** (− 2.366)	− 0.405 (− 0.970)	0.200 (0.674)
dum	0.00157 (0.102)	− 0.105 *** (− 4.400)	− 0.0377 ** (− 2.604)	0.0703 *** (3.901)	0.0801 *** (5.057)
Constant	− 3.066 *** (− 5.038)	1.330 ** (2.048)	3.574 *** (5.975)	− 5.416 *** (− 11.60)	− 1.582 *** (− 3.909)
Observations	573	573	573	570	573
R-squared	0.919	0.497	0.671	0.970	0.935

注：*** 、** 分别表示 1% 和 5% 的显著性水平；括号内为 t 值。

表 6 – 4 的回归结果显示，模型（lum）中，变量 dum 的回归系数估计值为 0.00157，不仅数值较小，在统计上也并不显著，表明控制省份固定效应、城镇居民人均可支配收入、城镇居民享有社会保障的比例、城镇居民家庭人口结构特征等变量的影响后，与传统城镇化阶段相比，新型城镇化阶段城镇居民的医疗保健消费支出并没有显著变化。基于相同的原因，该回归结果并不意味着新型城镇化不能扩大城镇居民的医疗保健消费需求。从统计数据来看，2012～2022 年，除了 2020 年与 2022 年之外，其余年份城镇居民的人均医疗保健消费支出均显著增长，2012 年城镇居民人均医疗保健消费支出 1099 元，2022 年增加到 2481 元，年均增长率达到了 8.48%。另外，模型（lum）中，变量 lui 的回归系数估计值为 1.000，且在 1% 的水平上显著，表明城镇

居民可支配收入提升能够显著扩大其医疗保健消费需求。因此，新型城镇化扩大城镇居民的医疗保健消费支出主要通过提升城镇居民可支配收入实现，故在模型（lum）中，变量 dum 的回归系数估计值较小且并不显著。

模型（luo）中，变量 dum 的回归系数估计值为 -0.105，且在 1% 的水平上显著，表明控制省份固定效应、城镇居民人均可支配收入、城镇居民享有社会保障的比例、城镇居民家庭人口结构特征等变量的影响后，与传统城镇化阶段相比，新型城镇化阶段城镇居民的其他用品及服务消费支出显著减少了。

综合表 6 - 3 与表 6 - 4 的回归结果可知，控制相关变量的影响之后，变量 dum 的回归系数估计值在模型（luh）和模型（lue）中显著为正，表明即使不考虑新型城镇化通过提升城镇居民可支配收入扩大其消费需求的效应，新型城镇化也能提升城镇居民的居住与教育文化娱乐的消费支出。变量 dum 的回归系数估计值在模型（lut）和模型（lum）中为正，但在统计上并不显著；在模型（lul）中为负，但在统计上并不显著；在模型（luf）、模型（luc）和模型（luo）中显著为负；在上述六个模型中，变量 lui 的回归系数估计值均显著为正。上述回归结果表明，新型城镇化主要通过提升城镇居民可支配收入扩大其交通通信、医疗保健、食品、衣着、生活用品及服务，以及其他用品及服务的消费需求。

比较表 6 - 1 与表 6 - 3、表 6 - 4 的回归结果，能够更加全面得出新型城镇化对城镇居民人均八大类商品消费支出的影响。表 6 - 1 第二列中，变量 urbrate 的回归系数估计值显著为负，表 6 - 3 模型（luf）中，变量 dum 的回归系数估计值也显著为负，表明与其他商品大类相比，新型城镇化扩大城镇居民食品消费需求的效应较弱。表 6 - 1 第三列中，变量 urbrate 的回归系数估计值显著为负，表 6 - 3 模型（luc）中，变量 dum 的回归系数估计值也显著为负，表明与其他商品大类相比，新型城镇化扩大城镇居民衣着消费需求的效应同样较弱。新型城镇化阶段，由于我国城镇居民已经解决了温饱问题，且大多城镇居民家庭进入小康，因此，作为食品与衣着作为基本消费需求，它们的消费支出增长有限。

表 6 - 1 第四列中，变量 urbrate 的回归系数估计值显著为正，表 6 - 3 模型（luh）中，变量 dum 的回归系数估计值也显著为正，表明与其他商品大

类相比，新型城镇化扩大城镇居民居住消费需求的效应较为明显。2012 年以来，我国部分城市住房价格上涨较快，再加上城市居民改善居住条件的需求较为强烈，在"三个 1 亿人"等政策支持带动下，城镇居民的居住消费支出增长较快。表 6 - 1 第五列中，变量 *urbrate* 的回归系数估计值为负但并不显著，表 6 - 3 模型（*lul*）中，变量 *dum* 的回归系数估计值同样为负且并不显著，表明新型城镇化不能直接扩大城镇居民的生活用品及服务的消费需求，只能通过提高城镇居民收入间接扩大其生活用品及服务的消费需求。

表 6 - 1 第六列中，变量 *urbrate* 的回归系数估计值显著为正，表 6 - 3 模型（*lut*）中，变量 *dum* 的回归系数估计值在 15% 的显著性水平上也为正，表明与其他商品大类相比，新型城镇化扩大城镇居民交通通信消费需求的效应也较为明显。但由于在上述两个模型中，对应变量的系数估计值均不大，说明新型城镇化扩大城镇居民交通通信消费需求的效应虽然在统计上较为显著但幅度并不大。表 6 - 1 第七列中，变量 *urbrate* 的回归系数估计值显著为正，表 6 - 3 模型（*lue*）中，变量 *dum* 的回归系数估计值也显著为正，表明与其他商品大类相比，新型城镇化扩大城镇居民教育文化娱乐消费需求的效应也较为显著。

表 6 - 1 第八列中，变量 *urbrate* 的回归系数估计值显著为正，但表 6 - 4 模型（*lum*）中，变量 *dum* 的回归系数估计值虽然为正但在统计上并不显著，上述结果表明，与其他商品大类相比，新型城镇化扩大城镇居民医疗保健消费需求的效应主要通过提升城镇居民的可支配收入实现，因此控制城镇居民可支配收入的影响后，新型城镇化扩大城镇居民医疗保健消费需求的效应并不明显。表 6 - 1 第九列中，变量 *urbrate* 的回归系数估计值为正但在统计上并不显著，且表 6 - 4 模型（*luo*）中，变量 *dum* 的回归系数估计值显著为负。综合来看，新型城镇化不能直接扩大城镇居民的其他用品及服务消费需求，且通过提升城镇居民可支配收入促进他们其他用品及服务消费支持增长的效果也较小。

接下来，将城镇居民的八大类商品消费需求综合成基本消费需求（*bc*）、中级消费需求（*mc*）以及高级消费需求（*hc*）三类，分别研究新型城镇化对它们的影响。

表 6 - 4 模型（*bc*）中，变量 *dum* 的回归系数估计值为 - 0.0377，且在

5%的水平上显著，表明控制省份固定效应、城镇居民人均可支配收入、城镇居民享有社会保障的比例、城镇居民家庭人口结构特征等变量的影响后，与传统城镇化阶段相比，新型城镇化阶段城镇居民的基本消费需求显著减少了。该回归结果与表6-3模型（luf）与模型（luc）的回归结果一致。然而，模型（bc）中变量 lui 的回归系数估计值为0.534，且在1%的水平上显著，表明新型城镇化可通过增加城镇居民可支配收入并扩大他们的基本消费需求。综合来看，新型城镇化仍然促进了城镇居民基本消费支出增长。

表6-4模型（mc）中，变量 dum 的回归系数估计值为0.0703，且在1%的水平上显著，表明控制省份固定效应、城镇居民人均可支配收入、城镇居民享有社会保障的比例、城镇居民家庭人口结构特征等变量的影响后，与传统城镇化阶段相比，新型城镇化阶段城镇居民的人均中级消费需求平均增加了7.03%。此外，模型（mc）中变量 lui 的回归系数估计值为1.400，且在1%的水平上显著，表明城镇居民人均可支配收入每增加1%，平均来讲城镇居民的人均中级消费需求将增加1.4%。

表6-4模型（hc）中，变量 dum 的回归系数估计值为0.0801，且在1%的水平上显著，表明控制省份固定效应、城镇居民人均可支配收入、城镇居民享有社会保障的比例、城镇居民家庭人口结构特征等变量的影响后，与传统城镇化阶段相比，新型城镇化阶段城镇居民的人均高级消费需求平均增加了8.01%。此外，模型（mc）中变量 lui 的回归系数估计值为0.988，且在1%的水平上显著，表明城镇居民人均可支配收入每增加1%，平均来讲城镇居民的人均中级消费需求将增加0.988%。

比较新型城镇化对城镇居民上述三类商品消费需求的扩大效应可知，新型城镇化扩大城镇居民人均中级消费需求的效应最强；扩大城镇居民人均高级消费需求的效应次之；扩大城镇居民人均基本消费需求的效应最弱。上述结果表明，新型城镇化阶段扩大我国城镇居民消费需求的重点是中高级消费需求。

6.6.2.3 交互效应与异质性检验

在上述基准回归分析基础上，本小节以城镇居民的基本消费需求、中级消费需求与高级消费需求为例，研究 urbrate 与 dum 两变量的交互效应，以进一步明确新型城镇化扩大城镇居民消费需求的效应。构建的模型如下：

$$lucon_{it} = \alpha + \beta_1 lui_{it} + \beta_2 pinsur_{it} + \beta_3 ydep_{it} + \beta_4 odep_{it}$$
$$+ \beta_5 urbrate_{it} + \beta_6 urbrate_{it} \times dum_{it} + \mu_i + \varepsilon_{it} \quad (6.20)$$

其中，$lucon$ 表示城镇居民人均实际基本消费需求支出、人均实际中级消费需求支出与人均实际高级消费需求支出的自然对数，lui 表示城镇居民人均实际可支配收入的自然对数，$pinsur$ 表示城镇居民参加基本养老保险的比例，$ydep$ 表示少儿抚养比，$odep$ 表示老年抚养比，μ 是省份固定效应，ε 是扰动项。虚拟变量 dum 与 $urbrate$ 的交互项是核心解释变量。

此外，为检验新型城镇化扩大我国不同区域城镇居民消费需求的效应是否存在差异，本小节还进行了异质性检验。结果如表6-5与表6-6所示。

表6-5　　　　　　　　　交互效应与异质性检验结果

变量	全国			东部		
	基本需求	中级需求	高级需求	基本需求	中级需求	高级需求
lui	0.534 *** (6.625)	1.380 *** (32.43)	0.951 *** (13.23)	0.390 *** (4.432)	1.248 *** (17.03)	0.979 *** (9.846)
$pinsur$	-0.526 ** (-2.108)	0.0956 (0.512)	-0.932 *** (-5.241)	-0.628 ** (-2.454)	0.455 ** (2.880)	-0.953 ** (-3.154)
$ydep$	-0.281 (-0.545)	0.582 (1.160)	-0.271 (-0.863)	0.289 (0.254)	-0.237 (-0.296)	-0.477 (-1.053)
$odep$	-0.912 ** (-2.354)	-0.482 (-0.985)	-0.0251 (-0.0692)	-1.133 ** (-2.391)	0.506 (0.888)	0.0520 (0.110)
$urbrate$	-0.0172 (-0.0469)	0.190 (0.663)	0.394 (1.227)	1.206 * (2.150)	-0.106 (-0.205)	0.194 (0.657)
$urbrate \times dum$	-0.0752 ** (-2.143)	0.126 *** (3.242)	0.113 *** (3.517)	-0.0195 (-0.539)	0.141 ** (2.617)	0.0731 * (2.196)
$Constant$	3.564 *** (5.169)	-5.278 *** (-13.03)	-1.383 ** (-2.507)	4.205 *** (4.227)	-3.933 *** (-6.452)	-1.462 * (-2.002)
$Observations$	573	570	573	207	207	207
$R\text{-}squared$	0.672	0.970	0.935	0.694	0.964	0.937
$Number\ of\ pro$	31	31	31	11	11	11

注：***、**、* 分别表示1%、5%和10%的显著性水平；括号内为 t 值。

表6-5第二列中，*urbrate*与*dum*两变量的交互效应回归系数估计值为-0.0752，且在5%的水平上显著，表明与传统城镇化相比，控制其他相关变量影响的条件下，新型城镇化阶段的城镇化率每提高1个百分点，平均来讲城镇居民的人均基本消费需求支出将下降0.0752%。此外，该模型中，变量*lui*的回归系数估计值为0.534且在1%的水平上显著，表明控制其他相关变量的影响后，新型城镇化阶段的城镇化率每提高1个百分点，平均来讲城镇居民的人均基本消费需求支出将增长0.534%。该回归结果与上述基准回归分析结果相同，即新型城镇化无法直接扩大城镇居民的基本消费需求，只能通过增加城镇居民可支配收入间接扩大城镇居民的基本消费需求。

表6-5第三列中，*urbrate*与*dum*两变量的交互效应回归系数估计值为0.126，且在1%的水平上显著，表明与传统城镇化相比，控制其他相关变量影响的条件下，新型城镇化阶段的城镇化率每上升1个百分点，平均来讲城镇居民的人均中级消费需求支出将增加0.126%。此外，该模型中，变量*lui*的回归系数估计值为1.380且在1%的水平上显著，表明新型城镇化还能够通过增加城镇居民的可支配收入间接扩大他们的人均中级消费需求。表6-5第四列与第三列类似，同样表明新型城镇化既能直接扩大城镇居民的高级消费需求，又能通过增加城镇居民的可支配收入间接扩大他们的消费需求。比较表6-5第三、第四列相关变量回归系数值的大小可知，新型城镇化扩大城镇居民中级消费需求的效应强于高级消费需求。

表6-5第五列中，*urbrate*与*dum*两变量交互效应的回归系数估计值为-0.0195，但在统计上并不显著，表明控制其他相关变量影响的条件下，新型城镇化阶段的城镇化率提升扩大东部地区城镇居民基本消费需求的效应与传统城镇化基本相同。东部地区各省份是我国经济最发达的区域，2012年之前大多地区就已实现了小康，因此，2012年之后城镇居民的基本消费需求增幅不大。例如，江苏省2010年城镇居民人均食品消费支出5243.14元，人均衣着消费支出1465.54元，在上一年的基础上分别增长了9.83%与12.91%。然而，该省2013年城镇居民人均食品消费支出7074元，人均衣着消费支出2013元，在上一年的基础分别增长了6.24%与5.06%。因此，江苏省城镇居民2013年人均基本消费需求支出的增速反而低于2010年，该结果与*urbrate* and 两变量交互效应的回归系数估计值为负吻合。

和 *dum* 两变量交互效应的回归系数估计值为负吻合。

表 6 - 5 第六列中，*urbrate* 与 *dum* 两变量的交互效应回归系数估计值为 0.141，且在 5% 的水平上显著，表明与传统城镇化相比，控制其他相关变量影响的条件下，新型城镇化阶段的城镇化率每上升 1 个百分点，平均来讲东部地区城镇居民的人均中级消费需求支出将增加 0.141%，即新型城镇化扩大东部地区城镇居民中级消费需求的效应强于传统城镇化。该结果表明，2012 年之后随着经济的发展，东部地区城镇居民用于居住、交通通信等较高层次消费需求的支出增速高于传统城镇化阶段。

表 6 - 5 第七列中，*urbrate* 与 *dum* 两变量的交互效应回归系数估计值为 0.0731，且在 10% 的水平上显著，表明与传统城镇化相比，控制其他相关变量影响的条件下，新型城镇化阶段的城镇化率每上升 1 个百分点，平均来讲东部地区城镇居民的人均高级消费需求支出将增加 0.0731%。该结果同样表明，新型城镇化阶段，东部地区城镇居民用于文化娱乐、医疗保健等高层次消费需求的支出增速高于传统城镇化阶段。

表 6 - 6 交互效应与异质性检验结果

变量	中部			西部		
	基本需求	中级需求	高级需求	基本需求	中级需求	高级需求
lui	0.879 *** (8.654)	1.323 *** (16.34)	1.071 *** (8.778)	0.563 *** (3.143)	1.299 *** (18.83)	0.761 *** (9.192)
pinsur	− 0.569 (− 1.502)	1.829 ** (3.033)	0.711 ** (2.625)	0.171 (0.280)	− 1.129 ** (− 3.093)	− 0.901 ** (− 2.350)
ydep	− 0.0572 (− 0.0930)	0.650 (1.635)	0.223 (0.501)	− 0.772 (− 1.781)	1.322 * (2.179)	0.192 (0.492)
odep	− 0.426 (− 0.555)	− 2.106 ** (− 3.058)	− 1.269 *** (− 4.070)	− 1.895 ** (− 2.509)	− 1.657 ** (− 2.485)	− 1.544 * (− 2.013)
urbrate	− 1.667 *** (− 4.926)	− 0.0132 (− 0.0608)	− 0.810 (− 1.572)	− 0.539 (− 0.447)	1.982 *** (7.089)	1.550 *** (4.192)
urbrate ×*dum*	− 0.229 *** (− 8.927)	0.0646 * (2.182)	0.108 (1.503)	− 0.119 *** (− 3.118)	0.146 ** (2.724)	0.178 ** (2.219)

变量	中部			西部		
	基本需求	中级需求	高级需求	基本需求	中级需求	高级需求
Constant	0.928 (0.961)	−4.728 *** (−6.509)	−2.168 ** (−2.410)	3.657 ** (2.916)	−5.134 *** (−6.864)	−0.0718 (−0.0936)
Observations	147	145	147	219	218	219
R-squared	0.699	0.982	0.951	0.754	0.978	0.937
Number of pro	8	8	8	12	12	12

注: ***、**、* 分别表示1%、5%和10%的显著性水平；括号内为 *t* 值。

表6-6第二列中，*urbrate* 与 *dum* 两变量的交互效应回归系数估计值为 −0.229，且在1%的水平上显著，表明控制其他相关变量影响的条件下，新型城镇化阶段的城镇化率每上升1个百分点，平均来讲中部地区城镇居民的人均基本消费需求支出的增速将比传统城镇化阶段降低0.229个百分点，即新型城镇化阶段城镇居民基本消费需求的增速低于传统城镇化阶段。表6-6第三列中，*urbrate* 与 *dum* 两变量的交互效应回归系数估计值为0.0646，且在10%的水平上显著，表明控制其他相关变量影响的条件下，新型城镇化阶段的城镇化率每上升1个百分点，平均来讲中部地区城镇居民的人均中级消费需求支出的增速将比传统城镇化阶段快0.0646个百分点，即新型城镇化阶段城镇居民中级消费需求的增速高于传统城镇化阶段。表6-6第四列中，*urbrate* 与 *dum* 两变量的交互效应回归系数估计值为0.108，但在统计上并不显著，表明控制其他相关变量影响的条件下，新型城镇化阶段城镇居民高级消费需求的增速与传统城镇化阶段并无显著差异。

表6-6第五～第六列表明，控制其他相关变量影响的条件下，新型城镇化阶段西部地区城镇居民基本消费需求的增速低于传统城镇化阶段，中级与高级消费需求的增速则高于传统城镇化阶段。

综合表6-5与表6-6的回归分析结果可以得出，新型城镇化能够显著优化城镇居民的消费结构，主要表现为促进城镇居民中高级消费需求的支出较快增长，而基本消费需求支出的增长则相对缓慢。此外，新型城镇化扩大城镇居民消费需求的效应存在区域差异，例如，它促进东部地区城镇居民高级消费需求的效应强于中部地区。

6.7　新型城镇化对农村居民消费结构的影响：基于 LA/AIDS 模型的实证研究

6.7.1　变量选取与数据来源

与第 6.5 节一样，本节同样基于模型（6.18），研究新型城镇化对农村居民消费结构的影响。

实证研究模型主要包括农村居民人均消费总支出、人均食品消费支出、人均衣着消费支出、人均居住消费支出、人均生活用品及服务消费支出、人均交通通信消费支出、人均教育文化娱乐消费支出、人均医疗保健消费支出、人均其他商品及服务消费支出，以及城镇化率等变量，分别用 *total*、*food*、*cloth*、*jz*、*jtsb*、*jttx*、*jywh*、*ylbj*、*qt* 和 *urbrate* 表示。此外，由于模型中还包含上述八大类商品的消费价格指数，因此，它们也被包含在计量模型之中，并分别用 *p*1、*p*2、*p*3、*p*4、*p*5、*p*6、*p*7 和 *p*8 表示。以上所有变量的原始数据均来自我国除香港、澳门和台湾地区之外的 31 个省份的历年统计年鉴。

6.7.2　参数估计及结果分析

基于计量模型（6.18），在对待估参数施加收支平衡及齐次性约束的条件下，采用似不相关回归（seemingly unrelated regression estimation，SUR）对各参数进行估计。模型估计结果如表 6 - 7 所示。

表 6 - 7　　　　　　　　　农村居民消费结构参数估计结果

变量	食品	衣着	居住	家庭设备	交通通信	文化娱乐	医疗保健	其他
$\ln p1$	-0.0017 ** (-2.32)	0.0064 (0.92)	-0.0618 *** (-3.65)	0.0053 (0.76)	0.0325 (0.86)	0.0077 (0.68)	0.0359 (1.18)	-0.0291 (-1.28)
$\ln p2$	0.0026 (0.56)	-0.0053 ** (-2.26)	-0.0956 *** (-3.79)	-0.0758 ** (-2.26)	0.0283 (0.77)	0.0269 (0.73)	0.1159 *** (3.86)	0.0256 (1.08)
$\ln p3$	-0.0245 (-0.65)	0.0237 (0.53)	-0.0022 *** (-3.76)	-0.0268 (-0.68)	-0.0869 * (-1.73)	0.0128 (0.58)	-0.0226 (-0.89)	0.0286 *** (3.98)

变量	食品	衣着	居住	家庭设备	交通通信	文化娱乐	医疗保健	其他
$\ln p4$	-0.0025 (-0.78)	-0.0182 (-0.79)	-0.0019 (-0.86)	-0.0029 *** (-2.99)	0.0128 (0.56)	-0.0186 (-0.53)	-0.0096 (-1.15)	0.0059 (0.26)
$\ln p5$	0.018 (0.56)	-0.0082 (-1.19)	0.0166 (1.35)	-0.0033 (-0.52)	0.0028 (0.36)	-0.0053 (-0.39)	-0.0026 *** (-3.89)	-0.0273 * (-1.79)
$\ln p6$	0.0069 (1.18)	0.0036 (0.88)	0.0736 *** (2.98)	-0.0056 (-0.53)	-0.0052 ** (-2.13)	-0.0085 (-0.35)	-0.0356 (-1.11)	-0.0345 (-1.26)
$\ln p7$	0.0132 (0.42)	0.0018 (0.18)	-0.0041 (-0.56)	0.0412 * (1.87)	0.0059 (0.20)	-0.0093 * (-1.87)	0.0051 (0.26)	-0.0468 * (-1.86)
$\ln p8$	-0.0085 (-1.17)	0.0539 (1.19)	0.0086 (0.56)	0.0253 (0.89)	-0.0252 (-0.79)	0.0288 (0.99)	-0.0959 * (-2.42)	-0.0026 ** (-2.22)
$urbrate$	-0.3928 * (-1.65)	0.0178 (1.31)	0.1195 ** (1.78)	0.1865 (0.71)	0.1182 * (1.78)	0.0182 * (1.91)	0.2765 ** (3.68)	0.5462 (1.25)
$\ln(x/p)$	0.0152 (0.46)	0.0486 *** (9.12)	0.0753 ** (2.33)	0.0082 (0.76)	0.0429 ** (2.03)	0.0153 (1.08)	0.0143 (0.69)	0.0338 *** (2.89)
$R\text{-}squared$	0.9317	0.9168	0.8539	0.8586	0.8926	0.9238	0.7808	0.8886

注：***、**、*分别表示1%、5%和10%的显著性水平；括号内为z值。

根据表6-7的模型参数估计结果，可以得出新型城镇化阶段我国农村居民人均八大类商品消费支出各占消费总支出的比重的变动情况。

（1）新型城镇化阶段，随着我国城镇化水平逐步提高，农村居民用于食品类商品的消费支出占消费总支出的比例不断减少。控制其他相关因素影响的条件下，城镇化率每提高1个百分点，农村居民用于食品类商品的消费支出占消费总支出的比例将平均减少0.3928个百分点。变量$\ln p1$的系数估计值为-0.0017并且在5%的水平上显著，表明食品类商品价格波动对农村居民食品类商品消费支出占消费总支出的比例仅有微弱的负面影响。其余变量的回归系数并不显著，表明其他七大类商品的价格变化对农村居民食品类商品消费支出占消费总支出的比重的变化并没有显著影响。我国农村居民食品类商品消费支出占消费总支出的比重逐步减少，但不受其他七大类商品价格变化的影响，说明农村居民食品消费支出在八大类商品消费支出中的重要性仍然很强。事实上，食品消费支出一直是农村居民八大类商品消费支出占比最高的商品，且远高于占比排名第二的商品类别。

（2）随着我国城镇化水平逐步提高，农村居民用于衣着类商品的消费支出占比并没有明显变化。从计量分析结果来看，变量 *urbrate* 的回归系数估计值为 0.0178，不仅数值较小，在统计上也并不显著。变量 lnp2 的系数估计值为 −0.0053 并且在 5% 的水平上显著，从而表明在其他因素不变的条件下，衣着类商品价格上涨降低了农村居民该类商品的消费支出占消费总支出的比重，但降幅较小。其余变量的回归系数估计值并不显著，同样说明其他七大类商品的价格变化对农村居民衣着类商品的消费支出占消费总支出之比的变化并没有显著影响。新型城镇化阶段，衣着消费支出在我国农村居民消费总支出中的占比一直较低且相对稳定，主要有两个方面的原因：一是衣着消费属于基本层次的消费需求，具有比较强的刚性；二是在此期间，农村居民消费支出增长较快，衣着消费支出也同步增长。

（3）随着我国城镇化水平逐步提高，农村居民用于居住类商品的消费支出占消费总支出的比例也有所增加。其他条件不变时，城镇化率每提高 1 个百分点，农村居民用于居住类商品的消费支出占消费总支出的比例将增加 0.1195 个百分点。变量 lnp3 的系数估计值为 −0.0022 并且在 1% 的水平上显著，同样表明在其他因素不变的条件下，居住价格上涨降低了农村居民该类商品消费支出占消费总支出的比重，但降幅并不大。与食品和居住消费支出不受其他商品价格波动影响不同，居住消费支出会受到其他商品价格波动的影响。变量 lnp1 及 lnp2 的系数估计值显著为负，表明食品类和衣着类商品价格上涨将导致农村居民居住类商品的消费支出占消费总支出的比重，即它们之间的交叉弹性为负。此外，变量 lnp6 的系数估计值显著为正，表明教育文化娱乐类商品价格上涨将使得农村居民居住类商品的消费支出占消费总支出的比重上升，即它们之间的交叉弹性为正。

（4）从计量分析结果来看，新型城镇化阶段，城镇化水平对农村居民家庭设备用品及服务类商品消费支出占消费总支出比重的影响在统计上并不显著，从而表明随着我国城镇化水平的提高，农村居民用于家庭设备用品及服务类商品的消费支出占比并没有明显变化。变量 lnp2 的系数估计值显著为负，表明衣着类商品价格上涨将会导致农村居民家庭设备用品及服务类商品消费支出占比下降。变量 $\ln p7$ 的系数估计值显著为正，表明教育文化娱乐类商品价格上涨将导致农村居民家庭设备用品及服务类商品消费支出占比上升。

（5）随着我国城镇化水平的提高，农村居民用于医疗保健类商品的消费支出占比也增加了。在其他因素不变的条件下，城镇化率每提高1个百分点，我国农村居民用于医疗保健类商品的消费支出占比将增加0.2735个百分点。变量 $\ln p2$ 的系数估计值显著为正，表明衣着类商品价格上涨将导致农村居民用于医疗保健类商品的消费支出占比增加。变量 $\ln p4$ 的系数估计值显著为负，表明其他类商品价格上涨将导致农村居民用于医疗保健类商品的消费支出占比减少。

（6）随着我国城镇化水平的提高，农村居民用于交通通信类商品的消费支出占比上升了。在其他因素不变的条件下，城镇化率每提高1个百分点，农村居民用于交通通信类商品的消费支出占消费总支出的比例将上升0.1182个百分点。同时，变量 $\ln p3$ 的系数估计值显著为负，从而表明居住类价格上涨将导致农村居民用于交通通信类商品的消费支出占比下降。

（7）随着我国城镇化水平的提高，农村居民用于教育文化娱乐类商品的消费支出占比也将上升。在其他因素不变的条件下，城镇化率每提高1个百分点，农村居民用于教育文化娱乐类商品的消费支出占消费总支出的比例将增加0.0182个百分点。

（8）随着我国城镇化水平的提高，农村居民用于其他类商品的消费支出占比并没有明显变化，从计量分析结果来看，城镇化水平对农村居民其他类商品消费支出占比的影响在统计上并不显著。然而，变量 $\ln p3$ 的系数估计值显著为正，从而表明居住类价格上涨将导致农村居民其他类商品的消费支出占比增加。变量 $\ln p7$ 以及 $\ln p5$ 的系数估计值显著为负，从而表明医疗保健类商品以及教育文化娱乐类商品价格上涨将导致农村居民其他类商品的消费支出占比减少。

上述实证分析结果同样表明，新型城镇化阶段，我国农村居民的消费结构随着城镇化水平的提高发生了明显转变。为满足基本生活需求的食品类商品的消费占比不断降低，为改善和提高生活质量的交通通信类商品、医疗保健类商品以及教育文化娱乐服务类商品的消费占比逐步上升。

6.8　新型城镇化对农村居民消费结构的影响：基于面板数据模型的实证研究

与第 6.6 节类似，本节基于面板数据模型实证研究新型城镇化对我国农村居民消费结构的影响，以便弥补第 6.7 节实证分析中控制变量较少的不足，并从另一视角考察新型城镇化优化农村居民消费结构的效应。综合第 6.6 节和第 6.7 节的实证结果，新型城镇化影响农村居民消费结构的效应将更加稳健。

6.8.1　数据来源

第 6.6 节采用我国 2004～2022 年除香港、澳门和台湾地区之外的 31 个省份的面板数据进行了实证分析。本节由于北京与上海缺失多个年份农村居民人均消费支出的数据，再加上在研究时间段北京与上海的城镇化率较高，因此，实证研究也未包括北京与上海两个直辖市。鉴于北京与上海的农村居民数据较少，未将它们纳入实证模型之中不会对研究结果产生显著影响，最终共包含 29 个省份相关变量的数据，它们来源于各省份相应年份统计年鉴。由于部分省域某些商品类别的消费支出数据缺失，本实证研究采用的数据仍然是非平衡面板数据。

6.8.2　实证分析

6.8.2.1　变量选取及描述性统计

（1）被解释变量。实证分析的被解释变量为 29 个省份农村居民人均八大类消费支出，包括食品消费支出（rf）、衣着消费支出（rc）、居住消费支出（rh）、生活用品及服务消费支出（rl）、交通通信消费支出（rt）、教育文化娱乐消费支出（re）、医疗保健消费支出（rm）、其他用品及服务消费支出（ro）。此外，还将食品消费、衣着消费与居住消费三者之和作为基本消费需求（bc），生活用品及服务消费、交通通信消费二者之和作为中级消费需求（mc），教育文化娱乐消费与医疗保健消费二者之和作为高级消费需求（hc），以便分析新型城镇化对农村居民不同级别消费需求的异质性影响。

（2）核心解释变量。在基准回归分析中的核心解释变量是一个年份虚拟变量 dum，当年份变量 year 大于等于 2012 时，该变量取值为 1，其余年份取值为 0。在进一步的实证分析中，核心解释变量是城镇化率 urbrate 与该虚拟变量的交互效应。

（3）控制变量包括农村居民人均可支配收入、农村居民家庭的少儿抚养比以及老人抚养比。为消除价格因素对农村居民各类商品消费支出的影响，以 2004 年为基期，采用农村居民八大类消费价格指数进行了平减，以便得到农村居民各类商品消费支出的真实值。因此，控制变量中未包括各类商品的价格。

为消除可能存在的异方差对模型回归结果产生影响，将农村居民各类消费支出取自然对数。此外，农村居民人均可支配收入（ri）也以 2004 年为基期进行了平减得到其真实值，且模型中同样对其取自然对数。以上各变量的描述性统计如表 6-8 所示。

表 6-8　　　　　　　　　　主要变量的描述性统计

项目	rf	rc	rh	rl	rt	re	rm	ro
均值	1472	431.4	1097	365.1	1042	686.3	560.6	107.5
中位数	1355	401.3	915.3	325.4	793.8	551.0	477.8	100.3
标准差	532.8	246.1	746.9	244.3	814.5	454.4	374.3	55.43
最小值	686.4	55.63	79.89	41.48	70.41	27.59	28.93	21.07
最大值	3495	1195	5116	1267	3907	2001	1671	315.2
样本量	537	539	539	539	539	539	539	537
项目	ri	bc	mc	hc	ydep	odep	urbrate	
均值	7191	3002	1407	1247	0.248	0.141	0.525	
中位数	6755	2794	1123	1053	0.250	0.134	0.531	
标准差	3814	1439	1044	808.6	0.0632	0.0411	0.126	
最小值	1722	965.6	111.9	66.77	0.127	0.0671	0.208	
最大值	24229	9806	5173	3373	0.447	0.288	0.851	
样本量	551	537	539	539	551	551	548	

由表 6-8 的描述性统计结果可以得出，2004～2022 年，我国农村居民的人均实际食品消费支出为 1472 元（以 2004 年为基期），远低于同期城镇居民的人均水平，但食品消费支出是农村居民八大类商品消费支出中排名第一

位的商品大类。该变量的标准差为 532.8 元，表明与居住消费支出、交通通信消费支出等相比，我国 29 个省份农村居民的人均食品消费支出差异程度不太大。农村居民的人均实际衣着消费支出为 431.4 元，在农村居民八大类商品消费支出中排名第六位，仅高于人均生活用品及服务消费支出和其他用品及服务消费支出。该变量的标准差为 246.1 元，表明我国农村居民的衣着消费支出差异程度同样不大，但高于食品消费支出的差异程度。

研究时间段内，我国农村居民的人均实际居住消费支出 1097 元，在八大类商品消费支出中排名第二位，仅低于人均食品消费支出。从消费支出金额来看，吃和住仍然是我国农村居民消费需求的主要支出商品类别，表明农村居民的消费层次仍然偏低。农村居民人均实际居住消费支出的标准差为 746.9 元，表明与其他商品类别消费支出相比，各地区农村居民居住消费的支出差异程度适中，但高于食品消费与衣着消费的差异程度。人均生活用品及服务的消费支出为 365.1 元，在八大类商品消费支出中排名第七位，仅高于其他用品及服务消费支出的排名。农村居民人均生活用品及服务消费支出的标准差为 244.3 元，表明它的相对差异程度也为适中。

农村居民的人均实际交通通信消费支出达到 1042 元，在八大类商品消费支出中排名第三位，仅次于食品消费支出与居住消费支出，但与人均居住消费支出间的差距仅为 55 元。农村居民人均实际交通通信消费支出的标准差达到 814.5 元，表明我国 29 个省份农村居民交通通信消费支出的差异程度较大，且高于居住消费支出的差异程度。农村居民人均实际教育文化娱乐消费支出为 686.3 元，在八大类商品消费支出中排名第四位，表明教育文化娱乐消费已成为农村居民消费需求的重要内容之一。

农村居民的人均实际医疗保健消费支出达到 560.6 元，在八大类商品消费支出中排名第五位，表明医疗保健消费同样已成为农村居民消费需求的重要内容之一。农村居民人均其他用品及服务的消费支出为 107.5 元，在八大类商品消费支出中排名最后，表明它在农村居民人均消费总支出中的占比较小。

6.8.2.2　基准回归分析

描述性分析能够了解我国农村居民消费结构的基本变动趋势。为详细分析新型城镇化对农村居民消费结构的影响，本小节首先建立如下基准模型进行实证研究：

$$lrcon_{it} = \alpha + \beta_1 lri_{it} + \beta_2 ydep_{it} + \beta_3 odep_{it} + \beta_4 dum_{it} + \mu_i + \varepsilon_{it} \quad (6.21)$$

其中，$lrcon$ 表示农村居民人均实际八大类商品的消费支出、人均实际基本消费需求支出、人均实际中级消费需求支出与人均实际高级消费需求支出的自然对数，lri 表示农村居民人均实际可支配收入的自然对数，$ydep$ 表示少儿抚养比，$odep$ 表示老年抚养比，μ 是省份固定效应，ε 是扰动项。虚拟变量 dum 是核心解释变量。模型（6.21）的回归结果如表6-9与表6-10所示。

表6-9　　　　　　　　　　基本模型回归结果

变量	lrf	lrc	lrh	lrl	lrt	lre
lri	0.425 *** (11.04)	1.232 *** (21.91)	1.370 *** (19.89)	1.398 *** (15.55)	1.647 *** (31.85)	1.338 *** (21.42)
ydep	0.436 (1.219)	-1.188 ** (-2.176)	-1.195 (-1.651)	-1.403 ** (-2.208)	-0.241 (-0.628)	2.549 *** (4.423)
odep	1.036 ** (2.173)	-1.078 * (-1.743)	0.135 (0.168)	-0.239 (-0.273)	0.504 (0.919)	-0.865 (-1.315)
dum	0.00649 (0.310)	-0.00749 (-0.242)	-0.0758 * (-1.969)	0.0284 (0.723)	0.0616 * (1.784)	0.0797 * (1.823)
Constant	3.266 *** (10.12)	-4.427 *** (-8.539)	-4.879 *** (-7.981)	-6.189 *** (-7.795)	-7.831 *** (-18.36)	-5.971 *** (-10.88)
Observations	537	539	539	539	539	539
R-squared	0.865	0.956	0.932	0.963	0.973	0.888
Number of pro	29	29	29	29	29	29

注：***、**、*分别表示1%、5%和10%的显著性水平；括号内为 t 值。

表6-9第二列的被解释变量为农村居民人均食品消费支出的自然对数。该模型中，变量 dum 的回归系数估计值为0.00649，不仅在数量上较小，在统计上也并不显著，表明控制其他相关变量影响的条件下，与传统城镇化相比，新型城镇化并未显著扩大农村居民的食品消费需求。可能的原因有二：一方面，食品消费是农村居民的基本消费需求，在研究时间段内，无论是传统城镇阶段，还是新型城镇化阶段，农村居民的食品消费需求均已得到满足，因此，两个阶段农村居民的食品消费需求不存在显著差异；另一方面，新型城镇可以通过增

加农村居民可支配收入进而扩大其食品消费需求，变量 dum 的回归系数估计值无法直接体现此效应。而变量 lri 的系数估计值显著为正，且在 1% 的水平上显著，表明农村居民可支配收入增加能够显著扩大他们的食品消费需求。

表 6 – 9 第三列的被解释变量为农村居民人均衣着消费支出的自然对数。该模型中，变量 dum 的回归系数估计值为 – 0.00749，但在统计上并不显著，该回归结果与第二列类似，同样表明控制其他相关变量影响的条件下，与传统城镇化相比，新型城镇化并未显著扩大农村居民的衣着消费需求。从农村居民衣着消费的支出金额来看，2004 年农村居民人均衣着消费支出仅为 123 元，2011 年增加到 357 元，七年间共增长了 1.9 倍，年均名义增长率达到了 16.4%。2012 ~ 2022 年，农村居民人均衣着消费支出从 413 元增加到 921 元，年均名义增长率仅为 8.35%，显著低于 2004 ~ 2011 年的年均名义增长率。上述分析表明，新型城镇化能够显著扩大农村居民的衣着消费需求，但增速变缓。

表 6 – 9 第四列的被解释变量为农村居民人均居住消费支出的自然对数。该模型中，变量 dum 的回归系数估计值为 – 0.0758，且在 10% 的水平上显著。该模型回归结果表明，控制其他相关变量影响的条件下，与传统城镇化相比，新型城镇化阶段农村居民的实际居住消费支出减少了。然而，该模型中变量 lri 的回归系数估计值为 1.370，且在 1% 的水平上显著为正，其估计值显著大于变量 dum 的回归系数估计值。以上结果表明，新型城镇化虽然没有直接扩大农村居民的居住消费需求，但能够通过增加农村居民收入进而扩大他们的消费需求。从支出金额来看，2004 年农村居民的人均居住消费支出为 363 元，2011 年增加到 1213 元，在此期间共增长了 2.34 倍，年均名义增长率为 18.81%。然而，2012 年农村居民的人均居住消费支出为 1381 元，2022 年增加到 3503 元，共增长了 1.54 倍，年均名义增长率仅为 9.76%。

表 6 – 9 第五列的被解释变量为农村居民人均生活用品及服务消费支出的自然对数。该模型中，变量 dum 的回归系数估计值为 0.0284，但在统计上并不显著。该模型回归结果表明，控制其他相关变量影响的条件下，与传统城镇化相比，新型城镇化并没有显著扩大农村居民的生活用品及服务消费需求。生活用品及服务消费支出是农村居民八大类商品消费支出中占比最少的类别，尽管在传统城镇化与新型城镇化两个阶段农村居民的生活用品及服务消费支出均有所增加，但两个阶段的增速差别不大。

表 6 - 9 第六列的被解释变量为农村居民人均交通通信消费支出的自然对数。该模型中，变量 dum 的回归系数估计值为 0.0616，且在 10% 的水平上显著，表明控制其他相关变量影响的条件下，与传统城镇化相比，新型城镇化阶段农村居民人均交通通信消费支出的增速增加 0.0616 个百分点。2004 年农村居民人均交通通信消费支出为 203 元，2011 年增加到 603 元。2012 ~ 2022 年，农村居民年人均交通通信消费支出由 875 元增加到 2480 元。

表 6 - 9 第七列的被解释变量为农村居民人均教育文化娱乐消费支出的自然对数。该模型中，变量 dum 的回归系数估计值为 0.0797，且在 10% 的水平上显著，表明控制其他相关变量影响的条件下，与传统城镇化相比，新型城镇化阶段农村居民人均教育文化娱乐消费支出的增速增加 0.0797 个百分点。

综合表 6 - 9 基本模型的回归结果可以得出，新型城镇化扩大农村居民交通通信、教育文化娱乐消费支出的效应显著强于传统城镇化；但新型城镇化扩大农村居民居住消费支出的增速低于传统城镇化。此外，上述六个模型中，变量 lri 的系数估计值均显著为正，表明新型城镇化还能通过增加农村居民收入进而扩大农村居民各类商品的消费需求。

表 6 - 10　　　　　　　　　　　基本模型回归结果

变量	lrm	lro	bc	mc	hc
lri	1.354 *** (20.39)	0.732 *** (11.84)	0.799 *** (19.91)	1.568 *** (41.24)	1.331 *** (29.16)
$ydep$	-0.638 (-1.076)	-1.504 ** (-2.424)	0.154 (0.527)	-0.632 * (-1.713)	1.159 *** (2.819)
$odep$	0.227 (0.324)	0.396 (0.754)	0.721 (1.584)	0.397 (0.853)	-0.349 (-0.684)
dum	0.0950 *** (3.184)	0.111 *** (2.794)	0.00550 (0.295)	0.0553 * (1.955)	0.0900 *** (3.024)
$Constant$	-5.693 *** (-9.410)	-1.604 *** (-2.845)	0.782 ** (2.295)	-6.682 *** (-19.83)	-5.042 *** (-12.23)
$Observations$	539	537	537	539	539
$R\text{-}squared$	0.960	0.855	0.963	0.978	0.950
$Number\ of\ pro$	29	29	29	29	29

注：***、**、* 分别表示 1%、5% 和 10% 的显著性水平；括号内为 t 值。

表 6 - 10 第二列的被解释变量为农村居民人均医疗保健消费支出的自然对数。该模型中，变量 *dum* 的回归系数估计值为 0.0950，且在 1% 的水平上显著。该模型回归结果表明，控制其他相关变量影响的条件下，与传统城镇化相比，新型城镇化扩大农村居民医疗保健消费需求的效应更加突出。2004 年农村居民人均医疗保健消费支出仅为 137 元，2011 年增加到 478 元。2012 年和 2022 年农村居民的人均医疗保健消费支出则分别为 560 元和 1632 元。

表 6 - 10 第三列的被解释变量为农村居民人均其他商品及服务消费支出的自然对数。该模型中，变量 *dum* 的回归系数估计值为 0.111，且在 1% 的水平上显著。该模型回归结果表明，控制其他相关变量影响的条件下，与传统城镇化相比，新型城镇化扩大农村居民其他用品及服务消费需求的效应更加显著。此外，该模型中，变量 *lri* 的回归系数估计值为 0.732，且在 1% 的水平上显著，表明新型城镇化还能够通过增加农村居民收入并扩大他们的其他商品及服务消费需求。

表 6 - 10 第四列的被解释变量为农村居民人均基本消费需求支出的自然对数。该模型中，变量 *dum* 的回归系数估计值为 0.0055，不仅数值较小，在统计上也并不显著，表明控制其他相关变量影响的条件下，新型城镇化扩大农村居民人均基本消费需求的增速基本与传统城镇化相同，不存在统计意义上的区别。表 6 - 10 第五列和第六列中，变量 *dum* 的回归系数估计值分别为 0.0553 与 0.0900，且分别在 10% 与 1% 的水平上显著，表明控制其他相关变量影响的条件下，新型城镇化扩大农村居民人均中级消费需求与高级消费需求的效应强于传统城镇化。

6.8.2.3　交互效应与异质性检验

在上述基准回归分析的基础上，本小节以农村居民的基本消费需求、中级消费需求与高级消费需求为例，研究 *urbrate* 与 *dum* 两变量的交互效应，以进一步明确新型城镇化扩大农村居民消费需求的效应，所构建的模型如下：

$$lrcon_{it} = \alpha + \beta_1 lri_{it} + \beta_2 ydep_{it} + \beta_3 odep_{it} + \beta_4 urbrate_{it}$$
$$+ \beta_5 urbrate_{it} \times dum_{it} + \mu_i + \varepsilon_{it} \tag{6.22}$$

其中，*lrcon* 表示农村居民人均实际基本消费需求支出、人均实际中级消费需求支出与人均实际高级消费需求支出的自然对数。因此，模型（6.22）实际上表示了 3 个模型。lri 表示农村居民人均实际可支配收入的自然对数，ydep 表示少儿抚养比，odep 表示老年抚养比，μ 是省份固定效应，ε 是扰动项。虚拟变量 dum 与 urbrate 的交互项是核心解释变量。模型（6.22）的回归结果如表 6－11 与表 6－12 所示。

表 6－11 基本模型回归结果

变量	全国			东部		
	基本需求	中级需求	高级需求	基本需求	中级需求	高级需求
lri	0.635 ***	1.430 ***	1.189 ***	0.971 ***	1.334 ***	1.435 ***
	(9.062)	(30.91)	(13.30)	(16.39)	(10.59)	(6.543)
ydep	0.0890	−0.712 *	1.127 **	1.402	0.469	1.783
	(0.323)	(−1.963)	(2.618)	(1.695)	(0.351)	(1.174)
odep	0.573 *	0.0725	−0.774 *	−0.987 **	−0.673	−1.623
	(1.922)	(0.155)	(−1.842)	(−2.436)	(−0.501)	(−1.239)
urbrate	0.747 **	0.728 *	0.909 *	−0.285	1.153	−0.614
	(2.127)	(1.864)	(1.727)	(−1.108)	(1.372)	(−0.810)
urbrate ×*dum*	0.111	0.165 *	0.194 **	0.0447	0.287 *	0.131
	(0.788)	(1.707)	(2.615)	(0.570)	(2.244)	(0.955)
Constant	1.820 ***	−5.819 ***	−4.219 ***	−0.649	−5.661 ***	−5.693 ***
	(4.001)	(−18.90)	(−7.465)	(−1.145)	(−5.651)	(−3.477)
Observations	534	536	536	169	169	169
R-squared	0.965	0.979	0.950	0.965	0.970	0.945
Number of pro	29	29	29	9	9	9

注：***、**、* 分别表示 1%、5% 和 10% 的显著性水平；括号内为 t 值。

表 6－11 第二列中，变量 urbrate 的系数估计值为 0.747，且在 5% 的水平上显著，表明控制其他相关变量影响的条件下，新型城镇化阶段的城镇化率每提高 1 个百分点，平均来讲全国农村居民的人均基本消费需求支出将增长 0.747%。变量 urbrate 与 dum 交互效应的系数估计值为 0.111，但在统计上并不显著，表明与传统城镇化相比，新型城镇化阶段的城镇化率提升并没有显著扩大全国农村居民的基本消费需求。此外，模型中，变量 lri 的回归系数估计值为 0.635 且在 1% 的水平上显著，表明新型城镇化还能通过增加全国农村居民的收入进而扩大其基本消费需求。

表 6 – 11 第三列中，变量 *urbrate* 的系数估计值为 0.728，且在 10% 的水平上显著，表明控制其他相关变量影响的条件下，新型城镇化阶段的城镇化率每提高 1 个百分点，平均来讲全国农村居民的人均中级消费需求支出将增长 0.728%。变量 *urbrate* 与 *dum* 交互效应的系数估计值为 0.165，在 10% 的水平上显著，表明与传统城镇化相比，新型城镇化阶段的城镇化率提升显著扩大全国农村居民的中级消费需求。此外，模型中，变量 *lri* 的回归系数估计值为 1.430 且在 1% 的水平上显著，表明新型城镇化还能通过增加全国农村居民的收入进而扩大其中级消费需求。

表 6 – 11 第四列中，变量 *urbrate* 的系数估计值为 0.909，且在 10% 的水平上显著，表明控制其他相关变量影响的条件下，新型城镇化阶段的城镇化率每提高 1 个百分点，平均来讲全国农村居民的人均高级消费需求支出将增长 0.909%。变量 *urbrate* 与 *dum* 交互效应的系数估计值为 0.194，且在 5% 的水平上显著，表明与传统城镇化相比，新型城镇化阶段的城镇化率提升显著扩大全国农村居民的高级消费需求。此外，模型中，变量 *lri* 的回归系数估计值为 1.189 且在 1% 的水平上显著，表明新型城镇化还能通过增加全国农村居民的收入进而扩大其高级消费需求。

表 6 – 11 第五列中，变量 *urbrate* 的系数估计值为 – 0.285，但在统计上并不显著，表明控制其他相关变量影响的条件下，新型城镇化阶段的城镇化率提升并没有显著扩大东部地区农村居民的基本消费需求。变量 *urbrate* 与 *dum* 交互效应的系数估计值为 0.0447，在统计上也不显著，表明与传统城镇化相比，新型城镇化阶段的城镇化率提升没有显著扩大东部地区农村居民的基本消费需求。此外，模型中，变量 *lri* 的回归系数估计值为 0.971 且在 1% 的水平上显著，表明新型城镇化还能通过增加东部农村居民的收入进而扩大其基本消费需求。

表 6 – 11 第六列中，变量 *urbrate* 的系数估计值为 1.153，但在统计上并不显著，表明控制其他相关变量影响的条件下，新型城镇化阶段的城镇化率提升并没有显著扩大东部地区农村居民的中级消费需求。变量 *urbrate* 与 *dum* 交互效应的系数估计值为 0.287，且在 10% 的水平上显著，表明与传统城镇化相比，新型城镇化阶段的城镇化率提升显著扩大东部农村居民的中级消费需求。此外，模型中，变量 *lri* 的回归系数估计值为 1.334 且在 1% 的水平上

显著，表明新型城镇化还能通过增加东部地区农村居民的收入进而扩大其中级消费需求。

表 6–11 第七列中，变量 *urbrate* 的系数估计值为 −0.614，但在统计上并不显著，表明控制其他相关变量影响的条件下，新型城镇化阶段的城镇化率提升并没有显著扩大东部地区农村居民的高级消费需求。变量 *urbrate* 与 *dum* 交互效应的系数估计值为 0.131，同样在统计上不显著，表明与传统城镇化相比，新型城镇化阶段的城镇化率提升并没有显著扩大东部地区农村居民的高级消费需求。此外，模型中，变量 *lri* 的回归系数估计值为 1.435 且在 1% 的水平上显著，表明新型城镇化通过增加东部地区农村居民的收入进而扩大其高级消费需求。

表 6–12   基本模型回归结果

变量	中部			西部		
	基本需求	中级需求	高级需求	基本需求	中级需求	高级需求
lri	0.599 *** (6.707)	1.490 *** (12.51)	1.246 *** (10.16)	0.543 *** (12.57)	1.462 *** (23.16)	1.004 *** (12.54)
ydep	−0.196 (−0.394)	−0.242 (−0.356)	2.245 ** (2.732)	−0.190 (−0.648)	−1.321 *** (−4.332)	0.888 (1.580)
odep	1.009 * (1.900)	1.009 (1.422)	−0.481 (−0.595)	0.618 (1.261)	−1.025 (−1.413)	−1.342 (−1.427)
urbrate	1.277 *** (3.981)	0.226 (0.410)	0.804 (1.428)	1.228 *** (5.028)	1.115 ** (2.263)	1.995 *** (3.417)
urbrate ×*dum*	−0.0131 (−0.265)	0.0803 (0.844)	0.211 ** (3.109)	0.0587 (1.115)	0.0264 (0.296)	0.279 *** (4.338)
Constant	1.893 ** (2.768)	−6.370 *** (−8.171)	−4.874 *** (−6.612)	2.522 *** (10.16)	−5.669 *** (−12.24)	−2.964 *** (−4.708)
Observations	151	151	151	214	216	216
R-squared	0.979	0.982	0.964	0.967	0.985	0.951
Number of pro	8	8	8	12	12	12

注：***、**、* 分别表示 1%、5% 和 10% 的显著性水平；括号内为 *t* 值。

表 6–12 第二列中，变量 *urbrate* 的系数估计值为 1.277，且在 1% 的水平上显著，表明控制其他相关变量影响的条件下，新型城镇化阶段的城镇化率

每提高 1 个百分点,平均来讲中部省份农村居民的人均基本消费需求支出将增长 1.277%。变量 *urbrate* 与 *dum* 交互效应的系数估计值为 -0.0131,但在统计上并不显著,表明与传统城镇化相比,新型城镇化阶段的城镇化率提升并没有显著扩大中部地区农村居民的基本消费需求。此外,模型中,变量 *lri* 的回归系数估计值为 0.599 且在 1% 的水平上显著,表明新型城镇化还能通过增加中部地区农村居民的收入进而扩大其基本消费需求。

表 6-12 第三列中,变量 *urbrate* 的系数估计值为 0.226,但在统计上并不显著,表明控制其他相关变量影响的条件下,新型城镇化阶段的城镇化率提升并没有显著扩大中部地区农村居民的中级消费需求。变量 *urbrate* 与 *dum* 交互效应的系数估计值为 0.0803,在统计上不显著,表明与传统城镇化相比,新型城镇化阶段的城镇化率提升并没有显著扩大中部地区农村居民的中级消费需求。此外,模型中,变量 *lri* 的回归系数估计值为 1.490 且在 1% 的水平上显著,表明新型城镇化还能通过增加中部地区农村居民的收入进而扩大其中级消费需求。

表 6-12 第四列中,变量 *urbrate* 的系数估计值为 0.804,但在统计上并不显著,表明控制其他相关变量影响的条件下,新型城镇化阶段的城镇化率提升并没有显著扩大中部地区农村居民的高级消费需求。变量 *urbrate* 与 *dum* 交互效应的系数估计值为 0.211,且在 5% 的水平上显著,表明与传统城镇化相比,新型城镇化阶段的城镇化率每提高 1 个百分点,平均来讲中部省份农村居民的人均高级消费需求支出将增长 0.211%。此外,模型中,变量 *lri* 的回归系数估计值为 1.246 且在 1% 的水平上显著,表明新型城镇化还能通过增加中部地区农村居民的收入进而扩大其高级消费需求。

表 6-12 第五列中,变量 *urbrate* 的系数估计值为 1.228,且在 1% 的水平上显著,表明控制其他相关变量影响的条件下,新型城镇化阶段的城镇化率每提高 1 个百分点,平均来讲西部省份农村居民的人均基本消费需求支出将增长 1.228%。变量 *urbrate* 与 *dum* 交互效应的系数估计值为 0.0587,但在统计上并不显著,表明与传统城镇化相比,新型城镇化阶段的城镇化率提升并没有显著扩大西部地区农村居民的基本消费需求。此外,模型中,变量 *lri* 的回归系数估计值为 0.543 且在 1% 的水平上显著,表明新型城镇化能够通过增加西部地区农村居民的收入进而扩大其基本消费需求。

表 6 - 12 第六列中，变量 *urbrate* 的系数估计值为 1.115，且在 5% 的水平上显著，表明控制其他相关变量影响的条件下，新型城镇化阶段的城镇化率每提高 1 个百分点，平均来讲西部省份农村居民的人均中级消费需求支出将增长 1.115%。变量 *urbrate* 与 *dum* 交互效应的系数估计值为 0.0264，但在统计上并不显著，表明与传统城镇化相比，新型城镇化阶段的城镇化率提升并没有显著扩大西部地区农村居民的中级消费需求。此外，模型中，变量 *lri* 的回归系数估计值为 1.462 且在 1% 的水平上显著，表明新型城镇化还能通过增加西部地区农村居民的收入进而扩大其中级消费需求。

表 6 - 12 第七列中，变量 *urbrate* 的系数估计值为 1.995，且在 1% 的水平上显著，表明控制其他相关变量影响的条件下，新型城镇化阶段的城镇化率每提高 1 个百分点，平均来讲西部省份农村居民的人均高级消费需求支出将增长 1.995%。变量 *urbrate* 与 *dum* 交互效应的系数估计值为 0.279，且在 1% 的水平上显著，表明与传统城镇化相比，新型城镇化阶段的城镇化率每提高 1 个百分点，平均来讲中部省份农村居民的人均高级消费需求支出将增长 0.279%。此外，模型中，变量 *lri* 的回归系数估计值为 1.004 且在 1% 的水平上显著，表明新型城镇化还能通过增加西部地区农村居民的收入进而扩大其高级消费需求。

第7章 研究结论及政策启示

7.1 研究结论

通过前面章节的理论研究及实证分析能够发现，随着新型城镇化的稳步推进，我国城乡居民的消费需求必将逐步扩大，表现在消费水平提高及消费结构优化两个方面。具体来讲，本书的研究结论主要表现在以下几个方面：

第一，我国的传统城镇化取得了巨大成就，但与同等经济发展水平国家相比，我国的城镇化水平仍然偏低，城镇化发展潜力巨大。传统城镇化建设阶段，在快速工业化的带动下，我国经济长期依靠出口和投资拉动，并取得了巨大成功。但随着中国经济总量的增加以及国内外环境的变化，传统的经济发展方式难以为继，必须转变为内需导向的经济发展方式——扩大内需才是中国经济长期健康发展的有力保障。作为扩大内需的最大潜力，新型城镇化被置于国家战略的重要地位，将在我国转变为内需导向的经济发展方式过程中发挥主导作用。

第二，我国的新型城镇化建设采用的是均衡的城镇化新模式。传统城镇化阶段，我国采取的是优先发展城市的城镇化模式——生产要素、资源和国家政策重点向城市倾斜，从而导致越来越严重的城乡二元经济特征；部分沿海地区高度城镇化与广大西部地区城镇化水平较低共存；北京、上海及广州等城市已经出现以交通拥挤、环境恶化以及资源紧张为特征的大城市病，过度城镇化已经凸显。因此，我国的传统城镇化是不完全的城镇化。在新型城镇化阶段，应均衡发展城市、城镇和农村。城市的发展以第三产业为主，努力建设成为高效、宜居、智能、可持续的现代化城市；作为工业化主力的广大城镇地区，在大力发展城镇工业促进经济发展的同时，应该成为吸纳农村剩余劳动力的主体；农村的发展则以农业现代化为特征，努力建设基础设施完善，教育、医疗和文化等社会事业完备的社会主义新农村。

第三，理论分析表明，新型城镇化扩大我国居民消费需求的途径包括：（1）提高我国农业转移人口的收入。新型城镇化阶段，随着我国农业现代化程度的提高，农村地区将出现大量农村剩余劳动力，在城镇工业化和城市现代化的带动下，他们将从生产效率较低的农业部门转向生产效率较高的工业、建筑业和服务业就业，并因此提高他们的收入，促进其消费需求扩大。（2）新型城镇化建设能够扩大投资需求，促进就业并提高居民收入。我国的城市现代化、城镇工业化和新农村建设需要大量包括供水、供电、供气、供暖、交通、通信以及医疗和文化设施等在内的基础设施建设。大量基于经济发展、民生和社会福利的基础设施建设必将提供诸多就业机会、促进相关产业发展和居民收入增加，并因此促进居民消费。（3）新型城镇化建设能够优化产业结构，促进第三产业发展并提高居民收入。当前，我国的产业结构失衡，主要表现为第三产业增加值在国内生产总值中的占比偏低。由于城镇化是加快产业结构转型升级的重要抓手，并且加快发展服务业是产业结构优化升级的主攻方向，因此，随着新型城镇化步伐的推进，我国的第三产业将快速发展，全要素生产率将明显提高，促进居民收入增长。（4）新型城镇化促进农村经济发展，提高农村居民收入并扩大其消费需求。通过机械化、信息化及规模化经营，农业现代化的逐步实现必将提高我国农业生产效率，在完善的农产品流通体系的支持下，我国农村居民的收入将稳步提高。同时，新农村建设将进一步优化农村消费环境，从而促进农村居民消费结构转型升级。（5）新型城镇化建设通过人口结构变化扩大居民消费需求。新型城镇化阶段，大量农村剩余劳动力进入城镇成为城镇市民，他们的人口结构将市民化，家庭人口规模将变小。对于现有城市市民来说，他们的人口结构亦将发生变化，主要表现为老年抚养比的上升及少儿抚养比的下降。所有这些人口结构变化均将对居民消费需求产生促进作用。（6）新型城镇化通过降低城乡居民预防性储蓄扩大其消费需求。在传统城镇化阶段，我国的社会保障制度不健全，居民在医疗、养老等方面面临较多不确定性。此外，国有企业、教育及住房等方面的改革，又使得大量城镇居民的工作稳定性变差，城乡居民在教育和住房方面的支出风险增加。所有这些都是我国高储蓄率的重要原因。新型城镇化阶段，随着我国覆盖城乡所有居民的各项社会保障制度日趋完善，并且国家用于改善民生的投资不断增加，可以预见，在不远的将来，居民的预防性储蓄动机将减弱，我国庞大的居民储蓄将得到释放，从而促进居民消费需求扩大。

（7）新型城镇化建设通过放松流动性约束扩大居民消费需求。尽管我国的储蓄率位居世界前列，但仍然有部分居民合理的消费借贷需求得不到满足，他们在消费住房、汽车等大宗消费品时无法从金融机构获得贷款，其基本原因是我国金融市场发育还不完善、与之相适应的信用体系建设还不完备等。金融支持对我国新型城镇化的健康、持续发展尤为重要，因此，新型城镇化阶段，通过金融市场的不断深化改革，我国的金融市场将更加发达，居民合理的消费借贷需求将可以得到满足。

第四，在代表性主体经济建模环境下，理论模型分析表明，新型城镇化通过人口以及生产要素的聚集，能够产生前向关联及后向关联效应，有效地提高厂商的生产效率，降低它们的生产成本并促进产出增加。因此，新型城镇化能够促进整个经济产出的增加，即促进经济增长，进而扩大居民消费需求。

第五，实证研究结果表明，农业转移人口市民化能够有效提高我国城镇居民的消费水平。具体表现在以下几个方面：（1）农业转移人口在就业、社会福利等方面将能够获得公平的机会，从而提高其收入及家庭财富，并因此提升他们的消费水平；（2）他们的生育观念将与城市居民趋同，从而导致他们的负担系数将降低，进而扩大其消费需求；（3）他们的受教育程度将增加并扩大其消费需求；（4）他们的消费习惯将与原城市户籍人口趋同，收入的边际消费倾向提升。此外，从农村居民进城务工的视角，实证研究表明，随着新型城镇化的不断推进，我国农村将会有更多的农村居民外出务工，并因此提升了农村居民的消费水平。具体表现在：首先，外出务工农村居民增加，将能够增加农村居民家庭的财富，同时也能够提升农村居民家庭消费的财富弹性，因而能够提升其消费水平；其次，外出务工农村居民增加，将能够增加农村居民家庭的收入，提升其消费水平；最后，外出务工农村居民增加，将能够改变农村居民的消费习惯，使得他们更愿意消费，进而提升其消费水平。

第六，实证研究结果表明，新型城镇化能够优化我国城镇居民的消费结构，具体表现在以下几个方面：（1）城镇化建设大幅度降低了食品类商品的消费支出在消费总支出中的比例；（2）衣着类商品消费支出的占比随着城镇化率的提高也有所下降；（3）随着我国城镇化水平的逐步提高，城镇居民交通通信类商品消费支出的占比有所增加，但增加幅度并不大；（4）居住类商品消费支出的占比随着我国城镇化水平的提高而大幅增加；（5）医疗保健类、教育文化娱乐类商品消费支出的占比随着我国城镇化水平的提高而有一定程度的提高；（6）家庭设备用品与服务类、其他类商品消费支出的占比随着我国城镇化水平的提高而没有显著变化。因此，我国城镇居民的消费结构随着城镇化水平的提高而不断优化升级。

新型城镇化对我国农村居民消费结构的影响表现在以下几个方面：（1）城镇化建设大幅度降低了我国农村居民食品类商品的消费支出在消费总支出中的比例；（2）城镇化水平提高对我国农村居民的衣着、家庭设备用品及服务以及其他类商品消费支出在消费总支出中的比例没有显著影响；（3）城镇化水平提高对我国农村居民的居住类、医疗保健类以及教育文化娱乐类商品消费支出在消费总支出中的比例具有显著正面影响；（4）城镇化水平提高显著地降低了我国农村居民的交通通信类商品消费支出在消费总支出中的比例。因此，我国农村居民的消费结构随着城镇化水平的提高也不断优化和升级。

7.2 政策启示

本书主要以消费函数为理论基础，从消费需求方的视角论证了新型城镇化扩大我国居民消费需求的机理——理论分析及实证检验均表明，新型城镇化能够提升我国城乡居民的消费水平，优化城乡居民的消费结构。然而，由于居民消费是产品或服务的提供方与需求方在一定消费环境下互动的结果，因此，为了最大程度地发挥新型城镇化对居民消费需求的促进作用，使我国的经济发展方式尽快由投资和出口拉动转变为内需导向，本书基于上述研究结论，在新型城镇化背景下，从产品或服务的提供方、需求方以及消费环境方面提出如下政策建议：

第一，制定相关政策，加快促进在城镇就业的农业转移人口市民化。理论和实证研究均表明，农业转移人口市民化可以提高他们的消费水平，优化他们的消费结构。因此，新型城镇化过程中，应制定相关的政策推进农业转移人口落户城镇，以便充分释放农业转移人口在住房、家庭设备用品及服务，以及文化教育娱乐等方面的消费潜能。但考虑到不同城市资源和环境的承载能力有差别，在推进农业转移人口市民化的过程中，对大城市、中小城市和城镇应采取不同的落户政策。具体来说，对于城镇和小城市，可以全面放开在当地就业农业转移人口的落户限制。其主要原因是，一方面我国城镇和小城市的土地、淡水等自然资源相对富裕；另一方面新型城镇化过程中的城镇工业化也亟须大量劳动力。放开农业转移人口的落户限制可以释放他们的消费潜力，促进城镇经济发展。然而，由于我国大多大城市，尤其是北京、上海、广州和深圳等特大型城市，它们交通拥挤、环境污染、资源短缺等城市病已经比较突出，为了把我国的大城市建成低碳、智能、高效的现代化城市，它们不应成为农业转移人口市民化的主力。对于中等城市，也应逐步完全放开农业转移人口的落户限制。

第二，制定公平、合理的收入分配制度，并切实加以执行。大量研究表明，收入分配不平衡是我国居民消费率长期偏低的重要原因之一，并且收入不平衡导致了我国居民消费的不平衡。收入始终是影响居民消费最重要的变量，扩大居民消费需求最重要的手段是提高城乡居民收入。然而，当产出一定时，收入分配将对居民消费产生重要影响。当前我国初次收入分配存在的主要问题表现在劳动收入占比过低、城乡收入差距过大、地区和行业间收入差距过大等，再次收入分配通过所得税、财产税、转移支付等方式调节收入分配不平等的效果并不明显。因此，新型城镇化过程中，为了降低甚至消除收入不平衡，更大程度地发挥新型城镇化对居民消费的促进作用，应制定更加公平合理的收入分配制度，在重点关注初次收入分配的同时，也应积极发挥再次收入分配对收入不平等的调节作用。

第三，在产品供给方面，应该顺应经济社会发展，进行供给侧结构性改革，开发适合不同收入阶层消费需求的产品和服务，满足他们差别化的消费需求。新型城镇化阶段，随着居民收入的提高，他们的消费偏好以及消费结构亦将改变——在全面建设社会主义现代化国家新征程中，广大城乡居民的消费需求由生存型消费逐步转变为发展型和享受型消费。然而，就目前来讲，尽管我国众多产品和服务存在产能过剩，但仍然有部分产品和服务，例如，高端金融服务、文化产品和服务等，不能满足日益增长的居民消费需求。具体来讲，新型城镇化阶段，以下几个方面的产品供给存在较大市场空间，居民消费需求潜力巨大：（1）体育消费。与欧美发达国家相比，我国居民体育消费的消费意识不强，即使在经济发达的东部沿海地区，居民用于体育消费的消费支出也较少。此外，我国居民的体育消费存在巨大的地域差异。在中西部广大地区体育健身器材、场地等与体育消费相关的硬件设施还比较缺乏。因此，新型城镇化过程中，应大力开发体育竞技、体育赛事、体育休闲、体育文化、体育医疗、体育表演、体育媒介以及体育旅游等体育消费相关产品。根据2014年10月国务院印发的《关于加快发展体育产业促进体育消费的若干意见》的发展目标，我国2025年体育产业规模将超过5万亿元。（2）文化消费。文化消费指的是居民用于教育、艺术、文学、科技、旅游等方面的消费支出。来自中国家庭金融调查与研究中心的数据表明，2012年我国居民家庭文化消费的平均水平为7981元，中位数为3000元。影响我国居民文化消费最主要的因素是家庭收入和财富，但文化产品供需失衡也对居民文化消费产生负面影响——低层次的文化产品市场饱和，满足高学历人员的高端、个性化文化产品则存在市场空缺。因此，随着我国居民收入和财富的增加，他们的文化消费需求将日益扩大。（3）信息消费。随着我国信息基础设施不断完善，信息消费成为我国居民消费的新热点。根据2013年8月国务院印发的《关于促进信息消费扩大内需的若干意见》，2015年我国信息消费的市场规模达到3.2万亿元，其中基于互联网的新型信息消费市场总体规模达到2.4万亿元，并且在未来的几年里，前者的年均增长将超过20%，后者的年均增长将超过30%。因此，信息消费市场潜力巨大。（4）服务消费。当前，我国城乡居民的服务消费占消费总支出的比例还偏低，随着经济的发展，我国城乡居民发展型与享受型消费需求占消费总需求的比例提升，居民的服务消费需求必然充分释放。

此外，关于我国的居民消费，一方面表现为居民消费需求不足；另一方面又呈现出大量消费者跨境消费。以2015年为例，来自商务部的统计数据表明，我国当年的出境人数达到了1.2亿人次，境外消费额高达1.5万亿元。境外消费从奢侈品消费和高档品消费逐步转向了高质量和性价比合适的耐用品和日用品消费。我国大量中高收入阶层跨境消费的根本原因是国内消费品市场无法满足他们个性化和差异化的消费需求——他们对产品品种、产品质量、产品的安全性以及购物环境等方面的要求得不到满足。同时，与中高端消费品供给不足相反，我国大量低端商品和服务却供过于求，市场竞争激烈，生产厂家产品销售困难。这反映了我国消费市场供需结构的矛盾。在此背景下，供给侧结构性改革受到了政府的高度重视，国务院也于2015年11月19日发布了《关于积极发挥新消费引领作用加快培育形成新供给新动力的指导意见》。

第四，优化居民消费环境。消费环境包括消费硬环境和消费软环境两大类。其中，前者指的是与产品的流通、配送及消费有关的基础设施；后者指的是与居民消费密切相关的政治、法律、制度和文化环境。因此，优化居民消费环境包括优化居民消费硬环境和软环境两个方面。新型城镇化过程中，在大力建设居民消费硬环境的同时，更应关注居民消费软环境的建设。尤其是对于体育消费、文化消费和信息消费等新型消费产品和服务来说，完善的制度和法律环境是充分挖掘居民消费潜力的前提。以信息消费为例，由于它大多涉及消费者个人信息，并且借助于当代信息技术，消费者个人信息的传播和扩散非常方便快捷，因此，消费者个人隐私的保护极其重要，必须健全有关的法律和制度，消费者才能放心消费。

第五，改变居民错误的消费观念。消费观念对居民的消费行为具有重要影响。在长期的消费实践中，我国居民养成了一些错误的消费观念。例如，部分消费者盲目崇拜进口产品而贬低国产品，始终认为进口产品的质量优于国产同类产品，甚至还有消费者在国外抢购中国企业在国内生产的产品的情况。再如，有些消费者，尤其是农村居民，对旅游休闲类产品以及体育健身类产品持有偏见，认为该类产品是城市富裕阶层消费的专利。所有这些错误的消费观念都将对扩大居民消费需求造成负面影响。新型城镇化阶段，为充分挖掘居民消费潜能，必须消除居民错误的消费观念。

第六，努力降低贫富差距，完善相关社会保障制度，更加关注和改善民生。理论和实证研究均表明，贫富差距过大，将会对新型城镇化扩大我国居民消费需求产生负面影响。新型城镇化过程中，通过降低居民贫富差距来扩大居民消费需求，一方面要大力发展欠发达地区的经济、努力培育居民新的收入增长点，促进当地居民收入快速增加；另一方面在收入再次分配过程中要重点向贫困落后地区倾斜。此外，完善、发达的社保体系将能够降低居民的预防性储蓄动机，充分发挥新型城镇化建设对居民消费的促进作用。

参 考 文 献

［1］阿尔弗雷德·韦伯. 工业区位论［M］. 北京：商务印书馆，2010.

［2］奥古斯特·勒施. 经济空间秩序［M］. 北京：商务印书馆，2010.

［3］白重恩，李宏彬，吴斌珍. 医疗保险与消费：来自新型农村合作医疗的证据［J］. 经济研究，2012（02）：41-53.

［4］班梓瑜，羽卓. 住房财富对城镇居民消费的影响——基于 CHFS 数据分析［J］. 商业经济研究，2024（05）：51-54.

［5］包文，赵春明. 就业质量促进家庭消费升级的理论与实证分析［J］. 财经理论与实践，2024，45（02）：121-127.

［6］毕静. 知乎社区的知识模式变迁与内容消费创新［J］. 传媒，2024（07）：49-51.

［7］毕秀晶，宁越敏. 长三角大都市区空间溢出与城市群集聚扩散的空间计量分析［J］. 经济地理，2013（01）：46-53.

［8］蔡宁，李钢，阮刚辉. 利率政策对我国居民跨期消费选择的效应研究［J］. 经济科学，2002（04）：23-34.

［9］蔡秀玲，邓春宁. 不确定性预期与城镇居民消费需求的空间面板分析［J］. 云南财经大学学报，2011，27（01）：71-76.

［10］曹景椿. 加强户籍制度改革，促进人口迁移和城镇化进程［J］. 人口研究，2001（05）：9-17.

［11］曹俊杰，刘丽娟. 新型城镇化与农业现代化协调发展问题及对策研究［J］. 经济纵横，2014（10）：12-15.

［12］曹志艳，丁文锋，庞任平. 创新投融资渠道推进农业现代化建设［J］. 新疆社会科学（汉文版），2014（03）：37-41.

［13］陈斌开，李涛. 利率市场化与中国城镇居民消费［J］. 经济科学，

2019 (04)：31 - 43.

[14] 陈波，涂晓晗．旅游休闲街区消费场景的模式类型与文旅融合策略 [J]．南京社会科学，2023 (08)：134 - 145，166.

[15] 陈晨子，成长春．产业结构、城镇化与我国经济增长关系的 ECM 模型研究 [J]．财经理论与实践，2012 (06)：85 - 88.

[16] 陈冲．人口结构变动与农村居民消费——基于生命周期假说理论 [J]．农业技术经济，2011 (04)：25 - 32.

[17] 陈发扬，王金梅．对农村土地管理使用中出现问题的思考 [J]．云南社会科学，2008 (S1)：133 - 134.

[18] 陈健，高波．收入差距、房价与消费变动——基于面板数据联立方程模型的分析 [J]．上海经济研究，2012 (02)：53 - 62.

[19] 陈丽莉，杨予越，李长风，等．中国五大城市群消费中心城市指数演变及其影响因素 [J]．经济地理，2023，43 (08)：39 - 48.

[20] 陈明星．城市化与经济发展关系的研究综述 [J]．城市发展研究，2013 (08)：16 - 23.

[21] 陈明星，龚颖华，隋昱文．新型城镇化背景下中部地区的人口就近城镇化模式研究 [J]．苏州大学学报（哲学社会科学版），2016，37 (06)：7 - 14.

[22] 陈士勇，张龙．新发展格局下收入结构异质性对居民健康消费的影响——基于城镇居民不同收入来源的比较 [J]．商业经济研究，2022 (20)：61 - 64.

[23] 陈威，杨立新．国际农业信息化发展比较研究 [J]．广东农业科学，2013 (20)：191 - 195.

[24] 陈文玲．我国消费需求发展趋势及深层次矛盾 [J]．宏观经济研究，2007 (01)：15 - 21.

[25] 陈锡文．工业化、城镇化要为解决"三农"问题作出更大贡献 [J]．经济研究，2011 (10)：8 - 10.

[26] 陈训波，周伟．家庭财富与中国城镇居民消费：来自微观层面的证据 [J]．中国经济问题，2013 (02)：46 - 55.

[27] 陈燕凤，夏庆杰，李实．中国农村家庭相对贫困研究——基于收

入与消费的比较视角 [J]. 社会科学战线, 2024 (05): 101 - 109.

[28] 陈银娥, 刑乃千, 师文明. 农村基础设施投资对农民收入的影响——基于动态面板数据模型的经验研究 [J]. 中南财经政法大学学报, 2012 (01): 97 - 103.

[29] 陈玉光. 城市化规律与我国城镇化战略策略选择及制度创新 [J]. 江淮论坛, 2010 (06): 17 - 22.

[30] 陈振中, 张成林. 符号消费视角下当代大学生消费亚文化的建构 [J]. 黑龙江高教研究, 2018 (02): 133 - 135.

[31] 陈志刚, 吴腾, 桂立. 金融发展是城市化的动力吗——1997 - 2013 年中国省级面板数据的实证证据 [J]. 经济学家, 2015 (08): 80 - 89.

[32] 程开明. 当前我国城市化速度的论争与审视 [J]. 城市发展研究, 2009, 16 (10): 1 - 6.

[33] 程启智, 陈敏娟. 湖南农村居民消费结构的优化与消费需求的扩大 [J]. 湘潭大学学报 (哲学社会科学版), 2011, 35 (01): 22 - 26.

[34] 仇保兴. 智慧地推进我国新型城镇化 [J]. 城市发展研究, 2013, 20 (5): 1 - 12.

[35] 储德银, 童大龙. 中国财政政策对居民消费需求的非对称效应——基于流动性约束视角下一个新的分析框架 [J]. 公共管理学报, 2012, 9 (01): 70 - 79, 126.

[36] 储德银, 闫伟. 财政政策对农村居民消费产生了非线性效应吗? [J]. 经济管理, 2011, 33 (10): 167 - 173.

[37] 储德银, 闫伟. 地方政府支出与农村居民消费需求——基于 1998 - 2007 年省级面板数据的经验分析 [J]. 统计研究, 2009, 26 (08): 38 - 44.

[38] 崔海燕, 杭斌. 收入差距、习惯形成与城镇居民消费行为 [J]. 管理工程学报, 2014, 28 (03): 135 - 140, 82.

[39] 崔琳昊, 冯烽. 新型城镇化建设对释放居民消费潜力的影响研究 [J]. 西安交通大学学报 (社会科学版), 2024, 44 (02): 156 - 167.

[40] 崔琳. 消费率与工业化: 一个跨国实证研究 [J]. 上海经济研究, 2024 (04): 80 - 90.

[41] 崔耀平, 刘玄, 李东阳, 等. 长三角地区城市化空间关联特征及

239

内在机制 [J]. 地理学报, 2020, 75 (06): 1301 - 1315.

[42] 戴为民. 国内外城市化问题研究综述 [J]. 特区经济, 2007 (05): 266 - 268.

[43] 戴宴清. 美国、日本都市农业信息化实践与比较 [J]. 世界农业, 2014 (05): 24 - 28.

[44] 单卓然, 黄亚平. "新型城镇化"概念内涵、目标内容、规划策略及认知误区解析 [J]. 城市规划学刊, 2013 (02): 16 - 22.

[45] 邓大才. 新型农村城镇化的发展类型与发展趋势 [J]. 中州学刊, 2013 (02): 25 - 30.

[46] 邓琳琳. 基准利率对我国居民消费结构的影响 [J]. 当代经济, 2017 (17): 40 - 41.

[47] 邓琳琳, 邱丽丽. 利率对我国居民消费的影响 [J]. 当代经济, 2017 (03): 54 - 55.

[48] 邓敏, 陈成文. 电视剧文化与大学生消费价值观 [J]. 消费经济, 2014, 30 (03): 60 - 63.

[49] 邓燕萍, 杜茂琼, 赵静. 中国农业信息化文献定量分析 [J]. 图书馆理论与实践, 2009 (01): 41 - 44.

[50] 丁守海. 中国城镇发展中的就业问题 [J]. 中国社会科学, 2014 (01): 30 - 47.

[51] 丁志华. 绿色消费的实践发展和演变机制 [J]. 人民论坛, 2023 (18): 36 - 39.

[52] 董雪, 沈东明. 我国税收政策对消费需求的时变效应分析——基于总量与结构的双重视角 [J]. 财政科学, 2022 (10): 113 - 125.

[53] 杜乐其, 孙昊. 城镇化背景下农民工消费者成长及其制度保障 [J]. 理论月刊, 2013 (10): 147 - 152.

[54] 杜琼. 中国居民消费需求不足的原因研究 [D]. 呼和浩特: 内蒙古大学, 2010.

[55] 杜宇玮, 刘东皇. 预防性储蓄动机强度的时序变化及影响因素差异——基于1979 - 2009 年中国城乡居民的实证研究 [J]. 经济科学, 2011 (01): 70 - 80.

[56] 段爱明. 城镇化与农村经济发展关系文献综述 [J]. 武汉金融, 2011 (08): 45-47.

[57] 段忠东, 吴文慧. 房价预期与城市家庭消费——基于 CHFS 数据的实证研究 [J]. 上海金融, 2023 (08): 3-17.

[58] 樊纲, 王小鲁. 消费条件模型和各地区消费条件指数 [J]. 经济研究, 2004 (05): 13-21.

[59] 樊潇彦, 袁志刚, 万广华. 收入风险对居民耐用品消费的影响 [J]. 经济研究, 2007 (04): 124-136.

[60] 范方志, 彭田田. 数字普惠金融对中国农村居民消费的影响研究 [J]. 社会科学战线, 2023 (01): 82-91.

[61] 范凤翠, 李志宏, 王桂荣, 等. 国外主要国家农业信息化发展现状及特点的比较研究 [J]. 农业图书情报学刊, 2006 (06): 175-177.

[62] 范虹珏, 沈费伟, 刘祖云. 农民工城市融入:"内源式"替代"外生式"城镇化模式之构想 [J]. 华东经济管理, 2017, 31 (04): 52-59.

[63] 范金, 伍琳瑜, 严斌剑. 改革开放 40 年财政政策对居民消费的影响 [J]. 南京社会科学, 2018 (09): 8-17.

[64] 方福前. 中国居民消费需求不足原因研究——基于中国城乡分省数据 [J]. 中国社会科学, 2009 (02): 68-82, 205-206.

[65] 方匡南, 章紫艺. 社会保障对城乡家庭消费的影响研究 [J]. 统计研究, 2013, 30 (03): 51-58.

[66] 付波航, 方齐云, 宋德勇. 城镇化、人口年龄结构与居民消费——基于省际动态面板的实证研究 [J]. 中国人口·资源与环境, 2013 (11): 108-114.

[67] 付茜茜. 偶像符号的编码: 人工智能虚拟偶像消费文化研究 [J]. 学习与实践, 2021 (02): 132-140.

[68] 付荣, 伍湘凌. 中国城镇化进程中消费增长动力研究 [J]. 商业研究, 2013 (12): 54-61.

[69] 高珮义. 世界城市化的一般规律与中国的城市化 [J]. 中国社会科学, 1990 (05): 127-139.

[70] 高荣. 工业化和城镇化与城镇居民消费结构关系的实证检验 [J].

统计与决策，2014（03）：148-150.

[71] 龚潇潇，叶作亮，吴玉萍，等. 直播场景氛围线索对消费者冲动消费意愿的影响机制研究 [J]. 管理学报，2019，16（06）：875-882.

[72] 辜胜阻，李华，易善策. 城镇化是扩大内需实现经济可持续发展的引擎 [J]. 中国人口科学，2010（03）：2-10.

[73] 顾朝林，陈田，丁金宏，等. 中国大城市边缘区特性研究 [J]. 地理学报，1993（04）：317-328.

[74] 顾朝林. 论中国当代城市化的基本特征 [J]. 城市观察，2012（03）：12-19.

[75] 顾朝林，吴莉娅. 中国城市化研究主要成果综述 [J]. 城市问题，2008（12）：2-12.

[76] 顾久贤. 2022年冬奥会的举办对区域消费需求与行为影响的研究——以河北冰雪体育旅游为分析个案 [J]. 体育与科学，2016，37（03）：114-120.

[77] 顾钰民. 农业现代化与深化农村土地制度改革 [J]. 经济纵横，2014（03）：48-53.

[78] 关乐宁. 元宇宙新型消费的价值意蕴、创新路径与治理框架 [J]. 电子政务，2022（07）：30-41.

[79] 管兵. 城市化的行政、福利、治理维度：控制权视角下的政策过程分析 [J]. 学海，2022（05）：64-71.

[80] 桂河清，于开红，孙豪. 农业转移人口市民化扩大其消费需求的实证研究——基于倾向得分匹配及无条件分位数分解的方法 [J]. 农业技术经济，2018（08）：54-62.

[81] 郭长林，胡永刚，李艳鹤. 财政政策扩张、偿债方式与居民消费 [J]. 管理世界，2013（02）：64-77.

[82] 郭光磊. 新型城镇化"新"在哪里——北京市走新型城镇化道路的思考 [J]. 前线，2013（03）：60-63.

[83] 郭广珍，刘瑞国，黄宗晔. 交通基础设施影响消费的经济增长模型 [J]. 经济研究，2019，54（03）：166-180.

[84] 郭丽芳. 居民财富与消费长短期关系的实证分析 [J]. 商业经济研究，2019（17）：61-63.

[85] 郭梅亮. 传统文化习俗下的农村消费性金融需求分析 [J]. 中国经济问题, 2011 (01): 53 - 60.

[86] 郭熙保. "三化"同步与家庭农场为主体的农业规模化经营 [J]. 社会科学研究, 2013 (03): 14 - 19.

[87] 郭毅, 朱鹤. 基于 LMDI I 方法的城乡收入差距变化对居民总消费影响研究 [J]. 中国软科学, 2013 (08): 34 - 42.

[88] 郭月梅, 蒋勇, 武海燕. 新供给经济学视角下扩大消费需求的财税政策探讨 [J]. 税务研究, 2015 (09): 24 - 29.

[89] 韩瑾. 城镇化水平、城乡收入差距与消费增长——来自浙江省分县数据的经验验证 [J]. 经济地理, 2013, 33 (10): 61 - 67.

[90] 韩立岩, 杜春越. 收入差距、借贷水平与居民消费的地区及城乡差异 [J]. 经济研究, 2012 (S1): 15 - 27.

[91] 杭斌, 郭香俊. 基于习惯形成的预防性储蓄——中国城镇居民消费行为的实证分析 [J]. 统计研究, 2009 (03): 38 - 43.

[92] 何力武. 消费异质性、知识溢出和收入差距 [J]. 西南民族大学学报 (人文社会科学版), 2011 (02): 123 - 128.

[93] 何兴强, 史卫. 健康风险与城镇居民家庭消费 [J]. 经济研究, 2014 (05): 34 - 48.

[94] 贺建清. 城镇化、工业化与城乡收入差距的实证分析 [J]. 广东商学院学报, 2013, 28 (04): 30 - 37.

[95] 洪银兴. 新阶段城镇化的目标和路径 [J]. 经济学动态, 2013 (07): 4 - 9.

[96] 胡爱华. 世界城市化的一般规律和我国的实践 [J]. 经济问题探索, 2004 (09): 115 - 118.

[97] 胡帮勇, 张兵. 农村金融发展对农民消费影响的动态研究 [J]. 西北农林科技大学学报 (社会科学版), 2013, 13 (01): 34 - 38, 53.

[98] 胡宝荣. 论户籍制度与人的城镇化 [J]. 福建论坛 (人文社会科学版), 2013 (12): 146 - 150.

[99] 胡日东, 苏桔芳. 中国城镇化发展与居民消费增长关系的动态分析——基于 VAR 模型的实证研究 [J]. 上海经济研究, 2007 (05): 58 - 65.

[100] 胡若痴，武靖州．不同城镇化发展道路对消费影响的区别探析 [J]．消费经济，2013（05）：14-18．

[101] 胡雪萍．优化农村消费环境与扩大农民消费需求 [J]．农业经济问题，2003（07）：24-27，79．

[102] 胡阳阳，张同全．我国城乡居民文化消费的差异性及影响因素研究——基于马斯洛需求层次理论下的分布滞后模型 [J]．商业经济研究，2018（13）：51-54．

[103] 胡瑶．我国城乡收入差距对农村居民消费需求的制约 [J]．江西财经大学学报，2009（04）：33-35．

[104] 胡永刚，郭长林．股票财富、信号传递与中国城镇居民消费 [J]．经济研究，2012（03）：115-126．

[105] 黄爱东．着力提高城镇化质量与加快户籍制度改革 [J]．福建论坛（人文社会科学版），2013（10）：38-43．

[106] 黄花．我国现行农村土地管理制度的主要问题及改革思路 [J]．科学社会主义，2010（01）：125-128．

[107] 黄静，屠梅曾．房地产财富与消费：来自于家庭微观调查数据的证据 [J]．管理世界，2009（07）：35-45．

[108] 黄林．城市化经济与城市规模的实证分析——以珠三角城市为例 [J]．科技管理研究，2013（19）：232-237．

[109] 黄梦琪，金钟范．女性受教育程度如何影响家庭消费——来自CHFS 的经验证据 [J]．山西财经大学学报，2022，44（02）：47-62．

[110] 黄淼．社会保障对我国城乡居民消费影响研究——基于2004-2013 年的面板数据 [J]．商业经济研究，2016（03）：38-40．

[111] 黄庆华，姜松，吴卫红，等．发达国家农业现代化模式选择对重庆的启示——来自美日法三国的经验比较 [J]．农业经济问题，2013（04）：102-109．

[112] 黄少安，孙涛．非正规制度、消费模式和代际交叠模型——东方文化信念中居民消费特征的理论分析 [J]．经济研究，2005（04）：57-65．

[113] 黄永林．数字经济时代文化消费的特征与升级 [J]．人民论坛，2022（09）：116-121．

[114] 霍利斯·钱纳里,等.发展的型式:1950—1970 [M].北京:经济科学出版社,1988.

[115] 季辰晔.近郊乡村在地城镇化模式研究——以河北省正定县铁西片区为例 [J].现代城市研究,2021(06):86 – 92.

[116] 贾立,李铮.金融素养能改善农村家庭消费结构吗——基于农户参保行为的中介作用分析 [J].农业技术经济,2021(10):64 – 78.

[117] 简新华,黄锟.中国城镇化水平和速度的实证分析与前景预测 [J].经济研究,2010,45(03):28 – 39.

[118] 江观伙,洪爱华.农村城市化与乡镇企业 [J].攀登,2001(02):69 – 72.

[119] 江林,宫秀双,卢健飞,等.消费预期对居民消费意愿的影响研究:心理账户灵活性的中介作用 [J].消费经济,2016,32(04):54 – 60.

[120] 姜百臣,马少华,孙明华.社会保障对农村居民消费行为的影响机制分析 [J].中国农村经济,2010(11):32 – 39.

[121] 姜凌,高文玲.城镇化与农村居民消费——基于我国31个省(区)动态面板数据模型的实证研究 [J].投资研究,2013,32(01):141 – 149.

[122] 蒋南平,刘巍巍.我国居民收入差距对城乡居民消费支出影响的解构分析:1985—2007 [J].消费经济,2010(01):19 – 23.

[123] 蒋南平,王向南,朱琛.中国城镇化与城乡居民消费的启动——基于地级城市分城乡的数据 [J].当代经济研究,2011(03):62 – 67.

[124] 蒋南平,朱琛,王向南.中国城镇化与农村消费启动——基于1978 – 2009年数据的实证检验 [J].消费经济,2011(01):23 – 26.

[125] 金晓彤,黄蕊.技术进步与消费需求的互动机制研究——基于供给侧改革视域下的要素配置分析 [J].经济学家,2017(02):50 – 57.

[126] 孔祥利,周晓峰.城镇化率区域差异对农村居民消费结构的影响 [J].西北大学学报(哲学社会科学版),2021,51(03):54 – 68.

[127] 雷潇雨,龚六堂.城镇化对于居民消费率的影响:理论模型与实证分析 [J].经济研究,2014,49(06):44 – 57.

[128] 雷玉桃,叶颖,张萱.中国新型城镇化进程中的都市圈经济辐射模式研究——基于珠三角城市群的实证分析 [J].经济问题探索,2023(09):

80 - 93.

[129] 冷晨昕，刘灵芝，祝仲坤．城镇化背景下收入来源结构对农村居民消费的影响分析 [J]．消费经济，2016，32 (01)：28 - 33.

[130] 李春风，卫国，李玉双．预期视角下房价波动与消费的协整关系研究 [J]．华东经济管理，2018，32 (10)：107 - 113.

[131] 李翠玲．珠三角"村改居"与反城市化现象探析 [J]．广西民族大学学报（哲学社会科学版），2011，33 (02)：129 - 135.

[132] 李宏涛，吴伟军，熊志发．中国财政货币政策对居民消费水平的影响——兼论稳健中性货币政策的过渡效应 [J]．金融经济学研究，2018，33 (03)：32 - 42.

[133] 李华香，陈志光．城镇化驱动居民消费增长的机理及实证分析 [J]．东岳论丛，2013，34 (10)：169 - 172.

[134] 李建民．老年人消费需求影响因素分析及我国老年人消费需求增长预测 [J]．人口与经济，2001 (05)：10 - 16.

[135] 李建强．政府民生支出对居民消费需求的动态影响——基于状态空间模型的实证检验 [J]．财经研究，2010，36 (06)：102 - 111.

[136] 李军．收入差距对消费需求影响的定量分析 [J]．数量经济技术经济研究，2003 (09)：5 - 11.

[137] 李礼，杨楚婧．财政货币政策联动对新能源汽车消费的影响研究 [J]．科技管理研究，2017，37 (13)：30 - 35.

[138] 李刘艳，邓金钱．我国城镇化发展的阶段特征、逻辑主线与未来进路 [J]．经济学家，2024 (03)：87 - 97.

[139] 李柳颖，武佳藤．新冠肺炎疫情对居民消费行为的影响及形成机制分析 [J]．消费经济，2020，36 (03)：19 - 26.

[140] 李娜，王艳华．基于GRA法的城镇居民收入与消费结构关系研究 [J]．金融与经济，2016 (07)：16 - 19.

[141] 李培林．面对未来：我国城镇化的特征、挑战和趋势 [J]．中国社会科学院大学学报，2022，42 (08)：5 - 20，139，145.

[142] 李强，陈振华，张莹．就近城镇化模式研究 [J]．广东社会科学，2017 (04)：179 - 190，256.

[143] 李清政,张华泉.西部民族地区金融发展对居民消费影响的实证研究 [J].消费经济,2014,30 (04):56-61.

[144] 李树良.新型农村社会保障对农民消费观念和耐用品消费的影响 [J].西部论坛,2016,26 (03):37-44.

[145] 李涛,陈斌开.家庭固定资产、财富效应与居民消费:来自中国城镇家庭的经验证据 [J].经济研究,2014,49 (03):62-75.

[146] 李铁成,刘力.珠三角新型城市化水平驱动因子的时空演变 [J].科技管理研究,2014,34 (08):80-84,89.

[147] 李婷,孔祥博,王风华.孤独感对消费行为的影响及其理论解释 [J].心理科学进展,2023,31 (06):1078-1093.

[148] 李文星,徐长生,艾春荣.中国人口年龄结构和居民消费:1989-2004 [J].经济研究,2008 (07):118-129.

[149] 李香菊,付昭煜.促进我国居民消费扩大和升级的税收政策研究 [J].税务研究,2020 (11):17-22.

[150] 李迎生.关于现阶段我国城市化模式的探讨 [J].社会学研究,1988 (02):36-44.

[151] 李永友,丛树海.居民消费与中国财政政策的有效性:基于居民最优消费决策行为的经验分析 [J].世界经济,2006 (05):54-64.

[152] 李永友,钟晓敏.财政政策与城乡居民边际消费倾向 [J].中国社会科学,2012 (12):63-81,207.

[153] 李贞,王硕.新发展格局下扩大农村内需的财政政策研究——基于居民消费的视角 [J].地方财政研究,2024 (02):16-24,30.

[154] 厉以宁.消费经济学 [M].北京:人民出版社,1984.

[155] 林晓楠.消费信贷对消费需求的影响效应分析 [J].财贸经济,2006 (11):27-31,96.

[156] 林毓铭.社会保障预期与居民消费倾向分析 [J].学术研究,2002 (12):35-38.

[157] 林志建,张楠,杨琳.个人所得税减税政策对居民家庭消费升级的影响——基于中国家庭追踪调查数据的分析 [J].税收经济研究,2023,28 (04):69-81.

[158] 刘畅. 社会保障水平对居民消费影响的实证分析 [J]. 消费经济, 2008 (03): 75 - 77.

[159] 刘纯彬, 桑铁柱. 农村金融深化与农村居民消费增长: 基于灰色关联度的实证分析 [J]. 消费经济, 2010, 26 (03): 13 - 16.

[160] 刘方棫. 消费经济学概论 [M]. 贵阳: 贵州人民出版社, 1984.

[161] 刘方棫. 消费: 拉动经济增长的引擎 [M]. 北京: 北京大学出版社, 2005.

[162] 刘方棫, 杨圣明. 九十年代中国市场消费战略 [M]. 北京: 北京大学出版社, 1994.

[163] 刘广明. 农村消费市场开拓的金融支持探析 [J]. 中央财经大学学报, 2011 (06): 35 - 40.

[164] 刘寒松. 城乡收入差距对居民消费潜力的影响——来自31个省份的经验证据 [J]. 商业经济研究, 2024 (02): 59 - 62.

[165] 刘厚莲. 人口城镇化、城乡收入差距与居民消费需求——基于省际面板数据的实证分析 [J]. 人口与经济, 2013 (06): 63 - 70.

[166] 刘建民, 毛军, 吴金光. 我国税收政策对居民消费的非线性效应——基于城乡收入差距视角的实证分析 [J]. 税务研究, 2016 (12): 76 - 79.

[167] 刘苓玲, 邓志勇. 新型城镇化视角下居民消费水平影响因素及城乡差异比较研究 [J]. 广西社会科学, 2013 (10): 76 - 81.

[168] 刘生旺, 陈鑫. 新发展格局下拉动我国居民消费需求的税收政策分析 [J]. 税务研究, 2023 (09): 37 - 43.

[169] 刘诗白. 中国转型期有效需求不足及其治理研究 [M]. 北京: 中国金融出版社, 2004.

[170] 刘松. 人口年龄结构对城镇居民休闲消费潜力的影响研究 [J]. 哈尔滨商业大学学报 (社会科学版), 2021 (06): 73 - 81.

[171] 刘万明. 从古希腊思想家到重商主义者的收入分配与价值思想探源——兼论我国的分配不平等问题 [J]. 甘肃社会科学, 2006 (06): 140 - 144.

[172] 刘文勇. 收入因素对中国消费需求影响的实证分析 [J]. 经济理论与经济管理, 2005 (02): 12 - 16.

[173] 刘璇. "十四五"时期中国扩大新消费需求的创新体系建设 [J].

新疆社会科学, 2021 (05): 18-26, 162.

[174] 刘也, 补琴, 张安全. 房价预期对城镇家庭消费支出的影响 [J]. 消费经济, 2017, 33 (01): 50-55.

[175] 刘艺容, 陈阵. 湖南省城镇化对农村居民消费的影响研究 [J]. 湖南社会科学, 2013 (05): 155-158.

[176] 刘艺容. 加快城市化进程是拉动消费增长的持久动力 [J]. 消费经济, 2005 (04): 31-35.

[177] 刘艺容. 中国城乡收入差距对居民消费影响的实证分析 [J]. 求索, 2008 (01): 64-65.

[178] 刘亦文, 阳超. 城市让生活更美好——城镇化的有序推进与城乡居民消费升级 [J]. 数理统计与管理, 2024, 43 (01): 132-146.

[179] 刘永强, 苏昌贵, 龙花楼, 等. 城乡一体化发展背景下中国农村土地管理制度创新研究 [J]. 经济地理, 2013 (10): 138-144.

[180] 刘渝琳, 贾继能. 人口结构、利率干预与消费金融效率 [J]. 国际金融研究, 2016 (11): 14-23.

[181] 刘玉飞, 周颖洁, 杨政宇. 住房财富价值与居民家庭消费结构升级——来自 CFPS (2014) 数据的证据 [J]. 河北经贸大学学报, 2018, 39 (04): 17-29.

[182] 刘玉亭, 顾朝林, 郑弘毅. 新世纪我国城镇体系规划的基本思路及完善途径 [J]. 城市规划, 2001, 25 (7): 27-30.

[183] 卢小祁, 朱顺东. 中国居民文化消费影响因素的空间效应分析——基于省际面板数据的实证研究 [J]. 企业经济, 2023, 42 (05): 115-127.

[184] 鲁钊阳, 黄津. 城乡金融发展非均衡化与城乡居民消费差距——基于省级动态面板数据模型的研究 [J]. 当代经济研究, 2012 (07): 40-44.

[185] 陆书剑, 程倩. 网络文化消费主义影响下的青年精神生活透视 [J]. 思想教育研究, 2022 (11): 110-116.

[186] 吕承超, 徐仲, 魏琼琼. 社会保障支出对城乡居民消费差距的门槛效应——基于地区差异与支出结构的分析 [J]. 中南财经政法大学学报, 2018 (02): 77-89.

[187] 罗志红, 朱青. 灰色关联理论下的我国居民消费需求影响因子分

析及对策［J］. 江西社会科学, 2011, 31 (04)：86 - 89.

［188］骆祚炎. 支出增长预期对居民消费和储蓄的影响分析——兼评预防性储蓄理论的不足［J］. 山西财经大学学报, 2007 (08)：33 - 38.

［189］骆祚炎. 住房支出、住房价格、财富效应与居民消费增长——兼论货币政策对资产价格波动的关注［J］. 财经科学, 2010 (05)：31 - 38.

［190］马海涛, 文雨辰. 城镇化进程能促进居民消费吗? ——基于城镇化与基本公共服务发展水平耦合协调度模型的研究［J］. 学习与实践, 2023 (07)：64 - 74, 2.

［191］马慧芳, 德娜·吐热汗. 新疆新型城镇化对农村居民消费结构的影响——基于 LA - AIDS 拓展模型的实证分析［J］. 中国农业资源与区划, 2020, 41 (11)：226 - 233.

［192］马克思恩格斯全集 (第 42 卷)［M］. 北京：人民出版社, 1979.

［193］马克思恩格斯全集 (第 46 卷)［M］. 北京：人民出版社, 1980.

［194］马克思恩格斯选集 (第 2 卷)［M］. 北京：人民出版社, 1972.

［195］马克思. 资本论 (第 1 - 3 卷)［M］. 北京：人民出版社, 1975.

［196］马莉莉, 王越. 利率波动对湖北省居民消费支出的影响研究［J］. 统计与决策, 2014 (19)：151 - 154.

［197］马强. 我国居民消费需求不足的成因与对策［J］. 宏观经济管理, 2004 (05)：46 - 48.

［198］马磬, 门宇. 低碳背景下消费价值观、社会消费文化对公众低碳消费行为的影响［J］. 商业经济研究, 2022 (24)：69 - 73.

［199］毛中根. 服务消费发展：现状、比较及建议［J］. 人民论坛, 2023 (18)：40 - 45.

［200］毛中根, 洪涛. 从生产大国到消费大国：现状、机制与政策［J］. 南京大学学报 (哲学·人文科学·社会科学版), 2011, 48 (03)：20 - 30, 158 - 159.

［201］毛中根, 洪涛. 金融发展与居民消费：基于 1997 - 2007 年中国省际面板数据的实证分析［J］. 消费经济, 2010, 26 (05)：36 - 40.

［202］毛中根. 经济增长方式取向：四个国家比较与中国的定位［J］. 改革, 2009 (04)：61 - 66.

[203] 毛中根，孙武福，洪涛. 中国人口年龄结构与居民消费关系的比较分析 [J]. 人口研究，2013 (03)：82 - 92.

[204] 茅锐，徐建炜. 人口转型、消费结构差异和产业发展 [J]. 人口研究，2014，38 (03)：89 - 103.

[205] 梅红霞. 社会保障：新型城镇化背景下的路径选择 [J]. 中共中央党校学报，2011 (02)：66 - 69.

[206] 孟卫东，吴振其，司林波. 乡村城市化发展的若干影响因素 [J]. 重庆社会科学，2017 (03)：47 - 55.

[207] 苗建萍. 新型城镇化与新型工业化的互动发展机制 [J]. 经济导刊，2012 (01)：94 - 96.

[208] 倪鹏飞. 新型城镇化的基本模式、具体路径与推进对策 [J]. 江海学刊，2013 (01)：87 - 94.

[209] 宁戍霞. 收入、物价和利率对我国城镇居民消费水平的影响研究——以我国 17 个省市地区的数据为例 [J]. 市场论坛，2019 (02)：3 - 5.

[210] 潘明清，高文亮. 我国城镇化对居民消费影响效应的检验与分析 [J]. 宏观经济研究，2014 (01)：118 - 125.

[211] 潘明清，臧志谊，张典. 通货膨胀预期与城镇家庭消费——基于微观调查数据的研究 [J]. 消费经济，2015，31 (04)：76 - 82.

[212] 潘文富，赵玲. 我国相机抉择财政政策对经济增长与私人消费的影响——基于 SVAR 模型分析 [J]. 华东经济管理，2017，31 (05)：121 - 125.

[213] 乔智，王亚童，邓曼瑶. 资产财富和居民消费——来自中国省际面板数据的经验证据 [J]. 南方经济，2022 (04)：1 - 14.

[214] 任栋，韦锋. 中国消费者信心指数的形成机理研究——基于计量模型的实证分析 [J]. 消费经济，2012 (6)：65 - 69.

[215] 任昊，秦敏. 我国人口结构对消费的影响：需求侧视角下多维度社会人口结构的再考量 [J]. 商业经济研究，2021 (23)：38 - 41.

[216] 任太增. 悲观性预期与中国消费需求不足 [J]. 社会科学辑刊，2004 (02)：178 - 180.

[217] 任英华. E - Views 应用实验教程 [M]. 长沙：湖南大学出版社，2008.

[218] 尚光辉. 文化认同对城市品牌消费行为的影响研究 [J]. 企业经济, 2023, 42 (12): 68 - 77.

[219] 尚卫平, 张建伟. 中国实际利率变动对城镇居民消费的实证研究 [J]. 郑州航空工业管理学院学报, 2017, 35 (06): 74 - 83.

[220] 申嫦娥, 田悦, 魏荣桓, 等. 财税政策对居民低碳消费行为的影响——基于北京市居民抽样问卷调查的实证研究 [J]. 税务研究, 2016 (02): 98 - 104.

[221] 沈玉芳, 刘曙华. 长三角地区城市化发展的态势与城镇组织模式的特征和趋势 [J]. 地域研究与开发, 2009, 28 (03): 47 - 51.

[222] 施卓敏. 消费行为与消费文化的全球趋同问题研究 [J]. 学术研究, 2002 (06): 18 - 20, 64.

[223] 石贝贝, 王金营. 人口发展变化对区域消费影响的实证研究——基于中国省级区域的数据 [J]. 人口研究, 2014, 38 (01): 77 - 89.

[224] 石忆邵, 谭文垦. 从近域郊区化到远域郊区化: 上海大都市郊区化发展的新课题 [J]. 城市规划学刊, 2007 (04): 103 - 107.

[225] 宋锋华, 聂蕊. 人口老龄化对产业消费 "双升级" 的影响研究 [J]. 价格理论与实践, 2022 (05): 86 - 89, 205.

[226] 宋家泰. 城市—区域与城市区域调查研究——城市发展的区域经济基础调查研究 [J]. 地理学报, 1980 (04): 277 - 287.

[227] 苏林森, 程思琪. 居民收入对文化消费的影响——基于中国综合社会调查数据的分析 [J]. 城市问题, 2018 (12): 66 - 71.

[228] 孙鹏, 赵祖平. 货币政策组合对我国居民消费水平的影响机制研究 [J]. 商业经济研究, 2021 (10): 47 - 49.

[229] 孙涛, 黄少安. 非正规制度影响下中国居民储蓄、消费和代际支持的实证研究——兼论儒家文化背景下养老制度安排的选择 [J]. 经济研究, 2010, 45 (S1): 51 - 61.

[230] 田青. 资产变动对居民消费的财富效应分析 [J]. 宏观经济研究, 2011 (05): 57 - 63.

[231] 完颜瑞云, 陈滔. 文化因素影响寿险消费吗？——来自中国大陆地区的证据 [J]. 上海财经大学学报, 2013, 15 (04): 57 - 64.

［232］完颜瑞云．文化因素对非寿险消费的影响——基于面板数据的实证研究［J］．保险研究，2013（04）：33–42．

［233］汪来喜，郭力．40年来我国城镇化的演变特征及未来发展思考——基于产业转移与劳动力流动的视角［J］．中州学刊，2018（11）：17–21．

［234］汪伟，郭新强，艾春荣．融资约束、劳动收入份额下降与中国低消费［J］．经济研究，2013，48（11）：100–113．

［235］汪伟．经济新常态下如何扩大消费需求？［J］．人文杂志，2016（04）：20–28．

［236］王柏杰，何炼成，郭立宏．房地产价格、财富与居民消费效应——来自中国省际面板数据的证据［J］．经济学家，2011（05）：57–65．

［237］王碧芳．经济增长、外商直接投资与环境污染——基于面板数据联立方程分析［J］．经济与管理，2013，27（08）：5–13．

［238］王端．下岗风险与消费需求［J］．经济研究，2000（02）：72–76．

［239］王芳，胡立君．城镇化对中国农村居民消费的影响及传导路径研究——基于收入效应和收入差距的多重中介效应检验［J］．宏观经济研究，2022（09）：64–77．

［240］王芳．人口年龄结构对居民消费影响的路径分析［J］．人口与经济，2013（03）：12–19．

［241］王广深，王金秀．扩大农村消费需求的财政政策研究［J］．商业研究，2009（10）：141–144．

［242］王桂新，陆燕秋．长三角都市群地区城市化发展动向考察［J］．人口与经济，2014（01）：8–14．

［243］王红霞，王桂新．市场开放进程中的工业企业集聚与人口城市化——长三角地区人口城市化的动因探析（1984—2002）［J］．市场与人口分析，2005（05）：1–12．

［244］王宏利．通货膨胀预期与居民消费行为的实证分析［J］．开发研究，2011（04）：106–108．

［245］王华．促进消费需求扩大的财税政策取向［J］．税务研究，2012（11）：9–13．

［246］王佳，冯浩哲．空气污染对城市消费活力的影响——来自住宿餐

饮部门就业的证据 [J]. 消费经济, 2023, 39 (03): 51-62.

[247] 王建军. 城市化、第三产业发展与消费需求扩张 [J]. 经济与管理, 2006 (08): 13-16.

[248] 王林生. 互联网文化消费的模式创新及发展趋势 [J]. 深圳大学学报 (人文社会科学版), 2018, 35 (06): 55-63.

[249] 王露璐. 资本的扩张与村落的"终结"——中国乡村城市化进程中的资本逻辑及其伦理反思 [J]. 道德与文明, 2017 (05): 15-20.

[250] 王书华, 孔祥毅. 不确定预期下居民消费敏感性与超额货币增长——兼论扩大内需的金融制度约束 [J]. 山西财经大学学报, 2009, 31 (06): 79-84.

[251] 王书朦. 非线性视角下通胀预期与城镇居民消费增长 [J]. 东北大学学报 (社会科学版), 2014, 16 (04): 354-359.

[252] 王湘红, 文秀泽, 孙文凯. 收入结构对家庭消费倾向和消费结构的影响——基于心理账户视角的研究 [J]. 经济理论与经济管理, 2022, 42 (09): 68-81.

[253] 王小鲁. 改革20年和今后20年: 投资对经济增长的贡献 [J]. 国家行政学院学报, 2001 (04): 56-61.

[254] 王馨竹, 杜德斌, 张斌丰, 等. 长三角知识创新能力与城市化、工业化进程的协调关系研究 [J]. 资源开发与市场, 2014, 30 (05): 598-602, 640.

[255] 王兴周. 人口空心化: 乡村振兴的家底与逆城市化的起点 [J]. 江海学刊, 2024 (03): 123-133.

[256] 王学义, 张冲. 中国人口年龄结构与居民医疗保健消费 [J]. 统计研究, 2013, 30 (03): 59-63.

[257] 王垚. 以"流"促"留": 长三角县域新型城镇化的空间模式与规划策略 [J]. 城市规划, 2024, 48 (03): 13-23, 64.

[258] 王勇. 利率变动对我国居民消费的影响——基于DSGE模型的研究 [J]. 消费经济, 2015, 31 (02): 12-18.

[259] 王勇. 通过发展消费金融扩大居民消费需求 [J]. 经济学动态, 2012 (08): 75-78.

［260］王宇鹏. 人口老龄化对中国城镇居民消费行为的影响研究［J］. 中国人口科学, 2011（01）: 64 - 73, 112.

［261］王裕国. 关于当前居民消费增长的几个问题［J］. 消费经济, 2001（03）: 8 - 10.

［262］王裕国. 析消费需求疲弱的成因及刺激消费的政策［J］. 消费经济, 1998（06）: 23 - 28.

［263］王岳龙, 蔡玉龙, 唐宇晨. 房价升值预期、财富幻觉与家庭消费——基于《国六条》的证据［J］. 数量经济技术经济研究, 2023, 40（09）: 116 - 137.

［264］王政霞. 中国居民消费需求不足的现状及成因研究综述［J］. 经济学动态, 2003（04）: 49 - 52.

［265］王智新, 王辰筱. 数字金融发展对居民消费升级影响的统计检验［J］. 统计与决策, 2024, 40（02）: 150 - 154.

［266］魏华颖, 张硕. 社会保障水平对居民消费性支出的影响——基于我国省级面板数据分析［J］. 商业经济研究, 2022（04）: 48 - 51.

［267］魏勇. 社会保障、收入门槛与城镇居民消费升级［J］. 社会保障评论, 2017, 1（04）: 21 - 35, 126.

［268］文启湘, 李有生, 梁莉. 农村金融支持农民消费问题研究［J］. 福建论坛（人文社会科学版）, 2011（02）: 131 - 133.

［269］文启湘. 流通与消费经济研究［M］. 西安: 陕西人民出版社, 2011.

［270］文启湘, 冉净斐. 消费结构与产业结构的和谐: 和谐性及其测度［J］. 中国工业经济, 2005（08）: 14 - 19, 104.

［271］文启湘. 消费经济学［M］. 西安: 西安交通大学出版社, 2005.

［272］文启湘. 消费者行为［M］. 西安: 陕西人民教育出版社, 1993.

［273］沃尔特·克里斯塔勒. 德国南部中心地原理［M］. 北京: 商务印书馆, 2010.

［274］吴福象, 刘志彪. 城市化群落驱动经济增长的机制研究——来自长三角16个城市的经验证据［J］. 经济研究, 2008, 43（11）: 126 - 136.

［275］吴建峰, 周伟林. 新时期我国城市化动力机制及政策选择［J］. 城市发展研究, 2011, 18（05）: 21 - 26.

[276] 吴金海. 效率性消费与非效率性消费：消费文化的分水岭 [J]. 学术研究，2013（05）：57－63，160.

[277] 吴玲萍，徐超，曹阳. 收入不平等会扩大家庭教育消费吗？——基于 CFPS 2014 数据的实证分析 [J]. 上海财经大学学报，2018，20（05）：100－111.

[278] 吴振球，祝正芳，谢香. 中国收入分配差距结构、经济景气波动与居民消费需求 [J]. 宏观经济研究，2010（06）：39－43.

[279] 西斯蒙第. 政治经济学新原理 [M]. 北京：商务印书馆，1964.

[280] 夏杰长. 城镇化对中国城乡居民服务消费影响的实证分析——基于 2000－2011 年省际面板数据 [J]. 学习与探索，2014（01）：101－105.

[281] 夏柱智，贺雪峰. 半工半耕与中国渐进城镇化模式 [J]. 中国社会科学，2017（12）：117－137，207－208.

[282] 肖卫国，郑开元，袁威. 住房价格、消费与中国货币政策最优选择：基于异质性房价预期的视角 [J]. 经济评论，2012（02）：105－115.

[283] 肖争艳，马莉莉. 利率风险与我国城镇居民消费行为 [J]. 金融研究，2006（03）：94－102.

[284] 谢顺利，周翼璇. 我国农村金融发展对居民消费的影响研究 [J]. 消费经济，2014，30（01）：28－32.

[285] 谢文，吴庆田. 农村社会保障支出对农村居民消费的影响的实证研究 [J]. 财经理论与实践，2009，30（05）：27－32.

[286] 熊偲皓，王东阳，程广燕. 居民收入增长对乳制品消费影响及作用机制研究 [J]. 中国农业资源与区划，2024，45（01）：212－222.

[287] 徐冯璐. 金融支农与启动农村居民消费的实证研究 [J]. 消费经济，2013，29（04）：9－13.

[288] 徐国祥，刘利. 中国人口老龄化与居民消费结构的统计检验 [J]. 统计与决策，2016（01）：91－94.

[289] 徐舒，赵绍阳. 养老金"双轨制"对城镇居民生命周期消费差距的影响 [J]. 经济研究，2013，48（01）：83－98.

[290] 徐素，于涛，巫强. 区域视角下中国县级市城市化质量评估体系研究——以长三角地区为例 [J]. 国际城市规划，2011，26（01）：53－58.

［291］徐伟强．利率市场化的发展及对我国居民消费的影响［J］．科技经济市场，2020（01）：50 - 53.

［292］许磊，芦昭汐子，李鸿杰，等．社会排斥对大学生炫耀性消费的影响：有调节的中介模型［J］．中国健康心理学杂志，2023，31（07）：1083 - 1090.

［293］薛德升，郑莘．中国乡村城市化研究：起源、概念、进展与展望［J］．人文地理，2001（05）：24 - 28.

［294］薛贺香．城镇化、农业生产性服务业与农村居民消费互动的实证研究［J］．广东商学院学报，2013，28（06）：81 - 88.

［295］薛伟贤，吴祎．信息化背景下中国城市化动力系统分析［J］．科技进步与对策，2014，31（20）：42 - 46.

［296］薛永刚．我国股票市场财富效应对消费影响的实证分析［J］．宏观经济研究，2012（12）：49 - 59.

［297］闫金山．社会保障能促进居民增加消费支出吗——基于收入的实证分析［J］．广西社会科学，2021（08）：134 - 141.

［298］严忠．扩展的消费——投资优化模型［J］．数量经济技术经济研究，2000（08）：44 - 46.

［299］杨碧云，梁子昊，易行健，等．机会不平等影响居民消费的机制与效应——基于 CFPS 数据的经验研究［J］．南开经济研究，2024（03）：20 - 40.

［300］杨灿明，郭慧芳，孙群力．论扩大国内消费需求与规范收入分配秩序［J］．财政研究，2010（03）：6 - 10.

［301］杨宏．消费视角下民族地区城镇化发展研究［J］．贵州民族研究，2014，35（02）：90 - 93.

［302］杨晶，金晶，吴泗宗．珠三角地区城市化与生态环境协调发展的动态耦合分析——以珠海市为例［J］．地域研究与开发，2013，32（05）：105 - 108，118.

［303］杨青生，黎夏．珠三角中心镇城市化对区域城市空间结构的影响——基于 CA 的模拟和分析［J］．人文地理，2007（02）：87 - 91.

［304］杨圣明．中国式消费模式选择［M］．北京：中国社会科学出版社，1989.

257

[305] 杨天宇. 中国居民收入分配影响消费需求的实证研究 [J]. 消费经济, 2001 (01): 14-17.

[306] 杨意. 人口老龄化、消费升级与经济高质量发展 [J]. 商业经济研究, 2023 (24): 189-192.

[307] 杨懿, 王含含, 丁玲. 收入差距对家庭旅游消费的影响研究——基于中介效应与面板门槛模型的分析 [J]. 财经理论与实践, 2023, 44 (06): 123-129.

[308] 杨祯妮, 肖湘怡, 程广燕. 中国城镇居民家庭收入对其乳制品消费结构的影响 [J]. 农业技术经济, 2021 (05): 121-132.

[309] 姚德文, 杨轶伦. 长三角地区城市化现状及工业化的作用——基于1990-2012年面板数据的分析 [J]. 管理现代化, 2014 (01): 12-14.

[310] 姚士谋, 管驰明, 王书国, 等. 我国城市化发展的新特点及其区域空间建设策略 [J]. 地球科学进展, 2007 (03): 271-280.

[311] 叶德珠, 连玉君, 黄有光, 等. 消费文化、认知偏差与消费行为偏差 [J]. 经济研究, 2012, 47 (02): 80-92.

[312] 叶海云. 试论流动性约束、短视行为与我国消费需求疲软的关系 [J]. 经济研究, 2000 (11): 39-44.

[313] 叶楠. 绿色认知与绿色情感对绿色消费行为的影响机理研究 [J]. 南京工业大学学报 (社会科学版), 2019, 18 (04): 61-74, 112.

[314] 易行健, 李家山, 万广华, 等. 财富差距的居民消费抑制效应: 机制探讨与经验证据 [J]. 数量经济技术经济研究, 2023, 40 (06): 27-47.

[315] 尹世杰. 关于加强消费经济学科建设的几个问题 [J]. 消费经济, 2012, 28 (06): 11-15.

[316] 尹世杰. 关于扩大消费需求促进经济发展的几个问题 [J]. 消费经济, 2009, 25 (02): 6-10.

[317] 尹世杰. 关于扩大消费需求的几个问题 [J]. 消费经济, 2003 (01): 16-18.

[318] 尹世杰, 王裕国. 构建社会主义和谐社会之中的消费经济问题研究 [M]. 成都: 西南财经大学出版社, 2005.

[319] 尹世杰. 消费经济学 [M]. 北京: 高等教育出版社, 2007.

［320］尹世杰．消费经济学原理［M］．北京：经济科学出版社，2000.

［321］尹世杰．消费力经济学［M］．成都：西南财经大学出版社，2010.

［322］尹世杰．消费文化学［M］．武汉：湖北人民出版社，2002.

［323］尹世杰．消费需求与经济增长［J］．消费经济，2004（05）：3-7.

［324］尹世杰．消费需要论［M］．长沙：湖南人民出版社，1993.

［325］尹世杰．消费与产业结构研究［M］．北京：经济科学出版社，2010.

［326］尹世杰．尹世杰选集［M］．武汉：武汉大学出版社，1994.

［327］尹世杰．尹世杰选集（第2卷）［M］．长沙：湖南师范大学出版社，2002.

［328］尹世杰．中国消费结构研究［M］．上海：上海人民出版社，1988.

［329］俞莉慧．扩张性货币政策对居民消费水平的作用机制分析——基于收入分配的中介效应［J］．商业经济研究，2024（08）：41-45.

［330］袁斌，崔玉虎，岳方舟．居民收入水平对非健康消费行为的影响：以吸烟为例［J］．消费经济，2021，37（05）：56-66.

［331］袁小慧，郭李为，范金．转移支付政策与农村居民消费：基于社会核算矩阵的模拟分析［J］．消费经济，2022，38（02）：86-96.

［332］袁志刚，宋铮．人口年龄结构、养老保险制度与最优储蓄率［J］．经济研究，2000（11）：24-32，79.

［333］苑小丰，范辉．城乡收入差距对消费需求影响研究［J］．财经问题研究，2010（06）：15-20.

［334］岳树民．运用财政税收政策扩大居民消费需求［J］．税务研究，2009（01）：18-22.

［335］臧旭恒，董婧璇．社会养老保险能提高家庭投资组合有效性吗？——基于生命周期视角的研究［J］．经济与管理研究，2023，44（10）：33-53.

［336］臧旭恒，冯健康，宋明月．消费信贷对家庭经济脆弱性的影响——基于信用卡使用视角的研究［J］．浙江工商大学学报，2023（03）：91-103.

［337］臧旭恒，刘大可．利率杠杆与居民消费—储蓄替代关系分析［J］．南开经济研究，2003（06）：3-8.

［338］臧旭恒，刘大可．我国消费需求态势分析及政策选择［J］．南开

259

经济研究, 1999 (01): 20-25.

[339] 臧旭恒, 曲创. 公共物品供给不足对我国消费需求的制约 [J]. 经济理论与经济管理, 2002 (06): 12-14.

[340] 臧旭恒, 项泽兵. 中国家庭经济风险的测度研究——基于经济脆弱性的视角 [J]. 南方经济, 2023 (12): 1-18.

[341] 臧旭恒, 姚健. 消费的基础性作用分析: 渊源、依据与启示 [J]. 中山大学学报 (社会科学版), 2024, 64 (02): 30-42.

[342] 曾国安, 胡晶晶. 论20世纪70年代末以来中国城乡居民收入差距的变化及其对城乡居民消费水平的影响 [J]. 经济评论, 2008 (01): 45-54.

[343] 曾志伟, 汤放华, 易纯, 等. 新型城镇化新型度评价研究——以环长株潭城市群为例 [J]. 城市发展研究, 2012 (03): 125-128.

[344] 张大永, 曹红. 家庭财富与消费: 基于微观调查数据的分析 [J]. 经济研究, 2012, 47 (S1): 53-65.

[345] 张东辉, 司志宾. 收入分配、消费需求与经济增长——来自中国农村的证据 [J]. 福建论坛 (人文社会科学版), 2006 (09): 9-13.

[346] 张宏翔, 杨芷晴, 熊波. 退税政策扩大消费需求的思考 [J]. 财政研究, 2013 (08): 67-69.

[347] 张继海. 社会保障养老金财富对城镇居民消费支出影响的实证研究 [J]. 山东大学学报 (哲学社会科学版), 2008 (03): 105-112.

[348] 张冀, 张彦泽, 曹杨. 优化家庭收入结构能促进消费升级吗? [J]. 经济与管理研究, 2021, 42 (07): 51-65.

[349] 张凯, 李磊宁. 农民消费需求与农村金融发展关系研究——基于协整分析与误差修正模型 [J]. 中国农村观察, 2006 (03): 16-22, 80.

[350] 张乐, 雷良海. 中国人口年龄结构与消费关系的区域研究 [J]. 人口与经济, 2011 (01): 16-21.

[351] 张梁梁, 林章悦. 我国居民文化消费影响因素研究——兼论文化消费的时空滞后性 [J]. 经济问题探索, 2016 (08): 56-64.

[352] 张龙丽. 文化消费主义的衍生机制、样态演变与纠治路径 [J]. 理论导刊, 2024 (02): 56-61.

[353] 张卿, 李晶晶. 非正规就业、未来预期与家庭消费结构——基于

260

CFPS 数据的实证分析 [J]. 调研世界, 2022 (04): 79 - 88.

[354] 张彤进, 蔡宽宁. 数字普惠金融缩小城乡居民消费差距了吗? ——基于中国省级面板数据的经验检验 [J]. 经济问题, 2021 (09): 31 - 39.

[355] 张伟, 王笑, 何冬霞. 正面网络口碑对消费者绿色消费意向的影响机制研究 [J]. 管理评论, 2023, 35 (02): 193 - 204.

[356] 张晓波. 中国城镇化与扩大消费增长一个结构主义视角的分析 [J]. 经济问题, 2014 (02): 40 - 45.

[357] 张秀红. 大学文化的消费主义倾向探析 [J]. 新疆社会科学, 2013 (04): 98 - 102.

[358] 张雅淋, 吴义东, 姚玲珍. 住房财富 "寡" 而消费 "不均"? ——青年群体住房财富对消费相对剥夺的影响研究 [J]. 财贸经济, 2022, 43 (03): 98 - 113.

[359] 张增辉, 肖亚成. 流通业发展对城乡消费差距的影响 [J]. 中国流通经济, 2023, 37 (07): 17 - 28.

[360] 张正河. 乡村城市化的要素聚集与时空序列 [J]. 农业经济问题, 1998 (05): 32 - 36.

[361] 张志新, 武传昊, 牟国婷. 夜间经济发展赋能居民消费升级 [J]. 消费经济, 2023, 39 (03): 63 - 77.

[362] 张中华. 论我国的收入分配、金融资产增长与消费需求变动 [J]. 中南财经政法大学学报, 2003 (04): 3 - 11, 142.

[363] 章成, 洪铮. 社会保障、包容性增长与居民消费升级 [J]. 人口与发展, 2022, 28 (01): 103 - 116, 58.

[364] 招靖怡. 利率变动影响因素及其与消费的关系探究 [J]. 现代商业, 2024 (01): 55 - 58.

[365] 赵保国, 盖念. 互联网消费金融对国内居民消费结构的影响——基于 VAR 模型的实证研究 [J]. 中央财经大学学报, 2020 (03): 33 - 43.

[366] 赵芳春. 关于启动消费需求的税法思考 [J]. 法商研究 (中南政法学院学报), 2000 (05): 32 - 38.

[367] 赵广川, 马超. 中国农村居民收入对医疗保健消费不平等的影响 [J]. 消费经济, 2019, 35 (05): 14 - 21.

［368］赵吉林，桂河清．中国家庭文化消费影响因素分析：来自 CHFS 的证据［J］．消费经济，2014（06）：25－31．

［369］赵吉林．中国消费文化变迁研究［M］．北京：经济科学出版社，2009．

［370］赵江鸿，刘志强，邱红军，等．现阶段影响我国城市青少年体育消费心理预期的因素分析［J］．西安体育学院学报，2010，27（01）：26－30．

［371］赵威．社会保障对城乡居民消费的非线性平抑效应研究［J］．商业经济研究，2020（06）：45－48．

［372］郑玉豪，朱小玲．文化消费主义对精神生活共同富裕的阻碍及其应对［J］．云南大学学报（社会科学版），2023，22（01）：5－11．

［373］周长城．"粉丝文化"与大众娱乐性消费［J］．人民论坛，2019（04）：132－133．

［374］周建，艾春荣，王丹枫，等．中国农村消费与收入的结构效应［J］．经济研究，2013，48（02）：122－133．

［375］周星．利率变动对居民消费储蓄影响的理论与实证分析［J］．现代经济信息，2018（09）：5．

［376］朱道才，孙家敏，陆林，等．皖南示范区旅游城市化空间分异及其机制研究［J］．华东经济管理，2017，31（04）：19－24．

［377］朱迪，张俊哲．二次元与虚拟文化：Z 世代新型文化消费的新特点与新挑战［J］．中国青年社会科学，2022，41（05）：13－21．

［378］朱宪辰，吴道明．支出预期：对消费行为影响的估计［J］．数量经济技术经济研究，2001（06）：51－55．

［379］朱宇．城市化的二元分析框架与我国乡村城市化研究［J］．人口研究，2001（02）：53－60．

［380］朱雨可．中国经济转型期新中间阶层消费方式变迁研究［D］．成都：西南财经大学，2008．

［381］朱子明，郁鸿胜．我国东南沿海经济发达地区城市化质量评价——以长三角为例［J］．兰州学刊，2013（11）：81－84．

［382］祝华军，白人朴．我国乡村城市化进程中的"小城镇病"［J］．中国人口·资源与环境，2000（01）：51－54，107．

[383] 邹农俭. 关于城市化研究中的几个问题 [J]. 农业经济问题, 1990 (07): 49-52.

[384] Adams A. Dependency Rates and Savings Rates: Comment [J]. American Economic Review, 1971 (03): 472-476.

[385] Alonso W. Location and Land Use [M]. Boston: Harvard University Press, 1964.

[386] Ando A., Modigliani F. The Life Cycle Hypothesis of Saving: Aggregate Implications and Tests [J]. The American Economic Review, 1963, 53 (01): 55-84.

[387] Anthony M. J., Robert S. G. An Indirect Test of Efficient City Sizes [J]. Journal of Urban Economics, 1976, 5 (01): 46-65.

[388] Attanasio O. P., Blow L., Hamilton R., et al. Booms and Busts: Consumption, House Prices and Expectations [J]. Economica, 2009, 76 (301): 20-50.

[389] Bencivenga H. Unemployment Migration and Growth [J]. Journal of Political Economics, 1997 (03): 317-339.

[390] Bewley T. The Permanent Income Hypothesis: A Theoretical Formulation [M]. Cambridge: Harvard University Press, 1976.

[391] Bhagwati J. On Reanalyzing the Harris-Todaro Model: Policy Rankings in the Case of Sector Specific Sticky Wages [J]. American Economic Review, 1974 (03): 502-508.

[392] Brauw A., Rozelle S. Migration and Household Investment in Rural China [J]. Economic Growth, 2006 (06): 41-43.

[393] Breusch T. S., Pagan A. The Lagrange Multiplier Test and its Applications to Model Specification in Econometrics [J]. Review of Economic Studies, 1980, 47 (01): 239-253.

[394] Brueckner J. K., Zen Y. Harris-Todaro Models with A Land Market [J]. Regional Science and Urban Economics, 1999 (29): 61-69.

[395] Campbell J. Y., Mankiw N. G. The Response of Consumption to Income: A Cross-section Investigation [J]. European Economic Review, 1991 (04):

723 – 756.

[396] Campell J. Y. , Deaton A. Why is Consumption So Smooth? [J]. Review of Economic Studies, 1989 (07): 357 – 374.

[397] Capello J. , Camgni R. Urban Economics [M]. New York: Routledge, 2000.

[398] Carroll C. D. Buffer-Stock Theory of Saving and the Life Cycle/Permanent Income Hypothesis [J]. Quarterly Journal of Economic Activity, 1997 (02): 61 – 156.

[399] Clark T. N. Urban Policy Analysis [J]. Annual Review of Sociology, 1985 (05): 437 – 455.

[400] Colin M. , Clark A. The Conditions of Economic Progress [M]. London: Macmillan Co Ltd, 1940.

[401] Connell M. , Wang T. Migrants and Media: Concerns about Rural Migration in the Chinese Press Rural Labor Flows in China [J]. Institute of East Asian Studies, 1999 (07): 976 – 1002.

[402] Cook S. Surplus Labor and Productivity in Chinese Agriculture: Evidence from Household Survey Data [J]. The Journal of Development Studies, 1999, 35 (03): 16 – 44.

[403] Deaton A. The Analysis of Household Surveys [M]. Baltimore MD: Johns Hopkins University Press, 1997.

[404] Dixit A. K, Stiglitz J. E. Monopolistic Competition and Optimum Product Diversity [J]. American Economic Review, 1977, 67 (03): 297 – 308.

[405] Douglas B. H. Does Cultural Capital Structure American Consumption? [J]. Journal of Consumer Research, 1998, 25 (03): 1 – 25.

[406] Duessenberry J. S. Income, Saving, and the Theory of Consumer Behavior [M]. Cambridge Mass: Harvard University Press, 1949.

[407] Duncan B. Urban Evolution in the USA [J]. Journal of Economic Geography, 2003 (04): 343 – 372.

[408] Du Y. Rural Labor Migration in Contemporary China: An Analysis of Its Features and the Macro Context in Rural Labor Flows in China [J]. Institute of

East Asian Studies, 2000 (10): 67 – 100.

[409] Fields G. S. Income Inequality in Urban Colombia: A Decomposition Analysis [J]. The Review of Income and Wealth, 1979 (03): 327 – 333.

[410] Finau S. A. , Stanhope J. M. , Prior I. A. M. Kava, Alcohol and Tobacco Consumption among Tongans with Urbanization [J]. Social Science & Medicine, 1982, 16 (01): 35 – 41.

[411] Flavin M. A. The Adjustment of Consumption to Changing Expectations about Future Income [J]. Journal of Political Economy, 1981, 89 (05): 974 – 1009.

[412] Flavin M. Excess Sensitivity of Consumption to Current Income: Liquidity Constraints or Myopia? [J]. Canadian Journal of Economics, 1985, 18 (01): 117 – 136.

[413] Friedman M. A Theory of the Consumption Function [M]. Princeton NJ: Princeton University Press, 1957.

[414] Friedman M. The Permanent Income Hypothesis: Comment [J]. The American Economic Review, 1957, 48 (05): 990 – 991.

[415] Friedmann J. Regional Economic Policy for Developing Areas [J]. Papers in Regional Science, 1963 (01): 41 – 61.

[416] Gollin D. , Jedwab R. , Vollrath D. Urbanization with and without Industrialization [J]. Journal of Economic Growth, 2015, 21 (01): 35 – 70.

[417] Gupta K. L. Dependency Rates and Savings Rates: Comment [J]. American Economic Review, 1971 (03): 469 – 471.

[418] Hall R. E. Stochastic Implications of the Life Cycle-Permanent Income Hypothesis: Theory and Evidence [J]. Journal of Political Economy, 1978 (12): 971 – 987.

[419] Harris J. , Todaro M. Migration, Unemployment and Development: A Two Sector Analysis [J]. American Economic Review, 1979 (40): 126 – 142.

[420] Harvey M. C. Urban Density and Crowding [J]. American Behavioral Scientist, 1975 (06): 733 – 735.

[421] Hatton T. J. , Jeffrey G. W. The Age of Mass Migration: Causes and

Economic Impact [M]. New York: Oxford University Press, 1998.

[422] Hirschman F. Urban Development [M]. New York: Routledge, 1958.

[423] Horrell S. Home Demand and British Industrialization [J]. Journal of Economic History, 1996, 56 (03): 561 –604.

[424] Huang J. , David C. C. Demand for Cereal Grains in Asia: The Effect of Urbanization [J]. Agricultural Economics, 1993, 8 (02): 107 –124.

[425] Hugo G. J. Circular Migration in Indonesia [J]. Population and Development Review, 1982 (02): 59 –84.

[426] Isard W. Methods of Regional Analysis: An Introduction to Regional Science [M]. Cambridge: MIT Press, 1960.

[427] Jackson R. W. , Hewings G. D. Structural Change in a Regional Economy: An Entropy Decomposition Approach [J]. Modeling and Simulatuon, 1984 (15): 37 –39.

[428] Jappelli T. , Pagano M. Consumption and Capital Market Imperfections: An International Comparison [J]. American Economic Review, 1989, 79 (05): 1088 –1105.

[429] Jerome N. W. Northern Urbanization and Food Consumption Patterns of Southern-born Negroes [J]. American Journal of Clinical Nutrition, 1969, 22 (12): 1667 –1669.

[430] Jorgenson D. W. The Development of a Dual Economy [J]. Economy Journal, 1961 (11): 59 –63.

[431] Keynes J. M. The General Theory of Employment, Interest and Money [M]. London: MacMillan, 1936.

[432] Kim J. L. , Lawrence J. L. The Sources of Economic Growth of the East Asian Newly Industrialized Countries [J]. Journal of the Japanese and International Economies, 1994 (08): 38 –48.

[433] Kimuyu P. K. Urbanization and Consumption of Petroleum Products in Kenya [J]. 1993, 21 (04): 403 –407.

[434] Knight J. , Song L. Chinese Peasant Choices: Migration, Rural Industry or Farming [J]. Oxford Development Studies, 2003 (02): 123 –147.

［435］ Krugman P. On the Number and Location of Cities ［J］. European Economics Review, 1993, 27 (04): 120 - 136.

［436］ Leff N. H. Dependency Rates and Savings Rates ［J］. American Economic Review, 1969 (05): 886 - 896.

［437］ Leland H. E. Saving and Uncertainty: The Precautionary Demand for Saving ［J］. Quarterly Journal of Economics, 1968 (03): 337 - 367.

［438］ Leterme P. , Carmenza Muñoz L. Factors Influencing Pulse Consumption in Latin America ［J］. British Journal of Nutrition, 2002, 88 (S3): 251 - 254.

［439］ Lewis W. Arthur. Economic Development with Unlimited Supplies of Labor ［J］. The Manchester School of Economic and Social Studies, 1954 (22): 30 - 43.

［440］ Lluch C. The Extended Linear Expenditure System ［J］. European Economic Review, 1973, 4 (01): 21 - 32.

［441］ Lucas R. E. , Stark O. Motivations to Remit: Evidence from Botswana ［J］. Journal of Political Economy, 1985 (93): 901 - 918.

［442］ Macmillan J. A. , Tung F. L. , Loyns R. M. A. Differences in Regional Household Consumption Patterns by Urbanization: A Cross-section Analysis ［J］. Journal of Regional Science, 1972, 12 (03): 417 - 424.

［443］ Martin B. , Annamaria L. Household Saving: Micro Theories and Micro Facts ［J］. Journal of Economic Literature, 1996, 34 (04): 1797 - 1855.

［444］ Ma Z. Z. Labor Migration as a New Determinant of Income Growth in Rural China ［J］. Paper Presented at the Annual Meetings of the Population Association of America Boston, Massachusetts, 2004 (07): 93 - 99.

［445］ Merrigan P. , Normandin M. Precautionary Saving Motives: An Assessment from UK Time Series of Cross Sections ［J］. The Economic Journal, 1996, 106 (438): 1193 - 1208.

［446］ Modigliani F. , Brumberg R. Utility Analysis and The Consumption Function: An Interpretation of the Cross Section Data ［M］. In Kurihara K. K. (ed): Post-Keynesian Economics, New Brunswic. NJ: Rutgers University Press, 1954: 388 - 436.

[447] Myrdal A. Economic Nationalism and Internationalism: The Dyason lectures [J]. Australian Outlook, 1957 (04): 3 – 50.

[448] Northam R. M. Urban Geography [M]. New York: Routledge, 1979.

[449] Nukada A. Urbanization and Consumption of Alcoholic Beverages [J]. Journal of Human Ergology, 1972, 1 (01): 29 – 44.

[450] Nunn N., Qian N. The Potato's Contribution to Population and Urbanization: Evidence from a Historical Experiment [J]. The Quarterly Journal of Economics, 2011, 126 (02): 593 – 650.

[451] O'Sullivan J. Urban Economics [M]. New York: Routledge, 1986.

[452] Perroux F. The Theory of Monopolistic Competition: A General Theory of Economic Activity [J]. Indian Economic Review, 1955 (03): 134 – 143.

[453] Ranis G., Fei J. H. Development of the Labor Surplus Economy [J]. Theory and Policy, 1964 (06): 50 – 62.

[454] Roger A., Olle W. A Panel Study of Migration, Self-selection and Household Real Income [J]. Population Economics, 1998 (11): 113 – 126.

[455] Rozelle S. Stagnation without Equity: Changing Patterns of Income and Inequality in China's Post-Reform Rural Economy [J]. China Journal, 1996 (35): 63 – 96.

[456] Ruduger D., Leslie F., Helmers C. H. The Open Economy: Tools for Policymakers in Developing Countries [M]. Oxford: Oxford University Press, 1988.

[457] Sandeep M. The Rise of Self-Employment in Rural China: Development or Distress? [J]. World Development, 1993 (02): 456 – 459.

[458] Shahbaz M., Lean H. H. Does Financial Development Increase Energy Consumption? The Role of Industrialization and Urbanization in Tunisia [J]. Dairy Science & Technology, 2014, 95 (02): 257 – 263.

[459] Sjaastad L. The Costs and Returns of Human Migration [J]. Journal of Political Economy, 1962 (70): 80 – 93.

[460] Stage J., Stage J., McGranahan. Is Urbanization Contributing to Higher Food Prices? [J]. Environment and Urbanization, 2010, 22 (01): 199 – 215.

[461] Sulkunen P. Drinking in France 1965 – 1979: An Analysis of Household Consumption Data [J]. British Journal of Addiction, 1989, 84 (01): 61 – 72.

[462] Thompson E. P. The Making of the English Working Class [M]. New York: Vintage Books, 1966.

[463] Todaro M. P. A Model of Labor Migration and Urban Unemployment in Less Developed Countries [J]. American Economic Review, 1969 (06): 138 – 148.

[464] Tullio J., Marco P. Saving, Growth and Liquidity Constraints [J]. The Quarterly Journal of Economics, 1994, 109 (02): 183 – 209.

[465] Von Thunen J. H. The Isolated State [M]. Hamburg: Petes, 1826.

[466] Weil D. N. The Saving of the Elderly in Micro and Macro Data [J]. Quarterly Journal of Economics, 1994 (01): 55 – 81.

[467] Wilson A. G. A Family of Spatial Interaction Models and Associated Developments [J]. Environment and Planning, 1971 (03): 9 – 12.

[468] Zeldes S. P. Consumption and Liquidity Construction: An Empirical Investigation [J]. Journal of Political Economy July, 1989 (97): 305 – 346.

[469] Zeldes. The Importance of Bequests and Life-Cycle Saving in Capital Accumulation: A New Answer [J]. The American Economic Review, 2002 (05): 274 – 278.

[470] Zhao Y. H. Rural to Urban Labor Migration in China: The Past and the Present [Z]. Working Paper CCER. Beijing University, 2001.

后　记

　　消费需求不足是中国经济发展长期面临的重大挑战之一。自党的十八大以来，党和政府把新型城镇化建设作为破解这个难题的重要途径，并且于2014年发布了《国家新型城镇化规划（2014－2020年）》这一纲领性的文件，标志着新型城镇化建设作为扩大我国居民消费需求的最大潜力，而被置于了国家层面发展战略的重要地位。在此背景下，本书系统研究了新型城镇化扩大我国居民消费需求的效应。

　　在本书即将出版之际，我需要感谢众多为本书完稿作出重要贡献的人员。

　　感谢西南财经大学原校长、消费经济研究所原所长王裕国教授。我是从博士阶段才开始从事消费经济研究的，有幸进入该研究领域首先要感谢王裕国教授搭建的科研平台。其次，本书在写作过程中，王裕国教授提出众多建设性意见，为本书的完善起到了不可替代的作用。王裕国教授作为我国消费经济领域的知名学者，对中国消费问题具有独特的见解与深刻的领悟，我多次就相关问题请教，王裕国教授均给予我清晰的解答。最后，认识王裕国教授十几年，我深刻感悟到王裕国教授以身作则的工作作风、科学严谨的治学态度以及艰苦朴素的生活方式，它们成为我教学科研任务较为繁重条件下完成本书的强大精神动力。

　　感谢浙江工商大学经济学院的孙豪副教授。孙教授是我国消费经济领域的一颗新星，具有很强的科研能力与敏锐的洞察力，能够准确把握消费经济领域的前沿问题与研究动向。基于我们共同的兴趣与研究领域，我同孙教授在科研方面多有合作，一起完成了多篇科研论文与学术专著。孙教授对本书的诸多章节提出了很好的修改完善建议，我从中也得到诸多启发。

　　感谢重庆三峡学院的于开红教授。于教授是我博士阶段的同学，自我们认识以来便成为彼此的科研伙伴。此外，于教授性格开朗、言语幽默、诚信友善。每当有科研成果，我们便会想到发给对方，让提提修改完善意见。尽管于教授自身教学科研任务繁重、行政事务繁忙，但他总能仔细阅读，并提出重要修改意见。本书初稿也得到于开红教授的指导。

感谢我指导的硕士研究生，包括王凡、杜鑫等。他们在数据收集、文献整理等方面花费了大量时间，加快了本书定稿的进程。

本书的出版得到聊城大学学术著作出版基金的资助，对此表示衷心的感谢。

施河清

2024 年 5 月